# 儿童运动素养提升教学指导

## 学前儿童和小学生的言行执教与练习方案设计

[英] 朗达·L.克莱门茨（Rhonda L. Clements） 莎朗·L. 施耐德（Sharon L. Schneider） 著 周宁 译

U0738959

人民邮电出版社

北京

图书在版编目（CIP）数据

儿童运动素养提升教学指导：学前儿童和小学生的言行执教与练习方案设计 /（英）朗达·L. 克莱门茨（Rhonda L. Clements），（英）莎朗·L. 施耐德（Sharon L. Schneider）著；周宁译. — 北京：人民邮电出版社，2020.6（2023.6重印）
ISBN 978-7-115-52446-1

Ⅰ. ①儿… Ⅱ. ①朗… ②莎… ③周… Ⅲ. ①儿童—身体素质—运动训练—教学研究 Ⅳ. ①G808.17

中国版本图书馆CIP数据核字(2019)第257169号

## 版权声明

## 免责声明

本书内容旨在为大众提供有用的信息。所有材料（包括文本、图形和图像）仅供参考，不能替代医疗诊断、建议、治疗或来自专业人士的意见。所有读者在需要医疗或其他专业协助时，均应向专业的医疗保健机构或医生进行咨询。作者和出版商都已尽可能确保本书技术上的准确性以及合理性，并特别声明，不会承担由于使用本出版物中的材料而遭受的任何损伤所直接或间接产生的与个人或团体相关的一切责任、损失或风险。

## 内 容 提 要

　　处于儿童阶段的孩子，语言能力和运动能力都是有限的，这就给指导他们进行有效的身体素质训练带来了一定的困难，因此，综合了语言能力与运动能力培养的适龄素质拓展活动成为促进儿童健康成长不可或缺的组成部分。本书提供了90个课程资源，可以满足3到8岁儿童对运动的迫切需求并提高他们的运动素养，同时还可以帮助他们更好地理解各种词语以及事物，培养其独立探索未知的能力。书中对选择适龄的教学内容，制定并实施课程计划，评估儿童的移动能力，以及结合科学知识、语言艺术、各类事物等来扩展儿童的语言能力和运动能力的方法，进行了详细的介绍，适合3到8岁儿童的老师、教练以及家长阅读。

◆ 著　　　[英] 朗达·L. 克莱门茨（Rhonda L. Clements）
　　　　　　莎朗·L. 施耐德（Sharon L. Schneider）
　　译　　　周　宁
　　责任编辑　林振英
　　责任印制　周昇亮
◆ 人民邮电出版社出版发行　　北京市丰台区成寿寺路 11 号
　　邮编　100164　　电子邮件　315@ptpress.com.cn
　　网址　https://www.ptpress.com.cn
　　涿州市京南印刷厂印刷
◆ 开本：700×1000　1/16
　　印张：17　　　　　　　　　2020 年 6 月第 1 版
　　字数：353 千字　　　　　　2023 年 6 月河北第 2 次印刷
　　著作权合同登记号　图字：01-2018-5953 号

定价：98.00 元
读者服务热线：(010)81055296　印装质量热线：(010)81055316
反盗版热线：(010)81055315
广告经营许可证：京东市监广登字 20170147 号

"运动、想象和玩耍是欢乐童年的关键所在。"

莎朗·L.施耐德

"要想做某个人的事，你必须成为像他那样的人。"

朗达·L.克莱门茨

# 目录

# 第Ⅱ部分 课程计划

# 前言

　　随着世界上很多地方的儿童肥胖率日益增高且肥胖症儿童的年龄越来越小，人们前所未有地需要进行体育活动。本书的内容符合 SHAPE America 的美国国家 K-12 体育教育标准（2013）的要求，强调了体育运动的目标就是培养具备运动素养，有知识，能够掌握一种或多种技能，并且有信心一生享受健康体育活动的个体。对于那些正在寻找与年龄匹配的活动内容、致力于对教学计划和课程实施有更好的理解以及寻求评估课程是否成功的方法的儿童教师来说，该目标也很重要。本书可以满足教师实施各种活动的愿望，并能帮助他们激发儿童对终身体育活动的热爱。它还为提高幼儿的体育活动水平和运动能力提供了必要的工具，从而解决儿童肥胖问题。

　　我们选用本书书名的原因在于：言（语言）是激发儿童积极运动的关键因素。能够鼓励儿童运动的词汇是按照他们容易理解的方式提出的，比如在其所处的环境中发现的话题，那些反映身体部位或功能以及儿童进行学科学习的话题。在数学素养、英语素养、计算机素养和科学素养的培养方面可以看到，重点强调的是语言艺术和各种素养，因此可以说本书的标题要强调这样一个事实：在课程计划中正确使用言行可以丰富儿童关于世界的知识，让他们了解自己和他人，并有能力在这个世界中正确、自信地参加运动。当从包含了 30 个行为词的各种课程计划中进行选择时，你便能够更清晰地理解本书的书名。

　　培养儿童的运动素养与语言水平的发展直接相关。运动素养的水平与儿童是否能高效地移动以及有效地完成适龄的动作任务有关。就像儿童要使用语言才能变得更有语言素养一样，让儿童了解并演示有关行为的词语，可让他们的运动素养更高。幼儿开始学习每个运动时，如果能清晰地描述该运动，就能看到他们很容易掌握该运动。术语"运动素养"充分利用了儿童容易被新词汇吸引、乐于和同伴积极互动，以及在学习任务中合作参与的强烈愿望，因为"运动素养"的培养任务均是由强调行为词的各种集体活动组成的。所获得的学习结果可作为坚实的第一步，逐步让儿童成为一个有运动素养的学习者，并让他们在以后实际生活的各种环境中参加活动时具备极高的能力和自信心。本书将运动素养与言语联系起来，这样你就能够使用大量的活动去支持和增强这一概念。

## 组织和内容

　　无论是在儿童看护中心还是在相关项目中工作，或者是在公立或私立小学工作，幼儿园和小学教师都有责任根据最新的理论、专业知识和研究成果去推动儿童的运动素养的培养工作。

本书的组织方式旨在让课程计划与美国国家标准和相应的指导方针关联起来。另外，所有课程计划都根据最佳实践进行了现场测试。组织内容时还考虑了读者的专业培训水平以及儿童言行执教经验水平的差别。因此，本书分成了两个部分。

第Ⅰ部分强调了利用适龄的内容、指导和评估来设定标准。第 1 章首先提供了强有力的证据，证明了语言在儿童生活中的重要性。然后介绍了 SHAPE America 的美国国家 K-12 体育教育标准，并讨论了如何提高儿童的运动素养。这一章还完整列出了 90 个运动技能和非运动技能。由于并非所有儿童都能立即理解某些行为词的含义，所以我们定义每种技能后都将其放在一个句子结构中，在向学生介绍或强化新的身体技能时可以使用这些句子。在这些重要内容之后，我们列出了各种运动的概念，并解释了它们在提高幼儿对身体的认识方面有多么重要。这一章最后提供了与重要的操作技能以及不需要高级培训就能教授的学习任务，以及与此有关的各种信息。

第 2 章提供了制定和实施课程计划的深刻见解。具体的内容重申了行为目标的重要性，介绍了适当的学习任务包括哪些元素以及利用有关学生的信息为教学提供指导，突出了针对这个年龄段学生的两种主要教学策略，简化了对学术语言的理解，这些内容都是非常有意义的。第 3 章介绍了 5 个额外的教学实践，这些教学实践对正在制定职前课程或示范课程的教育专业的学生会很有帮助，能帮助他们赢得就业机会。这一章的目标是充分利用每一节课。第Ⅰ部分的最后一章是第 4 章，其中确定了 3 种与当代体育教育实践和儿童早期生活及学习环境相一致的评估技术。

本书的第Ⅱ部分介绍了 90 个课程，提供了与儿童的身体发展阶段、家庭、社区、语言和知识世界等最相关的教学内容。第 5 章提供了有关身体本质的内容知识，以提高学生的运动素养。所有的课程计划都介绍了不同的身体部位及其移动方式。这一章还强调了儿童要了解健康食品及其益处。第 6 章通过学习任务来强调社区助手这一角色和大多数儿童所熟悉的环境的重要性，鼓励儿童了解他们所在的社区。第 7 章充分利用了一个事实：儿童对生活在他们家庭环境中的以及世界其他地方的生物的移动方式非常感兴趣。这一章的教学内容能够帮助儿童在模仿这些动物的动作、行为和特征的同时，学会欣赏这些动物。第 8 章使用运动来弥补儿童在数学和科学内容方面的知识空白。有节奏的动作、谜语和各种游戏都变成了创新的学习任务，能够让儿童了解这种环境和数字内容。第 9 章详细阐述并扩展了有关儿童语言艺术和运动词汇的知识，首先是字母表挑战、动作诗词、运动谜语，还有 15 个能有效激发儿童兴趣的、从中等到较剧烈的活动的运动描述。

## 本书受众

本书提供了 90 个课程计划，可以满足儿童对运动的迫切需求并提高其运动素养，同时让他们更好地理解各种言语、运动和学术概念。书中为教授 3 到 8 岁儿童的任何人——体育教育工作者、课堂教师、日托和学龄前教育专家、运动专家、社区团体管理者、家庭学校团体、课外教育专家和特殊教育教师都提供了不可或缺的资源。

体育方面的教师培训师会发现，书中展示各种运动内容的方式可以使他们对这些内容加以修改并运用，以满足教师认证课程的要求，如美国国家公认的教育教师绩效评估（edTPA）。所有内容都是为了满足 SHAPE America 的美国国家 K-12 体育教育标准来设计的。此外，学前和小学教育方面的教师培训师能够采用本书的活动，以满足其职业基本课程计划的要求，因为他们可以从中发现体育教师在校园或有限空间内经常使用的两种教学策略。在功能齐备的环境或设备齐全的教室中授课的教师可以轻松采用个体学习任务，以满足个性化教育计划和 504 特别照顾计划的要求。此外，由于书中各种活动的非竞争性质，课外活动教育专家会发现本书内容非常灵活，适合学生的发展要求。最重要的是，本书中的大多数学习任务不需要器械或专门的环境，并且丰富了学生的现有课程。对于寻找将体育活动和学术概念融合在一起的创新活动，以培养儿童具备运动素养的从业者而言，本书内容可作为出色的教学资源。

## 独特功能和优势

每个课程计划都让儿童对身体的功能、运动和健康成长拥有全新的认识。只需参加少许课程，儿童的运动词汇量就会提高。这种对词语的重视及其对学习的影响可以显著提高儿童的运动素养。这是可能的，因为与只关注每节课中一个运动活动的大多数资源不同，本书中的每节课都包含了不少于三个的学习任务，任务中涉及中等到高强度的活动。这些课程的定位是满足每个儿童、同伴之间和整个班级的需求与兴趣。你可以立即使用这些课程，因为课程中几乎不需要任何器械（如果需要，也是很少）。最重要的是，每个课程都进行了现场测试，确定其的确适合儿童，而且每个课程都涉及了一个或多个 SHAPE America 的美国国家 K-12 体育教育标准和年级水平学习成果中的要求要素，从而可满足一个或多个美国国家标准的要求。美国国家 K-12 体育教育标准于 2013 年颁布，描述了每个年级的儿童应该知道什么并能够做什么。90 个课程计划中的每一个都具备这些特性，为儿童教师奠定了积极的第一步，让他们能够规划、实践各种教学策略，并采用建议的方法来评估学习成果。

# 致谢

　　作者在此谨向以下几所幼儿学习中心和小学的管理人员、教职员工和孩子们表示衷心的感谢，他们的反馈和知识极大地丰富了本书的内容。

- Educational Alliance，纽约
- Farmingdale School District Universal Prek Program（与霍夫斯特拉大学的幼儿教育计划合作进行的一个学前教育项目），纽约法明代尔
- Monsignor Boyle Head Start，纽约布朗克斯区
- Quick Start Day Care Center，纽约圣奥尔本斯
- Silver Lake Head Start，纽约史坦顿岛
- Earl C. McGraw 学校，缅因州汉普顿
- Regional School Unit 22，缅因州汉普顿
- Growing Tree North Extended 托儿所，纽约罗斯林高地
- Growing Tree 幼儿园，纽约罗斯林
- Wyandanch Head Start，纽约

　　衷心感谢霍夫斯特拉大学幼儿教育学院和幼儿教师教育专业的学生，以及曼哈顿维尔学院体育与运动教育学专业的研究生，他们也为本书的内容贡献了自己的想法并进行了现场测试。我们也要感谢以前的学生和为本书提供想法及专业测试的人士：盖尔·L.霍洛维茨、安德里亚·李和詹尼弗·乔伊斯。我们要感谢来自沙特阿拉伯麦加的乌姆库拉大学的穆塔兹·巴克里，他参加了我们的一次文化交流，以将各种教学原则用于其祖国学生的教育中。

　　感谢以下为我们提供了宝贵的专业意见的专业人士：乔·麦克加文，SHAPE America 图书出版经理；雷·瓦莱塞，Human Kinetics 的策划编辑；杰奎琳·布莱克利，Human Kinetics 的开发编辑；G.H.C. Illustrations；琼·阿尔伯特，理学硕士、注册营养师、CDN、营养学家；阿琳·H.尤洛夫斯基，理学硕士、环境专家；弗朗西斯·克鲁兹，曼哈顿维尔学院 IT 专家；艾米丽·英格，Transfiguration 学校校长兼评审专家；安德里亚·S.利布雷斯科，教育学博士；罗斯巴德·S.以利亚，哲学博士，霍夫斯特拉大学研究生，学前儿童和儿童教育项目联合主任；葆拉·斯坦伯格，理学硕士，主攻特殊人群课程的研究、培训与开发；玛丽·E.麦克唐纳，哲学博士，认证行为分析师，霍夫斯特拉大学应用行为分析和自闭症专家；坎特·托德·罗斯纳，儿童专家；艾米·瑞迪，教育学博士，新泽西城市大学健身、运动和体

育系主任；帕特丽夏·瓦丁，教育学博士，曼哈顿维尔学院幼儿教育系主任。

最后，我们要向我们的家人表达我们的爱：西尔维娅·J.吉亚隆巴多、杰伊·施耐德、玛西、萨斯、尤西、罗南·奥瓦迪亚、斯科特、克里斯滕、艾拉、拉尔夫·施耐德，感谢他们在本书长时间的创作过程中给予的帮助和支持。

SHAPE America 感谢以下成员对本书内容的审阅：阿里·布莱恩，路易斯安那理工大学博士；杰弗里·S.阁瑞斯，天普大学博士；迈克尔·特诺肖克，教育学博士，佐治亚州教育部；英格丽·约翰逊，博士，美国大峡谷州立大学；以及卡桑德拉·沃勒，教育专家，埃斯坎比亚县（佛罗里达州）学区。

# 使用适龄的
# 内容、指导和评估
# 来设定标准

# 第1章

## 选择适龄的教学内容

　　本章介绍了在儿童学习过程中词语知识和运动之间的关系，并解决了教师选择适龄内容的需求。重点介绍了词语在儿童生活中的作用，运动素养的重要性，以及 SHAPE America 的美国国家 K-12 体育教育标准。还确定了使用 SHAPE America 的 Active Start 体育活动指南和 Head Start 的"早期学习成果框架"（Early Learning Outcomes Framework）作为选择正确教学内容的基础。拉班的 4 个运动概念和儿童的体育运动技能、非运动技能以及操作技能也至关重要。本章还提供了一些指导原则，帮助你为特定年龄以及不同成熟度的儿童选择最适合的内容。

## 语言的力量

　　大多数教育工作者都认为，词语在幼儿的学习过程中扮演着非常重要的角色。令人印象最为深刻的此类学习例子之一就是海伦·凯勒的生活故事。她是一位盲聋哑人，在美国老师安妮·沙利文的帮助下进行学习。这位老师采用的方法是通过名称识别所有的物体和生活事物，并且这些名称是由不同的字母组成的。让海伦感受玩偶的形状和纹理后，沙利文重复地在海伦的手掌上用手指拼写单词"doll"（玩偶）。之后，沙利文用熟悉的东西让海伦学习，比如咖啡杯，以及让水流过海伦的手，然后在另一只手上拼写单词"water"（水），这样试验几次后，海伦的学习突飞猛进。通过多次重复并将不同的物品带给海伦，她认识了这些单词所代表的物品。从那时起，她用各种词语与很多人沟通其需求、思想和行动，并用她的一生改变了很多人的生活。

　　同样，词语是儿童打开语言、沟通和概念理解之门的关键所在。词语是儿童通过认知学习处理信息的方式。儿童不仅能学会用词语来表达物体和生活事物的名称，还能学会用词语来帮助他们描述各种情况和事件，并与他人交流其感受。儿童长大一些后，能学会用词语来为喜欢的曲子编写歌词，并描述他们最喜欢的故事书中的各种活动。

在本书的课程计划中，行为词（action words）描述了我们如何用不同的方式移动身体。从最简单的意义上说，这些词语让儿童能够接触到从一个空间移动到另一个空间的各种方式，而不仅仅是走或跑。行为词还能鼓励儿童留在有限的空间中，移动身体的各个部位，而不仅仅是基本的屈和伸的动作。由于我们强调要以富有创造性且熟练的方式移动身体，因此这些行为词具有一定的教育目的，被称为儿童的运动词汇。教学过程必须能让儿童不断地提高其能力，让其更有效地移动，同时深入了解词语的相关知识及其含义。这种身心联系正是运动素养的基础，并且利用能够反映儿童兴趣、环境和体能的主题为学生介绍学习任务时，可以进一步提高学生的运动素养。

本书使用精心设计的课程计划，将适合不同年龄的词语分成 5 个不同的主题，目的是提高儿童的体能。从第 5 章开始，课程计划将介绍一些能引起儿童对身体部位、身体系统、肌肉运动、身体表达以及健康食物等的兴趣的词语。第 6 章的课程计划介绍的一些词语可让儿童扩大对环境的认知，而不仅仅是对家庭环境，包括让儿童去挑战模仿那些在社区中工作和提供帮助的人的常见动作。第 7 章的课程计划会关注生物，会使用与生活在陆地、水中和空中的动物的动作和行为相关的词语。第 8 章的课程计划介绍了在科学和数学领域中出现的词语，其中包括了反映物质、表面和纹理、动力源、波浪作用和风的运动模式等科学运动的词语。第 8 章还介绍了与基本数学概念有关词语相吻合的动作；儿童根据有韵律的词语和数字进行移动，用他们的身体形成几何形状，并基于他们对测量相关词语的初步理解做一些运动。

儿童对文字着迷后，第 9 章通过运动描述来提高儿童的读写能力和语言技能。运动描述是指独特的、童话般的故事，目的是引起儿童的兴趣，同时扩大他们的运动词汇量。这些学习任务可培养儿童具备一种新的意识，即儿童如何用肢体语言来表达他们的想法。这种词语使用方法对于培养一个有运动素养的学习者来说至关重要。这种方法也能让儿童体验到词语和运动的乐趣，并且就像海伦·凯勒所做的那样，发现词语可以成为强大学习体验的一部分。

## 运动素养和美国国家标准

从出生开始，儿童就有很强的欲望去探索和体验新的挑战。对于年龄很小的儿童来说，学习是通过玩耍来进行的，因此父母要把儿童引入到周围的环境中。3 岁的儿童对探索和体验新事物的渴望仍然存在，父母和其他成年人必须指导他们对家庭以外的世界进行探索。这包括教授那些可反映儿童的身体组成、生长发育、词语使用、社区环境和更广阔的环境等方面的基本概念。

作为一个整体来讨论时，体育教师和幼儿专家使用"运动素养"这个术语，这其中考虑了儿童的整个学习过程（Roetert & Jeffries，2014）。SHAPE America 将"运动素养"一词纳入体育教育目标（2014，p.4），并将其定义为"在多种环境中有能力且有信心用各种体育活动的形式来移动"（Mandigo，Francis，Lodewyk & Lopez，2012，p.28；Whitehead，2001）。本书中的每个课程计划都满足一个或多个 SHAPE America 的美国国家 K-12 体育教育标准，具体标准如下。

- **标准 1** 有运动素养的人有能力使用各种运动技能和移动方式。
- **标准 2** 有运动素养的人可应用与移动和表现有关的各种概念、原则、策略及战术知识。
- **标准 3** 有运动素养的人具备了掌握和保持可提高健康水平的身体活动和健身运动的知识与技能。
- **标准 4** 有运动素养的人表现出尊重自己和他人的负责任的个人与社会行为。
- **标准 5** 有运动素养的人认识到体育活动对健康、享受、挑战、自我表达和社会互动的价值。

## 指南和框架

Active Start：5 岁以下儿童体育活动指南（NASPE*，2009）明确指出了每日进行体育活动的重要性，从而为儿童教师提供了帮助。下面列出的是其中针对学龄前儿童的 5 项指南。

- **指南 1** 学龄前儿童每天累计应该进行至少 60 分钟有组织的体育活动。
- **指南 2** 学龄前儿童每天至少应该参与 60 分钟（最多几小时）的自由体育活动，保持安静少动的时间一次不能超过 60 分钟，睡觉时除外。
- **指南 3** 学龄前儿童应该培养基本的运动技能的能力，作为未来的运动技能和体育活动的一部分。
- **指南 4** 学龄前儿童应该能够进入相应的室内和室外区域，这些区域要满足或超过进行大量肌肉活动的安全建议标准的要求。
- **指南 5** 负责学龄前儿童健康和安全的监护人以及孩子的父母要了解体育活动的重要性，并且要通过提供有组织的和自由体育活动的机会来提高儿童的移动技能。

---

\* NASPE 是 SHAPE America 的旧称。

本书为 Active Start 的指南 5 提供了补充,方法是为监护人和老师提供了很多有组织的体验活动课程。这些课程计划对于新入行的老师和监护人来说尤其有用,因为他们在教授基本运动技能方面的经验有限,甚至根本没有。正确地教授这些技能很关键,这样它们才能成为儿童运动技能的基础。此外,让儿童每天积极参与有组织的游戏和运动体验达 60 分钟很有挑战性,除非你有足够的活动内容让儿童使用。本书中的很多学习任务也可以让儿童在操场上完成,在那里他们可以用一种有趣的、无须担心安全的自由方式探索多种移动方式。

美国国家框架中的另一个重要指南是 Head Start 的 5 岁以下(2015)早期学习结果框架。该信息于 2000 年首次引入,作为课程规划和评估 3 到 5 岁儿童发展状况的指南。其全新的设计为儿童做好准备进入幼儿园提供了一个方向,5 个领域分别是:(1)学习方法;(2)社会和情感发展;(3)语言和读写能力;(4)认知;(5)知觉、运动和身体发育。

在 Head Start 协调员准备可满足每个领域要求的课程时,本书中的学习任务可以为他们提供帮助。例如,在准备语言和读写能力方面的课程时,这个资源中包含的叙述性内容与该领域的教学成果是一致的,如童话行动(参见第 9 章)。在知觉、运动和身体发育方面,重点是提高儿童的运动和非运动技能,特别是在行走、攀登、跑动、跳跃、蹦跳、跳走、行进和快跑等方面的控制和平衡能力。由于本书中的所有学习任务中都包括了很多这样的运动技能,所以 Head Start 协调员将会发现这些任务很有吸引力。

## 与适龄内容相符的运动概念

可以这样理解 SHAPE America 的美国国家 K-12 体育教育标准以及 NASPE 的 Active Start 指南(2009)和 Head Start 的 5 岁以下(2015)早期学习结果框架是选择与幼儿年龄和发育程度相符的内容的第一步。这个年龄段使用最多的内容源自拉班的 4 个运动概念。多年来,拉班的理论已被转化为一种用户友好的资源,受到舞蹈和体操专业人士、各类体育专家和体育教师的推崇,这些教师主要从事幼儿和小学低年级儿童的教育工作。

拉班 1879 年出生于奥地利,当时理论家们正将数学原理应用于涉及物理学的运动中。多年后,拉班对动作的痴迷使他开发出一套完整的舞蹈记谱系统,从而能够以书面形式记录各种动作。在 20 世纪 50 年代早期,体育教育方面激进的领袖将拉班的理论转化为 4 个问题,重点关注舞蹈、哑剧、戏剧和体育领域的"基本动作"。在 20 世纪 80 年代初,这 4 个问题和已有概念成为小学低年级儿童体育教育课程的重要基础。不久之后,它们也成为儿童早期体育教育课程的基础,是儿童首次开始学习时的基本运动技能活动(Clements,1988;Clements,2016)。

本书中的每个课程计划都包含至少一个运动概念，旨在提高儿童的身体机能以及对身体的了解。美国国家 K-12 体育教育标准和年级水平学习成果（SHAPE America，2014）将运动定义为"运用与移动和健身活动等技能表现有关的知识和概念，如空间意识、努力、战术、策略以及与运动效率和提高健康水平的健身有关的原则"。以下是最适合儿童的 4 个基本运动问题及其内在运动的概念。

## 1. 身体能够做什么

- **身体意识**：了解身体各个部位的名称和位置，探索身体运动的可能性。
- **身体图像**：一种更为真实的身体概念。只有深刻理解不同尺寸的关系、运动可能性以及对各部分肢体有了感知后，才能获得相应的身体图像。
- **身体管理**：儿童学习在各种情况下管理身体以及学习不同的身体部位负责大幅度移动和微小移动时的意识和运动能力。

## 2. 身体向何处移动

- **空间意识**：在空间中移动的意识和能力。儿童体验并理解身体处于不同位置时需要多大的空间，在移动时如何避开固定的物体，以及如何适应并学会在不同类型的表面上移动身体时，获得这种意识和能力。
- **自我空间**：在儿童可及的范围内，他可以单独待在那里，不会触碰到其他人或物。
- **一般空间**：超出儿童可及范围的所有区域。
- **方向**：儿童对身体或身体部位移动路线的意识，例如向侧面、向左、向右、向上、向下、向前、向后和斜对角。
- **范围**：儿童对物体与身体之间距离的意识，例如近或远、窄或宽、长或短以及上或下。
- **高度**：儿童在各种高度下沿水平面移动的意识和能力，例如低、中和高。
- **路线**：儿童对身体在空间中移动路线的意识，例如对角线、直线、弯曲线、角度、Z 字形、曲线和圆形。

## 3. 身体如何移动

- **速度和时间**：儿童对快速或慢速移动整个或部分身体的意识和能力。这是指与移动速度有关的方面，例如快或慢、突然移动或持续移动。
- **力**：为了实现更有效和更有表现力的移动，儿童对使用不同的肌肉张力和力量的意识与能力。这是指与做功、重量和能量有关的移动因素，例如强或弱、重或轻、硬或软以及猛烈或轻柔。
- **流畅性**：儿童有顺序地连接各种动作的意识和能力。自由流动的运动是流畅的、不受限制的运动。有序流畅的运动是可控、受限或能够立即停止的运动。

### 4. 利用人或物才能移动身体

- **与人的关系**：相对他人进行移动的意识和能力，例如与同伴、小组或全班进行互动。示例关系包括侧向、引导、跟随、围绕、镜像和一致、统一和对比、相遇和分离、上升和下沉、通过和连接。
- **与物的关系**：相对于某个物体或装备进行移动的意识和能力。示例关系包括后面和前面、两者之间、多个物体之间、旁边、上面和下面、近和远、沿着物体和穿过物体。

## 儿童的体育技能

了解这些概念后，3到8岁的儿童体育教师和幼儿专家可以强调运动是体育教育和运动素养的基础了。运动素养一词包含了先前提到的拉班的4个概念，以及操作技能和各种运动以及非运动技能。以下运动和非运动技能（很多舞蹈教师称为移动技能和非移动技能，其他体育专家称为移动方式）是儿童运动词汇的基础。在此我们用一个简短的定义和一个简短的句子来描述这些技能，以帮助儿童和其他学习者更好地理解这些词的含义。

### 移动式运动技能

**前进**：向前移动。示例：士兵向前线前进。

**穿过**：用力快速通过某物。示例：大象正在穿过丛林，踩到了花草，还吓到了其他动物。

**向上爬**：手脚并用向上移动。示例：我看到那个姑娘向上爬到了树上。

**爬动**：手臂、手、膝部、腹部和腿贴着地面缓慢移动。示例：婴儿在地板上爬动并够到了他的奶瓶。

**爬行**：靠近地面缓慢地移动。示例：小老鼠在地板上爬行并寻找奶酪。

**伸缩**：突然快速、短促地移动。示例：青蛙的舌头不停地伸缩，捕捉苍蝇。

**猛冲**：突然快速地移动。示例：突然暴雨倾盆，姑娘自己猛冲回家了。

**探索**：在不熟悉的空间中移动，以发现什么。示例：船员使用潜艇探索海底。

**飞**：用翅膀在空中移动。示例：鸟儿飞向南方过冬。

**飞奔**：大步快速奔向前，始终保持一只脚在前面。示例：马儿向马舍飞奔时声音很大。

**躲藏**：在视线外移动。示例：双胞胎正在房间中躲藏着玩躲猫猫。

**蹦跳**：跳起和落地时都只用一只脚。示例：玩跳房子游戏时，姑娘尝试单脚蹦跳。

**跳跃：** 跳起和落地时都用双脚。示例：你曾尝试从泥潭上方跳跃过去吗？

**跨跳：** 前伸一只脚并用该脚着地。示例：芭蕾舞女演员微笑着并跨跳向空中。

**行进：** 用有规律、较长的均匀步伐行走。示例：今天的游行消防员也行进在队列中。

**猛扑：** 突然向下跳，抓住对象或物体。示例：幼狮相互猛扑在一起。

**翻滚：** 不停地转动。示例：雪球从山上翻滚下来时越滚越大。

**跑动：** 比行走更快地移动。示例：小老鼠尽可能快地跑动着试图逃跑。

**冲向：** 快速移动或采取行动。示例：男孩冲向电影院。

**蹦蹦跳跳地跑：** 使用小碎步快速移动。示例：松鼠蹦蹦跳跳地跑着捡坚果。

**散开：** 分开并向不同方向移动。示例：风吹过树叶，树叶在院子中四处散开。

**拖脚行走：** 脚擦着地面或拖着脚走。示例：小姑娘在沙子中拖脚行走着。

**疾走：** 快速轻柔地移动。示例：老鼠飞快地疾走到洞中。

**搜寻：** 寻找对象、人或物品。示例：男孩在口袋中搜寻着，看里面是否有钱。

**曳步走：** 小步走，走路时双脚和双膝靠在一起。示例：男孩曳步走回家，双手插在口袋里。

**滑冰：** 在冰上滑动。示例：儿童在冰冻的池塘上滑冰。

**滑动：** 在某种表面上平滑地移动。示例：棒球手安全地滑动并进入三垒。

**滑行：** 沿着地面移动整个身体。示例：蛇在岩石下滑行。

**偷偷地移动：** 用隐蔽的或秘密的方式移动。示例：儿童偷偷地移动着，试图从饼干罐中拿走饼干。

**高飞：** 在空中高处升起、飞行或滑行。示例：鸟儿在靠近山顶的空中高飞。

**漫步：** 用很慢、放松的方式行走。示例：儿童沿着海滩漫步，欣赏着落日景色。

**昂首阔步：** 以很自豪或很骄傲的方式行走。示例：孔雀昂首阔步地走着，展示它艳丽的羽毛。

**环绕：** 整体都被围绕着。示例：篱笆环绕着操场。

**游动：** 使用整个身体在水中移动。示例：儿童在泳池中游动。

**踮着脚走：** 用脚尖小心地行走。示例：姑娘踮着脚走出房间，这样就不会吵醒她的祖父。

**脚步沉重地行走：** 用很重的步伐行走。示例：儿童艰难地穿过深深的积雪回到家中。

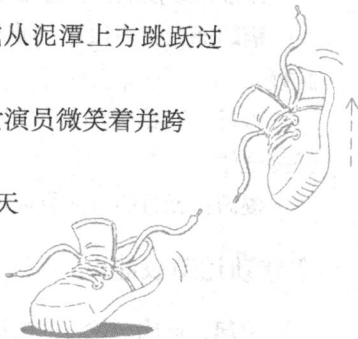

**跋涉**：缓慢或很费力地行走。示例：儿童长途跋涉走过最后几个街区后很累。

**蹒跚而行**：用很小的步伐左右摇晃着走。示例：企鹅和鸭子在动物园中蹒跚而行。

**步行**：以稳定的步伐移动。示例：姑娘的母亲与朋友一同步行，锻炼身体，保持健康。

**漫游**：无目的或无目标地移动。示例：男孩在森林中漫游。

## 非移动运动技能

**拱起**：形成一种弯曲的结构。示例：猫拱起背部。

**平衡**：处于一个稳定、稳固的位置。示例：男孩在他的肘部让一个豆袋（装豆子的袋子）保持平衡。

**弯下身**：变成弯曲的形状。示例：姑娘弯下身系鞋带。

**上下起伏**：快速地上下移动。示例：小船在水中上下起伏。

**弹跳**：击中表面后弹回来或弹向上方。示例：姑娘在垫子上上下下地弹跳着。

**炸开**：突然剧烈地破开。示例：烟花在空中炸开。

**拍手**：双手快速响亮地击打在一起。示例：人们用尽全力拍手鼓掌。

**倒**：突然崩塌或崩落。那个孩子倒在床上并很快睡着了。

**碎裂**：裂成或掉落后碎成小片。示例：饼干碎裂成很多小块。

**压碎**：大力地磨碎或压碎。示例：落叶在男孩的鞋下被压碎。

**弯曲**：以圆的形式变形。示例：男孩下颌触胸，弯曲身体，然后前滚翻。

**吊挂**：随意地挂着。示例：女士的耳环吊挂在她的耳朵上。

**瘪下来**：排出空气后被压缩了。示例：压过钉子后轮胎瘪下来了。

**闪躲**：通过快速向前后或两侧移动来避开某些东西。示例：男孩前后闪躲着，追逐者无法将标签贴在他身上。

**闪避**：快速地低头或放低身体。示例：儿童快速低头闪避，以免头碰到树枝。

**扩张**：变大或让身体更大。示例：跑步者深吸气时，他们的肺会扩张。

**振翼**：快速拍打翅膀，但并不飞翔。示例：苍蝇快速振翼，但它无法逃脱蜘蛛网的束缚。

**僵住**：一点儿也不动或者固定住了。示例：听到妈妈开门的声音，男孩立即僵住了，手仍在饼干筒中。

**夺取**：突然抓住并抢过来。示例：儿童从朋友的手中将球夺取过来。

**悬挂**：只有上端连着某个物体；只有上边固定在某个物体上，下方没有支撑。示例：那幅画悬挂在墙上。

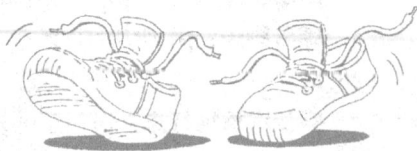

**拿住**：将物体保留在手臂或手中。示例：姑娘将球靠近身体并拿住球。

**盘旋**：一直处于空中的一个位置。示例：直升机在上空盘旋。

**膨胀**：填入空气使其扩大。示例：男孩吸气、呼气，让所有的沙滩排球膨胀起来。

**猛拉**：突然快速地从某地方移动某物体。示例：小马从骑手的手中把缰绳猛拉出来。

**跪下**：身体向下，并弯曲膝盖使其触地。示例：男孩跪下寻找椅子下的球。

**倾斜**：偏离直立的姿势并支撑住全身的重量。示例：儿童倾斜身体以对抗强风。

**躺下**：处于一个平躺、休息的位置。示例：露营者在睡袋中躺下。

**举起**：向上拿起物品。示例：姑娘举起她的奖杯让所有人欣赏。

**融化**：逐渐减小或消失，溶解。示例：黄油在煎锅中融化了。

**按下**：稳定用力下压。示例：男孩按下电梯按钮，前往下一层。

**拉**：向靠近自己的方向拖动。示例：儿童用力拉动拔河绳。

**推**：向远离自己的方向推动。示例：扫雪车推雪前行。

**伸出**：伸展或扩展。示例：男孩伸出手臂去帮助朋友。

**起身**：从躺、坐或跪姿起身。示例：姑娘起身下床。

**摇动**：短促快速地左右晃动。示例：男子摇动手臂，促进血液流动。

**哆嗦**：不受控制地抖动。示例：姑娘在雪地中感觉很冷，不停地哆嗦着，因此她上下蹦跳让身体暖和一些。

**缩小**：尺寸变小了。示例：汉堡已经做出来很长时间了，因此缩小成一个小馅饼了。

**颤抖**：突然发抖或抖动。示例：男孩颤抖着，被虚构的鬼吓着了。

**下沉**：移动到更低的地方。示例：石头下沉到池塘的底部了。

**飞转**：高速旋转。示例：卡车的车轮在飞转。

**攥住**：用力将物品压在一起。示例：姑娘攥住母亲的手。

**跺脚**：重重地将一只脚向下踩，身体重量均匀地放在脚上，脚仍处于原位。示例：恐龙一跺脚，地面都在振动。

**站立**：身体处于直立位置。示例：士兵站立不动，显得高大威猛。

**重踏**：重重地将一只脚向下踩，身体重量均匀地放在脚上，然后向上快速抬脚。示例：小姑娘一只脚重踏了一下，雪纷纷落下。

**伸直**：变得更长或更宽。示例：篮球运动员向上伸直身体，尝试触摸篮筐。

**摇摆**：左右前后晃动。示例：树木在强风中摇摆。

**摆动**：通过转动铰链前后或左右移动。示例：猴子很喜欢从一棵树摆动荡到另一棵树。

**翻倒**：因不稳定而倒了。示例：儿童的玩具积木翻倒了。

**战栗**：因恐惧或寒冷而抖动。示例：在寒冷的雪中，孩子的身体战栗着。

**猛拉**：用力拉出。示例：小姑娘用力从靴子中将脚猛拉出来。

**转动**：围绕一个中心不停地旋转。示例：妈妈转动门把手。

**旋转**：以圆周运动方式移动整个或部分身体。示例：芭蕾舞女演员旋转了三圈。

**扭动**：绕着一个身体部分旋转另一个身体部分。示例：面包师将生面团扭动成椒盐卷饼形状。

**振动**：快速前后移动。示例：飞机从我们房子的上空低低飞过，所有的墙壁都在振动。

**快速转动**：快速地旋转。示例：舞蹈演员跟随音乐快速转动时会伸出双臂。

**蠕动**：用摇摆的方式移动部分或整个身体。示例：蠕虫蠕动着身体。

**左右摇摆**：用左右摇晃的方式从一侧向另一侧移动。示例：自行车左右摇摆，最终翻倒在街上。

# 操作技能

正如幼儿教师使用小的物体（如数学砖、积木、黏土和拼图）来提高幼儿的小肌肉运动技能一样，体育教师也要努力提高幼儿的操作技能。对幼儿发育很重要的另一个适龄内容领域就是涉及球和豆袋等物品的操作或物体控制的技能。美国国家K-12体育教育标准和年级水平学习成果将操作技能定义为"控制或操作物体所需的技能，如踢、击打、扔、接和运球"（SHAPE America，2014，p.117）。虽然本书不包括专门教授操作技能的课程，但确实为每个年龄段的学生提供了以下建议的学习任务和针对球类技能的教学线索，帮助教师充分备课以更好地开展教学。

### 学前班学习任务（在身体周围滚动球）

**球放在地板或地面上**：让儿童在球上做出各种形状（如大桥、三角形、充分展开身体），绕着球跑指定的次数，在球周围执行运动技能，或者用指尖和手旋转球，然后四处跑动，直到球停下来。

**站立**：沿着不同形状的路线滚动球，如用手指在地板上沿着线条滚动球，或者按照儿童名字（拼音）第一个字母的形状滚动球。

**坐立**：抬起腿，在腿的下方滚动球，或者绕着身体滚动球。

**站立**：绕着腿滚动球，或者滚动球并开始跑，然后把球停下来。

**同伴**：一人扮演人形保龄球瓶，双方轮流将球从同伴的双腿之间滚过。或者站在离同伴 3 到 3.6 米的地方滚动球，尝试让球接触对方的身体，从而让他倒在地板上。双方交换角色。

### 1 年级的学习任务（滚动和防守）

**站立**：将球向远处滚动，然后跑过去并停住球，将球滚向同伴，同伴则向左或向右移动几十厘米，将球拦住。

**单膝跪地**：绕着身体滚动球，将球在非跪地腿的下方来回滚动。

**同伴**：将球滚向静止的同伴，每次同伴接到球后，滚球者就后退一步。

### 2 年级的学习任务（双手拍球和抓球）

**站立**：用以下方式进行双手拍球和抓球。拍球后抓球。拍球，击掌，然后抓球。拍球，转身，然后抓球。按照圆形或方形的路线拍球移动。沿着地板上标记的线条拍球移动。

**同伴**：模仿对方的动作（两人轮流担任领队，例如一人在整个场地中练习拍球和抓球技能，而另一个人则使用同样的路线和技能）。

### 3 年级的学习任务（抛扔球）

**站立**：向上抛球，然后让球落在不同的身体部位上。边走边向上抛球。手从两腿间穿过并将球向上抛到身体前面。高抛球，击掌，然后抓球。将球抛到头顶上方，转身，然后抓球。

**同伴**：一个儿童扮演柱子，保持静止不动。另一个儿童站在 3 到 4.5 米远的地方，将球抛向柱子。抛球的儿童立即绕着柱子跑，回到原来的位置，抓住扮演柱子的儿童抛来的球，重复上述动作 10 次，然后互换角色。

使用以下教学线索来掌握基本的球技。

### 教授抛和扔的动作

- 肘部应该在前。
- 弯曲肘部。
- 抛球臂对侧的脚前迈一步。或者将抛球臂后摆，对侧脚指向前方。
- 保持抛球臂靠近耳朵。
- 向前并稳定身体。
- 像棒球投手那样抛球。

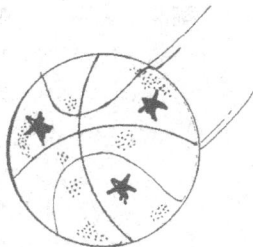

## 教授抓球和拦球动作

- 在身体前面完全伸直手臂。
- 抓球时要抱住球。
- 要在移动中抓住球。
- 膝部微屈，这样才能向着球快速移动。
- 一只脚放在另一只脚的前面，准备好快速移动。

# 内容注意事项

虽然有些学前班和幼儿园儿童的表现表明，他们能够掌握大部分或全部运动和非运动技能以及许多操作技能，但你应该认识到儿童的成熟水平是有差异的，并认识到并非每个儿童的能力都与其年龄相符。表 1.1 显示了不同年龄的儿童通常能够掌握的身体技能。

**表 1.1　5 岁以下各年龄段儿童能够掌握的身体技能**

| 6 到 12 个月 | 1 到 2 岁 | 2 到 3 岁 | 3 到 4 岁 | 5 岁 |
|---|---|---|---|---|
| 拍打 | 拍手 | 行进 | 蹦跳 | 昂首阔步 |
| 伸出 | 夺取 | 脚步沉重地行走 | 弹地 | 偷偷地移动 |
| 抓住 | 挤压 | 曳步走 | 抛 | 踮着脚走 |
| 松手 | 按下 | 跑动 | 飞奔 | 环绕 |
| 伸直 | 拱起 | 攀爬 | 伸缩 | 穿过 |
| 爬行 | 跺脚 | 滑动 | 猛冲 | 疾走 |
| 爬动 | 推 | 冲向 | 闪躲 | 散开 |
| 行走 | 拉 | 蹒跚而行 | 飞翔 | 贴标签 |
| 平衡 | 猛拉 | 拿住 | 跋涉 | 追逐 |
| 摇动 | 抬起 | 翻滚 | 高飞 | 腾跃 |
| 拉 | 下落 | 平衡 | 滑行 | 滑冰 |
| 指向 | 行走 | 倒下 | 蹒跚而行 | 翻筋斗 |
| 翻滚 | 摇摆 | 转动 | 漫游 | 吊挂 |
|  | 跳跃 | 扭动 | 弹跳 | 摆动 |
|  | 翻滚 | 跳跃 | 跳跃 | 跳跃 |
|  | 踢球 | 探索 | 搜寻 | 跳走 |
|  | 平衡 | 躲藏 | 蹦蹦跳跳地跑 | 跳过 |
|  | 摇动 |  | 抛 | 扔 |
|  | 攀爬 |  | 防守 | 接住 |
|  |  |  | 击球 | 击球 |

源自：Clements, R. "Integrating Physical Play Throughout the Prekindergarten Program." Illinois Resource Center Summer Institute, 1998.

　　记住，要选择与儿童当前身体水平相符的内容。如果某项身体技能太简单，儿童可能会因为无聊而不去尝试它。如果某项活动不是以过去的经验为基础，儿童可能不知道如何利用身体技能来完成该活动，因此也不会尝试该活动。这就是我们为每项运动和非运动技能提供一个例句的原因，即为了进一步深化儿童对这个词的理解。因此，让儿童在早期打下良好的知识基础，并且根据儿童的年龄和发育阶段来更为准确地引入新内容，儿童就越有可能获得成功。

## 小结

　　总之，如果在内容选择流程的早期就考虑各种标准和指南，并且内容中的词汇和身体技能可以提高儿童的理解程度并让他们用各种方式移动，那么就可以确保你的课程是适龄的。所有内容都应该让儿童参与其中并且保证合适，这样儿童才能感受到成功的喜悦，并愿意成为一个有运动素养的学习者。

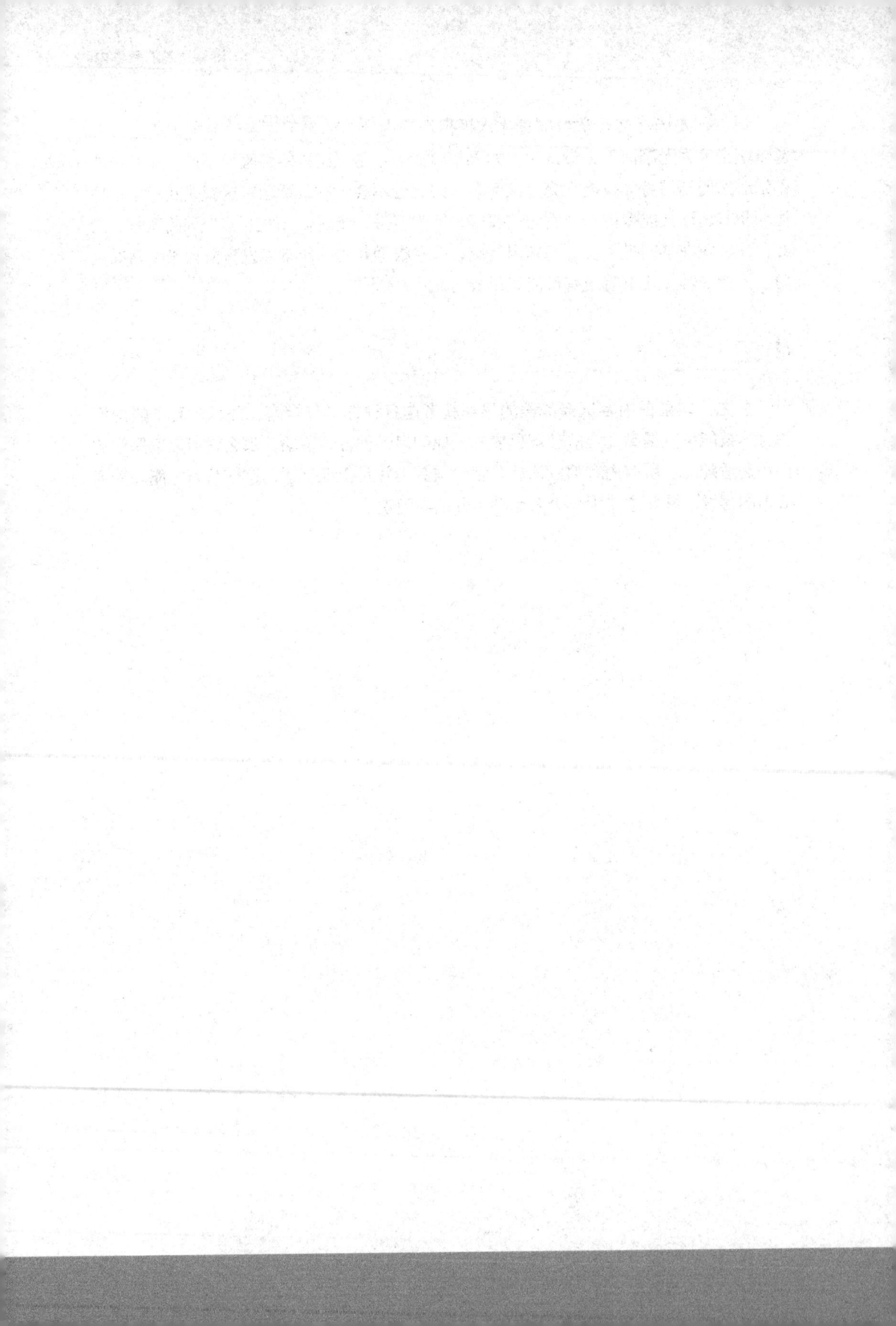

# 第2章

# 制定并实施课程计划

　　从教育的角度来看，运动素养的学习始于深思熟虑地规划如何向儿童介绍各种运动技能。旨在培养儿童运动素养的课程计划是一种详细的书面指南，说明你希望在课堂上可能出现什么。其中应该指出你尝试实现的目标，如何实现该目标，并且应该列出完成课程所需的器械。

　　准备书面的课程计划是具体表现你有何想法的最佳方式之一。它提供了一种动作安排记录，让你可以在实际教学开始前回顾一下，提高了你记住儿童体育教育的关键目标、学习任务和教具或器械的可能性。同时还在教学期间提供了一个参考来源。经验不足的教师发现他们很难同时记住多件事，无法在表达重要信息的同时，管理好满是好奇心的幼儿。

　　精心准备的课程计划可帮助经验不足的教师克服无把握感和紧张的情绪。还可让教师胸有成竹，而不是在很多方面都模糊不清。教师完全依靠记忆并试图即兴发挥时，常常会产生挫折感。书面的计划可以防止教师在课堂上胡思乱想和不恰当的即兴发挥，并提供一种方法来确定是否真的实现了教学目标。

　　在本章中，你将学习一个有效的课程计划的各个关键部分，包括确定课程的中心焦点，选择行为目标，规划学习任务，在各个学习任务之间平稳过渡，以及识别会影响准备工作的各种学生的特征。

## 选择行为目标

　　一般来说，所有课程计划中都包含了在提供课程内容时要达到的目标。这些目标称为行为目标，因为每个目标关注的是儿童在学习或实践新内容时所使用的行为领域的内容。对于从事运动技能教学的体育教师、学前教师和课堂教师，该领域的内容包括认知、情感和心智。高效的教师制定的课程目标会反映所有这 3 个领域的目标，目的是最好地发挥儿童的学习潜力。

有些行为词（动词）能更好地反映某个领域。你可以使用这些动词创建一个课程计划目标，重点关注这 3 个领域中的一个。

认知领域目标旨在提高儿童对物体和事物的认识，以及他们记住和应用这些知识的能力。在本书提供的各种课程计划中，主要的认知关注点是传达有关身体、营养、社区助手的角色、环境、生物、语言艺术和数学技能等简单的事实，让儿童能够实现各个课程的认知目标。我们在课程计划中使用动词来描述认知目标，具体说明每个儿童必须能做出的动作，以表明他已经实现了该项目标。例如，如果目标是"儿童将确定"，那么描述儿童如何实现目标的动词就是确定。为课程制定认知目标时可以使用的其他动词包括说出、标记、讨论、谈论、描述、定义、解释、对比、口头响应、记起、记住、匹配、说明、画出、用下划线划出、评论、重复、找出差别和指出。

要实现情感领域的目标，也就是儿童的感受，可让儿童在同伴学习任务中或在较小或较大的小组学习任务中与同伴互动。这些目标强调了儿童以友好和尊重他人的方式同其他儿童进行互动的重要性，以确保获得积极的学习体验。重要的是制定你或学校的管理者很容易观察到的情感领域目标。情感领域的关注点应该是负责任的个人和社会行为、尊重自己和他人、规则和礼仪以及安全。为体育教育制定情感领域目标时，下列动词可能很有用：交涉、表示感谢、接受他人、依赖他人、贡献、解决问题、表达兴趣、展示、协助、分享、志愿、交互和专注于任务。

通常精神领域目标关注的是你在课堂上尝试教授的体育技能。在初级阶段，精神目标可能相对复杂一些，通常由 3 个部分组成，以确保能提供有效的教学指导。第一部分称为"行为"，就是你想让儿童执行的实际体育技能。目标的第二部分是"标准"，它关注的是在儿童以可接受的水平演示或执行某项技能若干次。第三部分是指"情境"，即儿童在课堂上执行技能时所处的学习环境或游戏情境。

虽然幼儿园和小学阶段的教师对儿童的技能表现有很高的期望，但他们对儿童技能掌握水平的重视程度却要低得多。这是因为学生通常是第一次接触到这种技能。下面是制定精神领域目标时常用的一些动词：操作、执行、演示、模仿、制定、展示、探索和创建。

## 确定中心焦点

课程计划的中心焦点就是一句话，总结课堂上要实现的目标。例如，教授年龄较大的学生学习篮球运动时，中心焦点可能是在一种改良的比赛中学习基本的篮球技能。教授篮球技能时，中心焦点可让你在整个计划过程中都专注于既定的任务。对于学前班儿童来说，课程的中心焦点通常包括改良的比赛和活动中使用的移动方式（例如运动和非运动技能，它们是更有技巧的移动的一部分）和基本的移动概念（如身体意识、空间意识、时间、力量或流畅和关系的概念）。还包括关于改善健康状况的新兴健身概念，例如通过适应不同年龄的屈身和转体活动来提高身体柔韧性。中心焦点可突出整体的技能、内容和活动，便于你更好地规划课程。

# 规划学习任务（3到8岁）

本书中的每个课程计划都包含三项学习任务。教授儿童时，学习任务本质上可以是一些基本的体育内容，但本书中所有的内容都按照既定的目的进行了规划，其中包括了活动、讨论和其他参与模式，从而让儿童融入学习过程中。向儿童介绍当日课程的中心焦点或目的后（例如今天这节课的目的是用我们的身体探索各种形状），你要介绍"学习任务1"，这是一项为身体运动做好准备的个人活动。"学习任务2"是一个帮助儿童练习移动技能的同伴活动，它可以包括一系列的移动挑战，让儿童在自我空间中活动以及与同学互动。"学习任务3"是整个小组的学习任务，儿童可以练习体育技能（精神领域目标），与同学互动，激励他们再次参与活动（情感领域目标），并通过回答有意义的问题来反映他们学到了什么（认知领域目标）。

# 在学习任务之间实现平稳过渡

为了有效地实施学习任务，让儿童能够在课堂上充分参与所有3个领域的学习，可使用班级管理和组织技巧来让课程流畅进行。

一个重要的技巧就是使用开始和停止信号。在任何一天中，儿童都要用他们的感官来观察或聆听要求他们开始或停止活动的信号。儿童会倾听负责授课的年长者和大人的声音。他们会对口头提示和声音做出反应，开始进行另一项活动、吃午餐和休息；然后回到教室；拿上自己的东西回家。他们会注意交通信号和手势信号，以便安全地穿过公路。他们会留意汽车喇叭声。每一天都充满着各种形式的刺激和信号，指示着预期的行为和反应方法。

在体育馆、教室或游戏空间中，儿童也会期待收到各种信号和声音，帮助他们从一个活动过渡到下一个活动。因此，使用信号来提示开始和停止活动，以及提示从单个任务（学习活动1）过渡到同伴任务（学习活动2），再到全组任务（学习活动3）才是最有效的方法。例如，儿童通常在教师发出信号后就开始活动。你可以通过声音、视觉或触觉与他们进行交流。闪烁的灯光、语言提示、声音、轻柔的触摸、提示卡、音乐或身体动作都能轻松地传递出你已经准备好开始活动的信息。语言提示可以很简单，例如问："你们准备好了吗？（暂停）开始！"或者"我数到3时，我们就开始。""你们准备好了吗？1、2、3，（暂停）开始！"你也可以举起手臂并向儿童解释："当我放下手臂，手碰到我的身体时，你就可以开始了。你们准备好了吗？"关键是要确保儿童理解你的开始信号，并集中精力准备开始活动。

你也可以用音乐作为停止和开始的信号。例如，"音乐响起时，你们开始移动，音乐停止时，你们必须立即停止移动。"其他结束信号包括："音乐停止时，无论你在哪里，都要保持不动"，"保持身体姿势不变"，"踩刹车"，或者"摆好姿势拍照"（你可以用想象中的相机拍照）。你也可以用绿色、红色和黄色的纸张来代表交通信号灯；可以使用不同的鼓掌的方式、一个最喜欢的短语，或者短促的口哨。

同样重要的是，你要有停止或结束学习任务的信号，儿童需要知道什么时候停止。使用音乐作为背景音乐时，儿童应该知道当你关掉音乐时他们就要停止。用更高的声音、低音调的声音、更柔和的声音或者是夸张的"停……止！"说出"停止"命令时，有些儿童会做出响应。

实施学习任务时，有效的指导需要有明确的方向。告诉3岁大的儿童去"排队"，这对他们的理解能力来说过于模糊了。相反，应使用下面的指导帮助儿童找到正确的身体位置，从而开始学习任务（见图2.1）。

- **大家前后站成一列**。儿童前后站队，眼睛看着前面同学的后脑勺。
- **大家并排站成一行**。儿童肩并肩站成一队。最好指出你希望儿童站在什么地方（例如，靠着后墙或站在白线上）。如果发生推搡或拥挤情况，让儿童"把他们之间的距离拉长一点"。
- **在活动区域找到你自己的地方**。你还可以将自我空间称为个人空间，如图2.1所示，每个儿童都能站立或坐下，同时不会触碰到他人，也不会触碰到任何物体。
- **和两个同学一起组成三角形**。为了组成三角形，一组中的3名儿童脸要向内。
- **与教师组成一个圆圈**。让儿童组成一个圆圈时，你应该成为圆圈的一部分，而不是站在圆圈的中心，因为这样有些儿童就要面对你的背部。
- **两人拉开一个身长的距离站立**。在学习任务中，同伴之间需要拉开距离时，让儿童拉开一个身长的距离，可以通过躺在地上或者站立并在体侧伸直双臂来确定一个身长的距离。

## 用有创意的方式对学生进行分组

为很小的幼儿分组可能相当具有挑战性。很多儿童之前都没有遇到过这种要求，这会让他们感到很沮丧。你有很多选择来帮助儿童成为更大群体中的一员。选择一种方法时，要记住有些年纪较小的儿童在接近其他儿童时会很胆小。由于儿童在玩耍时精力无限，兴奋无比，因此往往会忘记你用来给他们分组的号码或颜色。此外，你应该对那些总是找不到同伴的儿童保持敏感；避免出现"最后一个被选中"的耻辱感。可尝试以下一些经过了验证的分组技术。

## 找到一个同伴

- 让儿童找到和自己有相同颜色的头发、眼睛或衣服的人。
- 让儿童找一个喜欢相同口味冰激凌的人。
- 告诉他们找一个名字中首字母和自己相同的人。
- 说："当我说'开始'的时候，请找一个同伴。"

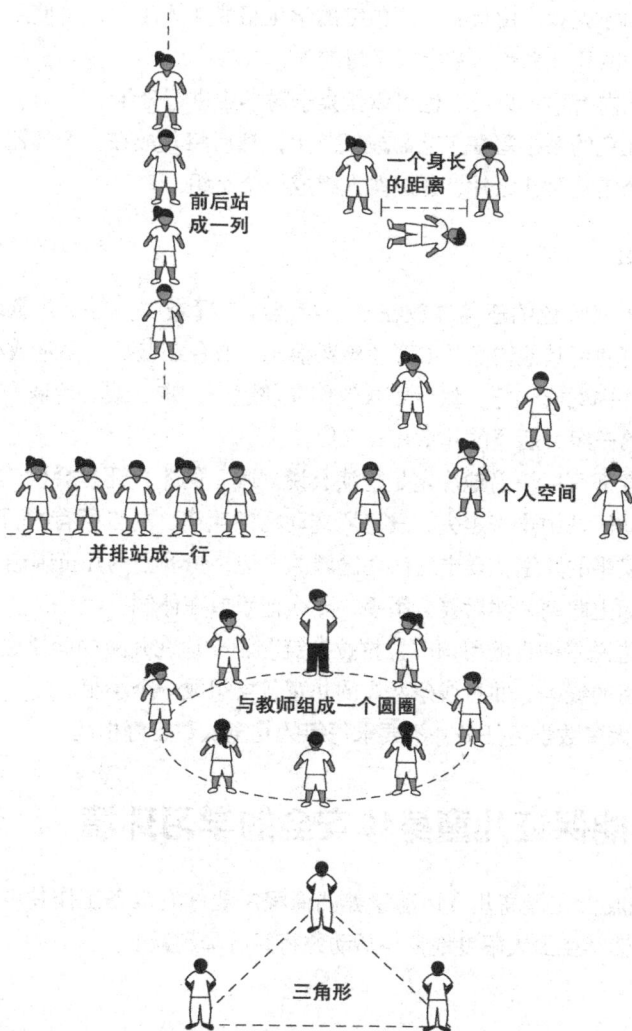

图 2.1　学习任务完成形式示例

- 播放音乐，让儿童彼此微笑和问候，同时在整个活动区域中移动。音乐停止时，最后一个打招呼的人就成为你的同伴。
- 要求每个儿童找一个在相同季节出生的同伴。
- 让儿童四处走动并找到一个同伴。任何一个没有同伴的儿童都被认为是迷路了，他们应该去找你，你负责失物招领部门。然后你可以让迷路的两个儿童配对。如果只有一个儿童迷路了，他可选择要加入哪个小组。

## 创建小组

- 让一对同伴加入另一组，组成一个 4 人小组。
- 分发一副扑克牌。由具有相同数字的学生组成 4 人组。也可使用单词卡发现拥有相同的图片、颜色、数字或字母的人。
- 如果教室内有彩色桌子，也可以按桌子对学生进行分组。
- 把每个儿童的名字写在工艺贴或纸片上，然后将其放在一个容器中。从容器中取出 4 个工艺贴或纸片，让这些人组成一个小组。

## 创建 2 个大组

- 把两种不同颜色的蓬蓬球放在一个容器或午餐袋中。每个儿童选择一个蓬蓬球。也可使用其他物品，如彩色塑料插孔、彩色工艺贴、贴纸或小塑料雕像。
- 让儿童并排站成一行，然后要求他们向前迈一大步，或者后退一大步。前行的儿童在第一组，后退的儿童在第二组。
- 每个儿童都可以悄悄地决定是扮演会说"哞"的牛，还是会说"喵"的猫。儿童在活动区域中走来走去，发出所选动物的叫声。一旦所有的动物都找到了同类，扮演牛的儿童就要走到活动区域的一边，扮演猫的儿童则走到另一边。
- 让儿童闭上眼睛，然后要么举手，要么把手放在体侧。
- 教师一边说着神奇的单词"拉拉拉拉链"，一边在儿童中间快速移动，营造出一条曲折的线条。曲折线条两边的儿童各自组成一个小组。

请记住，大多数学习任务并不要求每组的儿童人数正好相同。

# 打造一个能保证儿童身体安全的学习环境

出色地完成旨在提高儿童运动素养的课程需要做好准备工作并事先考虑各种相关因素，确保让学生最大限度地参与活动并将风险降到最低。

## 服饰

- 请检查所有儿童的鞋带都已系好并且鞋子穿着妥当。

- 如果可能，让穿连衣裙或短裙的女孩换上短裤，以便为运动做好准备。
- 带兜帽的运动衫可能会让儿童有窒息的危险。
- 注意那些晃来晃去的配饰，如项链和手镯。

## 准备活动区域

- 在室内，将所有的椅子都推到桌子下，把地板上的书和小障碍物移开，放在桌子或办公桌上，并将较大的障碍物移到房间的两边。
- 在室外，检查并确保活动区域是安全的，没有碎片、碎玻璃和其他有害物体。注意儿童是否对蜜蜂或草过敏。儿童的医疗记录中应该包含确保儿童安全的相关程序，包括避免过敏源。
- 清楚地标记和解释边界，以及起点和终点线。儿童应该了解他们的限制条件。

## 安全地参与活动

- 对于任何追逐和躲避活动（即贴标记类型的游戏），提醒儿童要正确或温柔地触碰他人。
- 儿童必须听从你的指导，遵守规则并且彼此尊重。
- 各组之间要有适当的间距。儿童不应朝着对方跑或撞到对方。
- 如果儿童在活动期间没有遵循你的指导，可停止活动并让他复述你的要求。
- 分析可能导致安全问题的活动。如果观察到有导致儿童受伤的风险，应停止游戏并解决相关问题。
- 务必执行有关器械和设备的规定，并在使用前进行检查。
- 把钢笔、铅笔、口香糖、棒棒糖、食物和饮料留在活动区域外。
- 在儿童参与活动期间和活动结束后，密切注意有疾病（如哮喘、糖尿病）的儿童。这些儿童的医疗记录中应该包含确保儿童安全的程序。
- 只要条件许可，应准备好急救箱随时待命。

# 了解学生后才能正式开展教学

　　为了确保学生有效地学习，你不仅要知道教学内容及其相关的目标和教学方法，还要知道与学生相关的知识。要明白，幼儿园到 12 年级学生通过自己的方式积极参与活动才能最好地学习，早期人们并未理解这一点。这种意识有时也称为"了解学生后才能正式开展教学"，并且很多儿童专家都在其课程规划过程中采用了这一理念（Stanford Center for Assessment, Learning, & Equity, 2016）。他们认识到，高效的教师会考虑很多可能影响课程成功的因素，如儿童有限的语言能力、旅行经历的差异，甚至是儿童上课前的睡眠时间。因此，下面列出了在规划适龄课程时应该考虑的学龄前和幼儿园学生的特点。这将提高学生更充分地参与课程的可能性。

## 儿童能记住什么

- 移动任务中描述的颜色、形状、字母和数字。
- 与特定设置有关的对象。
- 故事角色的姓名。
- 过去的经验，从而得出新的移动方式。
- 运动和非运动技能的名称。

## 儿童如何实践创造性思维

- 假装像对象或物品那样移动。
- 想象身体正在控制某个对象来完成任务。
- 观察无法实际看到的物品。
- 发现新的移动方式。
- 按照想象的路径移动。

## 儿童如何解决简单的问题

- 认识事物的不同和相似之处。
- 制定一个动作反应方案。
- 找到改善动作反应的方法。
- 用身体展示不同物体被触摸时的感觉。
- 发现连接各种动作的方法。

## 儿童语言发展的初期阶段

- 识别身体各个部位的名称。
- 演示诗、歌或故事中各种词语的含义。
- 讨论与对象或物品有关的事实。
- 设定一个虚构角色的语言。
- 让人知道自己的愿望。
- 使用可表情达意的词语。

## 儿童如何了解自己

- 使用特定的身体部位展示他们的感觉。
- 在游戏中知道使用特定的身体部位。
- 认识到他们有能力控制身体的移动速度。

- 学习可影响他们生活的人员的角色。
- 认识到身体可以执行特定动物的动作。

### 儿童如何与同伴互动

- 与同学互换角色。
- 让同伴的身体以特定的方式移动。
- 与同学一起用他们的身体组成一个大的物体。
- 展示与同学的合作成果。

# 个体差异和文化意识

当今的课程规划强调教师需要考虑儿童的日常经历、社区环境和文化背景。这方面的教师准备工作是展开教育过程的基础。了解社区资产，也为儿童了解其家庭环境与其他人的家庭环境有何不同打开了一扇门。因此，向儿童介绍常见的社区设施和环境活动具有必要的。以下是 1 年级和 2 年级儿童的学习任务示例。

向儿童解释第一批伟大的建筑工人来自一个叫埃及的地方，他们建造了巨大的石头庙宇。今天的建筑工人称为建筑师，他们使用钢、玻璃、塑料、砖、混凝土、木材和其他材料来呈现他们设计的建筑。鼓励儿童进行以下活动。

- 向我展示你能形成一个宽而平的形状来代表一座大建筑的基础。
- 谁能用身体形成一个弧形？圆顶形呢？
- 如何高高站立，就像支撑屋顶的柱子？
- 将手举过头顶，形成指向天空的教堂尖塔。你能形成一个方形形状吗，就像教堂或寺庙中的建筑？谁能形成高塔的形状？
- 你能转动身体，形成摩天大楼顶部常见的那种扭曲螺旋形状吗？

你可以按照建筑物的结构，解释说明如何根据建筑物的位置和附近的文化环境来选择外墙涂料的颜色。例如，沙漠中的建筑物可能涂上沙子的颜色，如果建筑物在森林中，会使用较暗的涂料颜色与树木形成混搭。其他时候，则会根据文化背景选择合适的颜色。

例如，有些人喜欢红色，因为它代表了好运。而有的人认为绿色能带来好运。房屋油漆工用油漆桶和刷子来让建筑物显得更漂亮。要求儿童演示下列动作。

- 你能自己穿上工作服吗？戴上手套保护手，戴上帽子保护头发。
- 给房屋的外墙刷漆前，在树丛和室外椅子上盖上油布或罩单。现在使用假想的刮板去掉旧油漆。
- 打开油漆桶并绕着圈晃动它，让油漆混合均匀。用刷子在油漆桶中蘸上油漆，然后将外墙涂成阳光般明媚的颜色。
- 学习使用上下刷漆法，尝试用滚子平顺地在长条的区域内刷漆，在门外和窗户外的长条区域内刷漆。
- 最后完成刷漆工作，方法是向我展示你如何爬上梯子，从而能够刷到建筑物中最高的地方。现在伸长胳膊来开始刷漆。

# 教学策略

在选择合适的教学策略来呈现教学内容时，这些策略必须与儿童的兴趣和能力相符，这样才能培养他们对体育活动的热爱。本书使用了两个类似的教学策略来激发儿童对学习新技能的兴趣：模仿法和运动探索法。

## 使用模仿的方法

"模仿"这个词来源于拉丁语，意思是复制和相似。英国人在 16 世纪末采用了这个词，并用它来描述"效仿"这种所有儿童和成人都拥有的行为或品质。这种信念源于这样一个基本前提：人类是具有相似兴趣、交流方式和行动方式的善于模仿的生物。我们所有人的行为模式都在无休止地变化，这让我们吃得相似，穿得相似，做得相似，玩得相似，行动也相似。关于儿童，国际公认的德国教师，以在 1837 年发起幼儿园运动而闻名的弗里德里希·弗罗贝尔说："儿童模仿什么，他就开始理解什么。"。高效的教师会利用幼儿模仿父母和兄弟姐妹的语言和身体行为的急切心态，这些教师之后成为儿童进一步发展的榜样。

为儿童提供一个榜样，让他们在无意中听到单词时进行模仿，这一直被认为是儿童获得个性和语言知识的一种方式（Bandura，1977；Erikson，1963/1993；Piaget，1962；Singer，1973；Skinner，1974）。模仿的价值在很多抽象的交流形式中也很明显，包括舞蹈或节奏、音乐和动作。例如，舞蹈专业人员提示儿童跟随动作诗词或歌曲的歌词和动作采取行动时，他们会使用模仿的方法。要求儿童用手持式乐器（如鼓、铃鼓和鼓棒）重复简单的节奏时，或者要求儿童重复拍打、拍手和敲击动作时，他们也会使用模仿的方法。此外，音乐为你提供了机会来模仿所选择的不同类型的声音和情绪。

体育教育者、儿童专家和课堂教师使用模仿的方法介绍适合儿童水平的基本运动技能和概念时，可以获得巨大的成功。例如，每次教师向儿童说出一种体育技能的名字，如飞奔，然后演示给学生，让学生去重复，这样学前班儿童的运动词汇就会显著增加。典型的教师授课可能是："假装你们是一群野马，跟着我一起飞奔。"从最简单的意义上说，你可以让学前班儿童模仿一些东西，例如像蜜蜂一样忙碌，像羽毛一样轻、冰一样冷、木板一样硬、狐狸一样狡猾。儿童可以用他们的身体语言来描绘各种情感和感受，例如表现出无畏、恐惧、愤怒和阴郁。其他的例子包括演示行为词，以及演示出本书中各种动作叙事中人物的肢体动作和面部表情。

## 使用表达感觉的词汇
### 我能用我的身体展示我的感受……

A：可爱、冒险、害怕、生气、焦虑、羞愧、惊奇、笨拙

B：害羞、漂亮、大胆、无聊、勇敢、困惑

C：无忧无虑、谨慎、笨拙、自信、疯狂、好奇、可爱、困惑、古怪、快乐

D：勇敢、沮丧、厌恶、无精打采、高兴、失望

E：狂喜、尴尬、愤怒、邪恶、疲惫、热情、兴奋

F：无畏、凶猛、软弱、友好、害怕、沮丧、愤怒

G：阴郁、贪婪、内疚、华丽、肮脏、可怕、暴躁、粗暴、傻笑

H：快乐、沉重、英勇、希望、炽热、巨大、无助、恐惧

I：感兴趣、厌恶

J：嫉妒、快活、神经兮兮、快乐

K：善良、怪癖

L：懒惰、明亮、可爱、讨人喜欢

M：疯狂、强大、顽皮、喜怒无常、忧郁

N：紧张、愉快、嘈杂

O：不知所措、古老

P：好玩、骄傲、强大

Q：安静、恶心

R：吵闹、焦躁不安、放松

S：悲伤、害羞、糊涂、极瘦、震惊、狡猾、小巧、微笑、惊讶、困乏、虚伪、成功、悲伤、害怕

T：紧张、胆怯、渺小、疲倦、眼泪汪汪

U：有敌意、不开心

V：充满活力、胜利

W：邪恶、聪明、忧虑、伤感、怪异

X、Y、Z：恶心、有朝气、活泼

你的行为还可以用来鼓励学前儿童模仿新的移动方式，例如重现动物的常见动作，或者沿着想象的路径重现你的移动技能，或者在观察你的表现后模仿一系列的动作。

在每个学习任务中，你都要有极大的热情和丰富的面部表情，从而激发儿童持续参与的热情。

教授儿童时，喜欢使用模仿方法的教师要认识到培养儿童想象力的重要性。他们知道很多学前班儿童很容易感到沮丧并产生焦虑，这种焦虑会抑制他们进一步参与活动，除非有一个模型可供复制或重复。如果儿童对如何完成一项体育任务没有任何概念，教授三四岁的儿童时，要使用精心挑选且适合儿童发育阶段的暗示和提示，这一点尤为重要。其中，典型的教师提供的内容可能包括以下几个短语。

- 想象你的脚是一支铅笔，你用这支铅笔在地板上画画。
- 你的手如果是一个颜料刷会怎样？画一个长长的、弯弯曲曲的记号。
- 假装你是一只在小路上跳跃的袋鼠。
- 用你的身体形成一个橙子的形状。
- 用你的腿形成一个隧道。
- 假装你是一个飘浮在空中的肥皂泡，最后肥皂泡破裂！

此处的挑战是选择有意义或与儿童相关的内容。例如，如果儿童对如何"假装你是一个爆炸的宇宙飞船"或"假装你正在划独木舟"没有任何概念或想象力，你就必须进行相应的讨论或采取符合期望的行动。此外，让一个儿童"假装成足球运动员"或"假装是篮球运动员"，只有当他接触过这个角色的动作时，这种要求才会对儿童有意义。

常见的模仿提示应该鼓励儿童模仿、跟随、重复、镜像或呈现、效仿或模拟教师的动作或口头建议，包括如下内容。

- 假装……
- 扮演……
- 创建……
- 形成……
- 假设……
- 想象你是……
- 如果你是……
- 像……一样移动……
- 重复我的动作……
- 按照我的动作操作……
- 打造……
- 轮到我了……现在轮到你了
- 发明一种新的方式……

　　◾ 展示如何……
　　◾ 向我展示……

　　喜欢使用模仿方法教授学前儿童的教师倾向于相信：模仿体验不会扼杀儿童的创造力和自我表达能力，因为所有人都需要一个基础，然后才能获得有创意的想法、理念和知识。模仿是构建更高层思维技能的基础。教师也看到了规划任务的重要性，这些任务在儿童的能力范围内带来挑战，并且充分利用儿童的兴趣所在。这种方法的另一个好处是，儿童不会因为缺乏词汇和不能按照口头指示去做而使行动受到阻碍，因为模仿法最重视的是对视觉的运用。

　　重要的是记住，2 岁儿童的词汇量大约只有 200 个。在 3 到 4 岁之间，儿童的词汇量通常会从大约 1000 个增加到 4000 多个，每天能以惊人的速度学会 9 个新单词。然而，儿童至少要到 6 岁，并且词汇量在 8000 到 14000 个之间，才能期望他能理解教师通常使用的复杂教学指导。因此，学前班儿童可以使用模仿的方法，因为 3 岁的儿童只能理解其中包含一个简单指导内容的句子，4 岁的儿童能一次执行两种想法或指导内容（例如，"爱德华，请捡起球并把它放到球篮中。"）。这也为儿童通过运动探索来应对更大的运动挑战提供了基础。

## 使用运动探索方法

　　假设大多数儿童已经通过模仿的方法获得了各种新的运动概念和运动技能，现在是时候利用儿童过去的经验来形成一种结构了，让他们可以从中汲取新的学习内容。5 到 8 岁的儿童可以从教师使用的运动探索方法中获得很大的益处，这是一种学习额外的运动和非运动技能以及更多课堂概念的方法。从理论的角度讲，教师在提高儿童执行移动技能的意识和能力方面扮演着关键的角色，尽管教师不能作为儿童模仿的模特，因为，最终大一些的儿童必须执行认知操作才能形成这种意识。

　　作为教师，你要问一系列预先计划好的运动问题，让儿童去探索各种可能的运动。例如，如果课程的中心焦点是提高儿童对不同类型的形状和身体可以形成哪些形状的意识，那么你可以问一些关于物体的问题，这些物体对孩子的认知意识来说很普通。这些问题包括："谁能用身体给我展示一个圆圆的苹果形状？"或者，"用你的身体能做出扭转的椒盐卷饼形状吗？"这个年龄的儿童也能把他们的身体部位和其他生物的身体部位进行比较。例如，"蟋蟀用腿听声音。你能指出我们用来听声音的身体部位吗？"。探索不同的身体移动速度时，可以根据快艇、喷气式飞机、赛车的图像以及蜗牛和乌龟的移动情况来提问。教授儿童可以在空间中的哪些地方移动时，问题可以关注如何在较高的高度移动，如鸟儿飞行，或在较低的高度，如蚂蚁爬行。在大多数情况下，可在每个问题中使用描述性的词汇来鼓励儿童使用以前学到的知识和经验。

在这个阶段，更重要的是儿童用各种有创意的方式对不同情况做出身体上的反应，而不是培养可提高移动效率的高级技能。例如，可以使用跳跃技能（强调在保持平衡的情况下跳起和落地）应对以下问题。

- 表达一种感觉（告诉我跳上跳下是多么有趣）。
- 空间意识（谁能动用全身的肌肉像青蛙那样在大池塘中从一片荷叶跳到另一片荷叶？）。
- 越过或绕着物体移动（你能跳过箱子吗？如果是绕着箱子移动呢？）。
- 健身（看看我们继续上下跳动时，心跳是否会加快）。
- 社交（你能跳得很高，并和你的同伴击掌吗？）。

在这些运动探索提示中，以最高的效率进行跳跃，其重要性要低于让儿童更好地理解如何在不同的情况下以富有创意的方式使用跳跃技能。

因此，运动探索是儿童运用学前班所学技能，以及以多种运动反应形式对信息进行组织和处理的一种方式。这种方法也能保证儿童积极参与活动，提供了用富有创意的思维与同学一同活动的机会，增加了儿童遵循指导内容的责任意识，并培养了儿童的自尊和"我能做到！"的自我认知。

鼓励儿童以多种方式进行反应的常见运动探索提示包括以下内容。

- 你能……
- 用最好的方法……
- 发现不同的方法……
- 探索其他方法……
- 找到另一种方法……
- 你能用多少不同的身体部位……
- 你怎么会……
- 你如何……
- 你能……
- 你还能怎样……
- 多少种方法……
- 可能……
- 可以使用多少种方法……
- 看看有多少种不同的方法……
- 看看你能……
- 向我展示不同的方法……
- 谁能……

- 是什么……
- 你能用什么方法……
- 什么事情……
- 尝试改变……
- 尝试找到另一种方法……
- 用另一种方法再尝试一次。

# 规划支持有特殊需求的儿童

只有当每个儿童都能在限制最少的环境中学习时，他们才能体会到积极行动的乐趣。结合使用模仿学习和运动探索可让更多的儿童通过复制、模仿和跟随教师的行为等自发的能力，或者通过他们愿意表现自己并以各种方式做出反应来获得成功。无论游戏空间的大小、形状或设置如何，你都可以在各种游戏空间中使用每个学习任务。然而，我们强烈建议所有教师都要熟悉每个孩子的个别化教育计划（IEP）或504特别照顾计划，确保在落实任何课程之前每个人都能获得所需的特别照顾。教师也可以同家长和医疗专业人员进行讨论。应纳入的教学考虑因素列举如下。

## 教授有视觉障碍的儿童

- 使用色彩鲜艳的道具和器材以及墙壁和地板标志物，帮助识别活动区域的各个部分和边界。
- 在指导内容中使用清晰简洁的措辞。
- 使用声音（例如音乐、哨子）来表示活动中的过渡和变化。
- 按照指导内容和运动要求说明活动时，为有视力障碍的儿童提供一个可提供帮助的同伴。
- 提供比较温和的身体指导，帮助儿童执行非运动和运动技能。
- 考虑使用具有可移动身体部位的玩具和娃娃来演示，让儿童能感受各种运动概念。

## 教授有听觉障碍的儿童

- 让自己靠近儿童的脸，从而能更好地利用唇语和手语。
- 安排好灯光，让它照在你身上，而不是照到儿童的眼中。
- 使用视觉辅助工具，如提示卡、手势和面部表情。
- 用闪烁的灯光表示学习任务的开始和结束。
- 注意因儿童听觉损失所导致的平衡障碍。
- 允许有听觉障碍的孩子与同伴一起活动。
- 使用模仿方法，让儿童按照姿势动作短语来运动，如"按照我的姿势移动""跟我一起做""轮到我了""现在轮到你了"。

## 教授有身体残疾的儿童

- 要考虑到使用轮椅的儿童对空间有更大的要求。
- 考虑改变在执行运动技能时需要移动的距离。
- 考虑使用重量较轻或形状各异的道具，让儿童更容易抓住和控制。
- 课程结束后，要留出时间来调整设备，如支架、拐杖、轮椅和假肢。
- 理解每个儿童面临的身体挑战以及它们对学习任务的影响。
- 注意他们身体上的迹象或语言上的暗示，表明儿童正在出现健康障碍导致的行动困难。
- 认识到儿童开始出现疲劳，需要修改下一项运动挑战，以减少活动对体力的要求。

## 教授有情绪障碍的儿童

- 对这个群体要使用明确一致的规则，并陈述你的要求和后果。
- 提供可鼓励儿童表达情感的活动。
- 利用音乐提供额外的道具，提高儿童的自我表达能力和参与水平。
- 提供循序渐进的学习体验，从最简单的开始，逐渐发展到更为复杂的任务。
- 对于需要避免身体接触的儿童，使用单独的学习任务。
- 如果可能，将可能分散注意力的和不必要的障碍物以及设备从活动区域中拿开。

## 教授有学习障碍的儿童

- 使用简短或简洁的指导，并且可以根据需要重复这些说明。
- 准备重新表述各种指导内容。
- 使用正面评价，强化儿童的成功参与。
- 计划好活动的重点和方向，尽量减少让儿童分心的行为。
- 始终做到在班级管理、行为和陈述的要求方面保持前后一致。
- 关注儿童的进步，无论进步有多么小，并且要使用鼓励性的词语。

## 教授有自闭症谱系障碍（ASD）的儿童

- 自始至终地遵守已发布的课堂规则和已建立的常规。
- 使用墙壁和地板标记（例如，针对学习任务使用地板线或点、锥盘、脚印、箭头、图片、文字以及进出标志），清楚地标记路径、活动区域的各个部分、边界，以及完成任务后从一个区域到下一个区域的过渡。
- 使用简洁的指导和视觉提示，比如指着一张儿童伸展身体形成一个很宽形状的图片，或者用夸张的肢体动作来演示相关技能。

- 使用视觉线索作为另一种交流方式。这可能包括手势、照片、视频、应用程序、图表、图形和文字，从而用图片故事的形式展示出一个简单的事件序列。
- 为儿童提供单独的地板标记，防止他们偏离路线并碰到他人。
- 为 ASD 患儿建立和确定一个安静的小空间，让他们休息一下，并根据需要进行重组。
- 让儿童知道教师的要求以及完成学习任务后下面要练习什么（例如"我们先练习跳跃，然后再……"）。
- 因为 ASD 儿童可能在语言交流方面有困难，所以要注意他试图交流的信号（例如行为、姿势、肢体语言和面部表情）。
- 用尼龙搭扣将个人课表贴在墙上，使用该课表显示学习任务的顺序，这样儿童就知道应该在课上做什么。

最后，在努力包容的同时，通过微笑和耐心以及了解每个儿童面临的独特挑战来管理所有学习任务。这适用于所有儿童，特别是那些需要培养自尊心的儿童，这种自尊心在有特殊需求的儿童中普遍存在。

## 提供差异化的教学

教师面临的最大挑战之一就是要把每个儿童都当成一个独立的个体来对待，尽管课堂上都是学习方式和学习偏好各不相同的孩子。应对这一挑战最常见的方法是，通过一种被称为差异化教学的技巧，找到能激发每个孩子潜能的方法。差异化教学是一种计划好要使用的技术，用于提高一个儿童（或一小组儿童）获得成功的可能性，并以这种成功作为未来课程的基础。

为此，教师在规划课程时要尽量考虑儿童的认知、社交、身体力量和兴趣等因素。通过差异化教学，儿童才有可能获得成功，教师也可根据其长处施教。高效的教师能通过适应或修改现有的学习任务或环境，从而满足特定残疾儿童的个性化需要。相比之下，差异化教学则要求对内容、学习任务、环境或三者都进行修改，以满足不同学习者的需求。

下面的例子只是差异化儿童教学的几种方法。

- 吸引儿童多种感官参与。
- 了解儿童的背景，这有助于确定其长处、需要改进的领域以及特殊的兴趣。
- 改变游戏空间的边界（根据学习任务的不同，让游戏空间变得更小或更大），消除那些会分散儿童注意力的不必要障碍物。
- 进行多层次的提问，并对儿童的表现给予及时的反馈。

- 减少或增加到达目标的距离。
- 修改学习任务，让儿童按照自己的节奏学习，或者减少挑战项目的数量。
- 放慢课程的进度。
- 在充满活力的体力学习任务期间留出休息的时间。

## 学术语言

近年来，学术语言的概念在教育领域中引起了广泛的关注。学术语言是为学术目的而使用的口头和书面语言。在课程计划中添加学术语言是非常普遍的，并且也包括用于学术目的的非口语语言。在体育教育中，它的重要性体现在于儿童不仅需要运用体育技能，而且还要用语言形式表达他们对技能和概念的理解。这样可以帮助儿童专注于学习内容。本书中的课程计划根据以下3个要素来处理学术语言，这也是课堂教师在开发课程时所使用的内容。

- **语言功能**是指为课程选择的学习结果或动词。在幼儿体育教育中，常见的语言功能包括但不限于：解释解决运动问题的最佳方法（例如，跳过或爬下），描述如何执行一个特定的运动，如单脚蹦跳，用手臂保持平衡，解释如何执行一个动作，以及评判同学的表现。许多教师发现用"儿童使用语言来……"或"使用语言解释、描述等"来完成课程的这一元素是很有帮助的。这些短语可以帮助新教师保持对语言功能的专注，并成为了本书中每节课的一部分。
- **词汇**是指特定于某一学科的词语或概念。在幼儿阶段，许多词语和概念让儿童能更好地理解其身体或提高其以各种方式移动的能力。可以为孩子描述或定义这些词语和概念，也可以将其放在一个句子中。本书中的每个课程计划都包含有不少于5个体育教育专业或课堂内容领域常见的词汇。
- **句法或叙述**：在很少的情况下，教授小学高年级学生的体育教师会使用句法。在强调数据计算或概述进攻和防御系统的运动图时，句法可以是一组符号。叙述是语言交流的一种形式，在低年级儿童的课堂上更为常见。教师通常在课程末尾与学生交谈时使用叙述的方式。

## 小结

你可以修改或扩展本章的内容，以满足特定学校计划的需求。你可能已经按照学校管理层规定的格式制定计划了。在这种情况下，培训尚未认识到课程计划有何价值的新同事时，以上这些内容仍然是有帮助的。无论是哪种情况，儿童都能从有爱心的人身上获益，这些人会抽出时间，通过连续的课程来丰富他们的计划，从而培养出更有运动素养的学习者。

# 第 3 章

# 充分利用每一节课

　　本章旨在帮助你增强书中包含的 90 个课程计划。所有课程的宗旨都是满足能力不同的儿童的各种兴趣要求和需求，他们都处于没有竞争的彼此合作的学习环境中，很少或根本不使用器械。此外，所有活动都可在室内和室外的各种场所中进行。即使是空间狭小，高效的学前教师也可以有创意地重新安排桌椅，从而提供足够的移动空间。虽然这是学前教师课程计划的一个积极特征，但体育教师经常使用多功能教室或体育馆。无论如何，所有教师都能从每节课中受益匪浅。

　　为了展示如何充分利用本书中的每个教学计划，在本章中，我们将较为深入地研究一个示例教学计划"身体形状和创建形状"，由于教师和儿童在本书的实地测试过程中最喜欢这个计划，所以我们才选择它。看看这个示例的课程计划，你会对这个课程计划有一个大致的了解，能够快速使用它。在本章中，为了让教师实现更全面的计划，我们还要确定一些额外的考虑因素。你可以在所有课程计划中贯彻这些考虑因素。

## 典型的课程计划：身体形状和创建形状

　　大多数教师都认可，中心焦点是所有课程计划的关键元素。示例课程计划的中心焦点是强调身体可以形成不同的形状和姿势。根据这个明确的中心焦点，教师通过三个行为目标来扩大对其的理解。认知目标是指导每个学生识别和描述其身体可以做出的各种形状。在情感目标方面，同学们以友好和彼此尊重的方式进行互动，同时让同伴用身体形成常见的物体或事物。在精神目标方面，学生与四五个同学一起来形成一个大的互连的形状，然后向其他做过同样动作的同学描述这种团体姿势。之后所有的小组聚集在一起，创建一个所有小组都参与的想象艺术画廊，称为创意身体画廊。

- 为了能形象地说明这个示例教学计划，在"学习任务 1"中，儿童会在整个一般空间中散开。首先让儿童看看他们能不能把身体卷起来，形成一个鸡蛋或椭圆形的雕像。提前说明，在你拍手时，儿童必须找到一种方法来形成一种盒子或方形的雕像。接着问儿童："谁能给我看看一个比较好笑的雕像是什么样的？"然后问："能改变你的身体来形成一个很高的雕像吗？"最后问："你能扭动或摇动多少身体部位来放松你的肌肉？能为我展示一下吗？"
- 在"学习任务 2"中，要求儿童解释如何用橡皮泥制作不同的形状和物体（例如，采用弯曲、拉伸、滚动和扭动的方法）。鼓励儿童快速行动并选择一个同伴（例如，"谁能找到衬衫或裤子颜色与你一样的同伴？"）。建议一个儿童假装有一大罐橡皮泥。其他同伴假装是一位雕塑家并用橡皮泥制作常见的一些形状，如圆形、三角形、方形、宽的形状、长的和窄的形状。儿童也可以将同伴的身体塑造成某种物体，例如一棵树、桌子、椅子或者火箭。在"学习任务 2"的最后，负责雕塑的儿童确定并描述同伴用橡皮泥制作的身体形状，在 3 到 4 分钟后两人互换角色。

**课程**

**身体形状和创建形状**

**满足的美国国家标准**
- 标准 1 有运动素养的人有能力使用各种运动技能和移动方式。
- 标准 4 有运动素养的人表现出尊重自己和他人的负责任的个人与社会行为。

**教材 / 教具**
欢快的音乐，一罐黏土或橡皮泥（可选），展示不同形状的海报（可选），当地范围内的各种雕像的照片（可选），播放音乐的设备，用于进行安全提示的哨子。

**中心焦点**
强调身体可以形成不同的形状和姿势。

**目标**
- **认知：**儿童能够识别和描述其身体可以做出的各种形状。
- **情感：**儿童能够以友好和尊重的方式进行互动，同时让同伴用身体形成常见的物体或事物。
- **心智：**儿童能够与四五个同学形成一个大的互连的形状，然后向其他做过同样动作的同学描述这种团体姿势。最后，所有的小组聚集在一起，创建一个所有小组都参与的想象中的艺术画廊，称为"创意身体画廊"。

**健身活动可实现的健康目标**
柔韧性。

**学习任务 1：准备移动我们的身体**

**课堂组织：**儿童在整个一般空间中分散开。
要求儿童进行以下活动。
- 你能把身体卷起来，形成一个鸡蛋或椭圆形的雕像吗？
- 当我拍手时，找到一种方法来形成一种盒子或正方形的雕像。
- 谁能给我看看一个可笑的雕像是什么样的？
- 能改变你的身体来形成一个很高的雕像吗？能为我展示一下吗？
- 你能扭动或摇动多少身体部位来放松你的肌肉？能为我展示一下吗？

**学习任务 2：同伴挑战**

**课堂组织：**儿童两人一组分散在自我空间中。
展示以下内容：雕塑家被定义为使用材料进行塑造和模拟成形的人，目的是创建一个对象或事物。
要求儿童解释如何使用橡皮泥制作出不同的形状和物体（例如弯曲、拉伸、滚动和扭动）。

■ 在"学习任务3"的"创意身体画廊"中，将儿童分成5或6人一组。每组中有一个儿童扮演雕塑家的角色，其他儿童想象他们是黏土或橡皮泥。扮演雕塑家的儿童将组员的身体塑造成一个大的形状。之后各组轮流向班级中的其他儿童展示他们的创作，并讨论他们形成的是什么形状。然后试试更大的挑战，让两个儿童将各组的形状连接起来，创建一个假想的完整身体图形库。

■ 为了完成额外的学习任务，解释说明博物馆中经常有不同类型的雕像。音

课程

- 鼓励儿童快速行动并选择一个同伴（例如，"谁能找到衬衫或裤子颜色与你相同的同伴？"）。
- 建议两个儿童假装有一大罐橡皮泥。另一个同伴假装是雕塑家，把橡皮泥"塑造"成一些常见的形状，如圆形、三角形、正方形、宽条、长条和窄条。儿童也可以将同伴的身体塑造成某种物体的样子，例如一棵树、桌子、椅子或者火箭。在学习任务中，"雕塑家"识别并描述同伴的橡皮泥的形状，并在3到4分钟内互换角色。

**学习任务3：画廊**

**课堂组织：**儿童按组分散开。

展示以下内容："画廊"一词被定义为展示艺术品、供人观赏的场所。

- **创意身体画廊：**将儿童分成5人一组或6人一组。每组中有一个儿童扮演雕塑家的角色，其他人则是想象的黏土或橡皮泥。扮演雕塑家的儿童将组员的身体塑造成一个大的形状。之后各组轮流向班级中的其他儿童展示他们的作品，并讨论他们塑造的形体。然后试试更大的挑战，让两个儿童将各组的形状连接起来，创建一个假想的整体身体图形库。
- **有趣的冰冻雕像形体：**音乐响起时，鼓励儿童在活动区域内积极活动。音乐停止时，教师喊出："冰冻的雕像。"所有儿童都一动不动，并保持其姿势不变，直到音乐再次响起。下次音乐停止时，教师喊出："圆形或环形雕像。"儿童就会做出回应。在后面的活动中可以使用词语"高大的雕像""小雕像"和"巨大的雕像"。在每次试验中，可以改变儿童使用的运动技能类型（如跳跃、飞奔或跳动）。

**评估问题**

1. 我们今天呈现了什么形状（例如窄的、高的、短的、宽的、盒子形状和圆的）？
2. 哪些身体部位最容易弯曲成不同的姿态？
3. 谁能告诉我，随着年龄的增长，你的体形会发生怎样的变化？

**学术语言要求**

- **语言的作用：**使用语言来识别和描述身体可以形成的各种形状与物体，并为同伴双方提供机会来评判每个儿童在扮演雕塑家角色时所创造的富有想象力的姿势。
- **词汇：**摆姿势或拉伸（从而变得更宽或更长）时，身体可以形成的具体形状（如盒子、圆形、正方形、矩形），而雕塑家被定义为使用材料进行塑造和模拟成形的人，目的是创建一个对象或事物。"画廊"一词被定义为展示艺术品、供人们观赏的场所，而博物馆则被定义为可以内含供人们学习了了解各种展品的建筑物。
- **句法或叙述：**用语言交流的方式让儿童了解我们的身体可以呈现出很多形状。随着时间的推移，我们不断成长，变得越来越强壮，移动能力越来越强，可以完成不同的体育任务。

乐响起时，鼓励儿童在活动区域内积极活动。音乐停止时，教师喊出："冰冻的雕像。"所有儿童一动不动，并保持其雕像姿势不变，直到音乐再次响起。下次音乐停止时，教师喊出："圆形或环形雕像。"儿童就会做出回应。在后面的活动中可以使用词语"高大的雕像""小雕像"和"巨大的雕像"。在每次试验中，可以改变儿童使用的运动技能类型（如跳跃、飞奔或跳动）。

在课程的末尾，向儿童提出以下评估问题："我们今天做了什么形状（如窄的、高的、短的、宽的、盒子形状的、圆的）？"接下来是"哪些身体部位最容易弯曲成不同的姿势？"以及"谁能告诉我，随着年龄的增长，你的体形会发生怎样的变化？"为了满足学术语言的要求，从语言的作用开始，使用本课程计划中的语言来识别和描述身体可以形成的各种形状和物体，并为同伴双方提供机会来评判每个儿童在扮演雕塑家角色时所创造的富有想象力的姿势。摆姿势或进行拉伸（从而变得更宽或更长）时，课程计划中最常见的词汇要关注身体可以形成的具体形状（如盒子、圆形、正方形、椭圆形、矩形），而雕塑家一词被定义为使用材料进行塑造和造型的

人，目的是创建一个对象或事物。画廊一词被定义为展示艺术品供人们观赏的场所，而博物馆则被定义为内含供人们学习或了解各种展品的建筑物。叙述是一种语言交流方式，而我们的身体可以形成很多形状，随着时间的推移我们会不断成长，变得越来越强壮，移动能力也越来越强，可以完成不同的体育任务。

　　总的来说，课程计划中强调的健康活动可实现的健康目标是柔韧性，在美国国家标准方面主要关注标准1（"有运动素养的人有能力使用各种运动技能和移动方式。"）和标准4（"有运动素养的人表现出尊重自己和他人的负责任的个人与社会行为。"）。

# 让课程计划更有目的性

　　本章的第二部分讨论了如何使课程计划更有目的性。本节提供了要考虑的一些因素，它们可以提高课程计划的推动力，对幼儿也是如此。这些考虑因素包括有针对性地使用教材、特殊的安全考虑因素、适应特殊要求、学生已有知识的重要性、激励有运动素养的学习者、教学线索和提示、教育标准，以及使用参考资料和研究作为教学的坚实基础。

## 教材和教具

　　为课程计划选择教材或教具时，可以包括但不限于体育器械、图表（例如词汇挂图）、海报、音乐、书籍、安全用品、针对特殊需求儿童的材料、计算机和摄像机。对于示例课程计划"身体形状和创建形状"，所选的教材和教具包括可鼓励学生主动拉伸的欢快音乐、音乐播放设备、用于安全性提示的哨子、可激发儿童积极性的一罐黏土或橡皮泥，以及展示雕像和形状的海报。当地范围内各种雕像的照片也可包括在内。

　　"教具"一词是儿童教育者常用的术语，指的是能给教师和儿童的学习任务增加现实感的各种材料或器械。将教具包含在课程中，会让儿童更有动力去锻炼身体。只要稍加思考，你就能轻松地激发儿童的想象力，强化他们已学过的概念，提高他们对新内容的理解。教具可以很简单，例如图文并茂的故事书、塑料小动物或小雕像，或者是普通物品的静态图片。你可以在教室、多功能教室、体育馆和室外使用教具开展学习任务。下面列出了一些教具和器械示例。

### 器械

- 豆袋（可以印有各种颜色、数字、字母和动物，或者是自制的）。
- 呼啦圈。
- 跳绳。

- 玩具垫。
- 锥筒。
- 地板上使用的点状物。
- 飞盘。
- 麻布袋子。
- 沙滩球。
- 气球。

## 课堂所用物品

- 动物雕像。
- 方形地毯。
- 椅子。
- 粉笔。
- 教室用的挡板。
- 轻便小桌。
- 桌子。
- 图书。
- 手指木偶。
- 木块。
- 图片。

## 日常生活用品

- 纸板盒。
- 鞋盒。
- 纸板。
- 纸帽。
- 纸袋。
- 碗。
- 海绵。
- 旧的直统袜。
- 枕头。
- 床单。
- 毛毯。
- 报纸。
- 纸巾筒。

- 礼品包装筒。
- 卫生纸筒。
- 铝箔。
- 塑料瓶（空的且是干净的）。
- 水管。
- 空气垫。
- 镜子。
- 地图。
- 塑料桶。
- 气泡布。
- 自行车内胎。
- 填充玩具动物。
- 纸风车。
- 教学卡片（动物、颜色、字母、数字）。
- 衣服。
- 面具。
- 帽子。

## 音乐用品

- 录制好的音乐和音乐播放器。
- 音效。
- 自制的节奏乐器。

## 美术用品

- 美术纸。
- 图画纸。
- 美纹纸。
- 泡沫塑料。
- 木杆。
- 工艺棒。
- 绳子。
- 磁带。
- 黏土。
- 色带。

## 社区物品

- 轮胎。
- 木板板材。
- 梯子。
- 桶。
- PVC 管。
- 流水槽。
- 锯木架。
- 电缆线轴。
- 包装箱。
- 路标。
- 交通信号。
- 旅游海报。

## 户外物品

- 锯草。
- 纸袋。
- 树枝。
- 石头。
- 沙子。
- 成捆的干草。
- 废石堆。
- 树桩。
- 树饼干（教师用来演示树如何生长的树干横截面）。
- 水。

## 特殊的安全考虑

构建学习环境时，第 2 章确定了一个全面的安全考虑列表。实施本书中的课程计划时，需考虑的因素包括书面的提醒和建议，比如检查儿童是否系好了鞋带、让儿童脱下连帽衫和围巾，以及拿走活动区域中的障碍物。可能需向特定的班级重述安全规则或活动开始及停止的信号。

## 针对特殊需求的准备工作

重要的是，要检查可能需要满足的特殊因素，让有特殊需求的儿童能参加每一节课。例如，如果班上的一个儿童有听力障碍，那么你要时刻注意让自己面对这名儿童，在"学习任务1"中使用视觉线索让这个儿童做出各种身体形状。如需额外的支持，可以找一个伙伴在这个儿童的自我空间中与他一起上课。在"学习任务3"中，可以用闪烁的灯光来表示何时停止音乐，并在引入新挑战时使用视觉辅助工具（例如带有文字和图片的提示卡及实际的演示）。此外，一个说英语的学生可以和班上一个正在学习英语的学生一起上课。第2章提供了全面的准备工作列表。

## 学生的预备知识

这一课程计划元素是指各种课程内容、技能、生活经验，以及任何有助于儿童成功完成学习任务的前期知识。例如，在开始"身体形状和创建形状"课程前，必须告诉儿童要进入他们的自我空间，并且应该对形状有一些基本的掌握，这样才能解决老师提出的问题。对儿童来说，具备一些基本的平衡知识（即处于一个稳定的位置）也很重要。如果他们知道可以和其他儿童长时间相处，这也会有所帮助，因为这将影响同伴的动作和整个小组的学习任务是否能取得成功。高效的教师会意识到，在社会交往中，这个年龄的儿童喜欢接受挑战，会努力把事情做得很好，因为这样别人会称赞他们。这种赞赏是通过教师使用表扬来激励有运动素养的学习者表现出来的。

了解儿童掌握了哪些知识对于决定哪个年龄或哪个年级最适合这门课也是至关重要的。在示例的课程中，重点关注的是学龄前和幼儿园的儿童，因为大多数1年级和2年级的儿童已经意识到他们可以把自己的身体塑造成各种形状。但是，当我们对该课程进行实地测试时，一名教授2年级的教师对这节课很感兴趣，因为班上有很多说英语的学生，而且这节课的同伴工作对她实现课程目标非常有帮助。与此类似的是，一名小学1年级的教师认为这节课提供了一种有效的方式，可以教授那些在课堂参与过程中没有表现出相互支持的儿童如何进行合作。在这两种情况下，教师了解学生已有的知识并知道同学之间如何进行互动，这对确定该课程是否适合特定的年级水平非常有帮助。高效的教师在为有运动素养的学习者选择或创建课程任务时，应该总是会在他们的课程规划过程中加入这个元素。

## 利用体育活动变得更健康

成为有运动素养的人，最重要的一个方面是身体健康。体育教师接受了专门的培训后才能实施课程，这些课程都包括一个或多个体育活动可实现的显著的健康目标，这样才能实现身体健康这一持续的目标。其中包括心肺耐力，这是儿童的心脏、肺、血管和主要肌肉群参与剧烈运动的能力，如追逐和逃跑游戏。要让幼儿知道心脏也是一种肌肉，需要锻炼才能变得更强壮，这对学龄前儿童来说是很好的第一步。当然，参与剧烈运动的长期好处是，可预防或降低晚年患心血管疾病的可能性。因此，大多数体育教育工作者都认为，心肺耐力是可以灌输给幼儿的涉及身体健康的最重要的组成部分。灵活性是指肌肉和关节的活动范围。每次在让儿童使其骨骼肌比正常休息时的长度还要长时，儿童的灵活性都会得到强化。有创意的拉伸包括扭转、转动和有趣的弯曲活动，我们的示例课程中的活动都属于此类活动。

肌肉力量是指利用肌肉为对抗阻力而施加力量的能力。虽然 3 到 8 岁的儿童还不太重视肌肉力量，但让儿童参与课程，向他们传达强壮的肌肉的重要性是很有意义的。儿童还可以从学习任务中获益，这些任务教给儿童关于肌肉的简单事实，例如我们腿上的肌肉可以变短或变长，从而帮助我们的身体移动。增加肌肉力量可让儿童在以后的比赛和运动中减少受伤。

肌肉耐力是骨骼肌在很长一段时间内施加力量的能力（最大力量对儿童并不重要）。要通过不同速度的运动以及与力量有关的活动，向儿童介绍肌肉耐力。

让自己变得更健康的最后一个因素是身体组成。此概念的知识超出了儿童的理解范围，一般不包含在以这个年龄为目标的教学资源中。但教师应该明白，身体的组成就是指身体的体脂率与体重（肌肉、骨骼、软骨和重要器官）的关系。不幸的是，过度肥胖或超重通常在儿童时期就开始了，这对健康的其他方面会有一定的影响。因此，这一资源中旨在促进儿童了解良好饮食有何作用的学习任务，可间接地将有关身体组成的知识介绍给儿童及其父母。这些有助于健康的健身知识应该成为每节课的一部分，这将有助于激励每个儿童变得更愿意参与活动，最终让自己的身体更健康。

## 激励有运动素养的学习者

最小的成就都能提高儿童的运动素养，可使用各种鼓励性的言语来推动儿童深入学习。通过微笑和语言表达方式就能提供这种鼓励。儿童很喜欢善意的言语，知道他们的出色动作和额外的努力已经被人注意到了。为了帮助提高儿童的自尊心和积极性，应该制定一系列的鼓励性词汇和短语，而非仅仅是"做得好"。这些词语也可作为一种具体的深度反馈的基础，教师在介绍更高级的技能和概念时通常会使用这些反馈。在示例课程"身体形状和创建形状"中，可以赞美学生说："在我的眼里，你的形状是最棒的。"在同伴活动中，提到同伴用橡皮泥塑造的形象时，你可以评论说："我要是带相机就好了。"在整组学生完成了"创意身体画廊"学习任务时，你可以称赞儿童说："你们小组的成果太棒了。"诸如此类的评论会在以后的课程中更好地激发儿童的创造力。以下建议使用的表达内容可帮助你激励儿童。

## 个人学习任务

- "你的进步很大。"
- "成功了！"
- "我为你感到自豪！"
- "我们握握手吧。"
- "恭喜你，成功了！"

- "你做到了！"
- "太棒了。"
- "你真应该为自己感到自豪。"
- "做得真好。"
- "你真是天才。"
- "你完成得好轻松。"
- "试一试，看看你能做到哪些。"
- "现在感觉如何？"
- "我知道你行的。"
- "你能试一下我感到很自豪。"
- "在我看来你就是胜利者。"
- "非常感谢你的帮助。"
- "我喜欢你的完成方式。"
- "我很欣赏你的决定。"
- "你几乎做到了。"
- "你很努力。"
- "练习练习，看看你能做到什么。"

## 同伴学习任务

- "你们的进步很大。"
- "你们两个的练习做得都很好。"
- "你行的！"
- "哇！活力二人组！"
- "非常好！"
- "就这样！"
- "太好了！"
- "做得好！"
- "完美！"
- "我要带着相机就好了。"
- "我喜欢这样。"
- "非常好！"
- "哇！"
- "非常完美！"
- "完美就是这样。"
- "我很欣赏你的技能。"

- "让我印象深刻！"
- "你们两人能够做到。"
- "你们越来越好了。"
- "你完成得好轻松。"
- "好多了。"
- "这次很好！"
- "你们两人太棒了。"
- "谢谢你！"
- "我喜欢你们分享的方式。"
- "好主意！"

## 整组完成的学习任务

- "相比较而言真是太棒了！"
- "非常出色！"
- "太好了！"
- "出色！"
- "非常好！"
- "让人吃惊！"
- "不可思议！"
- "怎么可能！"
- "太神了！"
- "太可怕了！"
- "太惊人了！"
- "神乎其神！"
- "棒极了！"
- "对，就是这样！"
- "好想法！"
- "你几乎做到了。"
- "我喜欢这样！"
- "这太棒了！"
- "你们真的超越了自己。"
- "这是我见过的最棒的！"
- "这就是创造性思维。"
- "我更喜欢这样。"
- "你们小组太棒了。"

■ "就这样！"
■ "这就是团队协作。"

## 教学线索和提示

高效的教师不仅会选择适合儿童年龄的内容，还会在儿童的学习过程中提供教学线索或提示。这些线索和提示有助于儿童关注自己的任务，专注于关键的技巧或动作点。在示例课程"身体形状和创建形状"中，教学线索发挥着重要的作用。例如，在"学习任务1"中，明确的提示能让儿童更好地了解形成各种形状的不同身体部位（例如，"弯曲我们的身体意味着让身体变成曲线的形状或扭曲的形状""你可以使用不同的身体部位来形成一个好笑的形状""脚趾着地，向上伸直身体，形成一个很高的形状"和"扭动有助于我们防止肌肉僵硬"）。

在"学习任务2"中，教学线索主要是关于同伴互动的。例如，可通过以下言语充实每个同伴的角色："温柔地将同伴的身体塑造成某种形状"和"你应该保持雕塑家同伴所做出的形状，不要动"。在"学习任务3"中，教学线索主要是学生合作以及一两个儿童扮演雕塑家的角色，然后用一大组学生营造出一个虚构的艺术画廊。你的提示可能是"想想许多有创意的形状，如三角形、盒子、圆形和椭圆形，然后将这些形状组合成一个大的物体"和"每个人都要站着不动，像雕像那样保持姿势不变"。

在提供运动技能的指导线索方面可能没有太多的困难。以下是最常见的儿童指导线索。

### "行走"技能的指导性提示

■ 走路时在身体两侧轻轻地前后摆动手臂。
■ 走路时抬头，目视前方，这样才能避免撞到物体和其他儿童。
■ 像正常走路时那样尽量保持头部水平，不要上下摆动。
■ 走路时要收腹。
■ 脚触地时脚后跟先着地。

### "跑动"技能的指导性提示

■ 跑动时抬头，目视前方，这样才能避免撞到其他儿童。
■ 用脚的前半部分推动身体。
■ 弯曲手臂并在身体两侧来回摆动。
■ 跑动时向上抬起膝盖。
■ 如果想跑得更快，就必须弯曲膝盖并更高地上抬膝盖。

### "跳跃"技能的指导性提示

- 开始跳跃前弯曲膝盖和脚踝。
- 向后摆动手臂，然后尽可能快地向前摆动。
- 屈膝着地。
- 用脚尖和脚掌轻轻着地。

### "蹦跳"技能的指导性提示

- 挺胸抬头。
- 蹦跳时用手臂保持平衡。
- 单脚蹦跳。
- 用脚趾和脚掌轻轻着地时，弯曲膝盖。
- 如果想跳得更高，就必须向上摆动手臂。

### "飞奔"技能的指导性提示

- 挺胸抬头。
- 保持一只脚在身体前面。
- 一只脚向前迈，然后另一只脚跟上。
- 向前移动，保持同一条腿在前面。
- 手臂放松，让手臂自由地前后摆动。

### "滑动"技能的指导性提示

- 一只脚移到一边，然后另一只脚也迅速移到这一边。
- 让脚在地板上滑动。
- 让同一只脚始终在前面。
- 记住，你的身体是侧向移动的。
- 尽量不要跳起。

### "跳走"技能的指导性提示（5 岁及以上）

- 挺胸抬头。
- 跳跃时抬起膝盖。
- 在身体两侧前后摆动手臂。
- 迈一步，跳。迈一步，跳。迈一步，跳。

### "跳过"技能的指导性提示（3 年级）

- 用一只脚跳起，用另一只脚着地。

■ 尽量跳得高且姿势优美。
■ 轻轻地落地并放松。
■ 用手臂帮助你完成"跳过"动作。
■ 蹬地向前跳。

## 州教育标准

除了美国国家标准，大多数教师还要了解各自州的体育学习标准。例如，在我们的示例"身体形状和创建形状"课程中，居住在纽约州的体育教师会把"纽约州体育学习标准2"与课程目标紧密联系在一起。

_____1：个人健康与健身

学生将具备必要的知识和技能，能够参加体育活动并保持个人健康。学生将执行基本的运动和操作技能。他们有能力参加各种体育活动，并精通一些复杂的运动和体育活动。学生将制定个人的健身计划，改善其心肺耐力、柔韧性、肌肉力量、肌肉耐力和身体组成。

_____2：安全健康的环境

学生在体育活动中要表现出负责任的个人和社会行为。他们会理解体育活动为其提供了享受、挑战、自我表达和交流的机会。学生能够识别安全隐患并有效地做出反应，确保所有参与者都能获得安全和积极的体验。

_____3：资源管理

学生将意识到他们有机会在社区中参与体育活动。他们将成为明智的使用者，能够评估各种设施和计划。学生也会意识到在体育和运动领域有哪些职业。

## 小结

本章内容旨在帮助你丰富幼儿每节课的运动体验。高效的教师会花些时间寻找教材和教具，提供包容的环境，考虑学生所具备的知识，实施至少一个主要的、可改善健康的体育活动组成部分，并利用各种州标准来指导自己制定决策。你可以在SHAPE America 的网站上找到所在州的体育教育标准。将所在州的标准与本章的课程计划指南相结合，就能提高你培养有运动素养的学习者的能力。

# 第4章

# 评估儿童根据词语和动作进行移动的能力

多年来，对应美国的小学高年级儿童，首选的评估工具是笔试，主要考察各种规则和与体育相关的技能知识。后来又扩展到多种真实评估形式或自我评估工具，如日志或日记，以确定学生是否真正学到了各种技能。SHAPE America 的 PE Metrics™ 根据美国国家 K-12 体育教育标准提供了各种评估措施。

PE Metrics 包含了各种信息，可帮助教师决定在考查儿童执行体育技能时使用哪些标准。例如，PE Metrics 包括了各种评价量表，用于评估儿童在蹦跳、跑动、滑动、低手抛接球、击球和身体重心移动等方面的技能水平。利用这些评价量表就能确定哪些儿童需要进行额外的练习或需要采取补救措施，并能帮助你识别哪些学生采用了良好的形式和一致的动作，从而有出色的表现。PE Metrics 对于那些没有创建自己的评估工具，但仍想收集个人表现数据，然后将信息转移到整个班级评估记分表上的教师来说，无疑具有重要的价值。

同样，幼儿课堂教师和教师培训师可以看到很多教科书中都确定了评估 3 到 8 岁儿童的认知和社会行为的各种策略。大多数教学资源提供了普遍接受的评估标准示例（如儿童解决涉及积木的简单数学问题的能力），并讨论了评估学生学习成绩时每种策略的优缺点。幼儿评估的重点是确定儿童是否在特定的年龄实现了确定的目标，这样教师就能分析评估的结果并利用这些结果来指导其规划过程，以提高计划的有效性。因此，所有评估都要关注儿童实现有重大教育和发展意义的目的与目标时的进展情况，这一点是很重要的（Beaty, 2014; Copple & Bredekamp, 2010;

McAfee, Leong & Bodrova, 2015；Van Horn, Nourot, Scales & Alward, 2015；Warner & Sower, 2005）。

　　对3到4岁儿童的移动和运动能力进行评估较少受到关注，因为大多数教师认为幼儿的发展水平有很大的差异。这一因素让我们很难确定某个具体的评价量表是否可靠，因为幼儿在任何一天的生理发育和行为方面都存在差异。因此，本书提供了三种形式的证据，其复杂性越来越高。教师在确定具体内容是否适合学生的年龄段以及学生是否学会了某些知识时，可以考虑利用这些证据。

# 证据1：儿童的视角

　　高效的教师认识到，激励学龄前和小学儿童对课程拥有自己的想法（即他们喜欢什么、不喜欢什么，他们会做什么来改进任务的学习过程），会让他们更有创造力。简单地说，教师可以让儿童们通过举手来给课程评分（例如，如果你认为这节课非常棒或很好或不喜欢它，就举起你的手），或者教师可让儿童展示不同数目的手指来对他们的个人表现进行评分（例如，三根手指代表非常棒，两根代表很好，一根则代表需要更多练习）。此外，如果儿童在学习新知识的过程中伴有微笑、噘嘴、皱眉或没有表情等动作和神态，他们也是在给这个课程评分。下面列出了可获得儿童关于课程的观点的其他途径。

- 拇指向上、拇指指向旁边或拇指向下。
- 如果喜欢这节课，就站得高高的；如果课程还可以，就把手放在膝盖上；如果不喜欢，就坐着。
- 向前跳、站在原地或向后跳。
- 向前迈一大步、站在原地或者向后退一大步。
- 手放在臀部站立，身体向前弯曲表示"是"；手放在臀部并向侧面扭动身体表示"OK"；伸展身体，让手触摸地板表示"否"。
- 站在贴于墙上的绿纸前表示"好"，在黄纸前表示"OK"，在红纸前表示"差"。
- 在纸上写一个加号表示"好"，写一个减号表示"差"。
- 画出课程中他们最喜欢的活动或者他们不喜欢的课程的内容。
- 画出或写出他们学到的东西，一些他们认为重要的东西，或者他们从课程中回忆起来的东西。

　　在课程结束时征求儿童的意见是让儿童参与评估过程的第一步。然而，需要进行更多的评估来指导你制定长期的规划决策，并为需要更多技能的儿童提供推荐计划。第二步涉及使用更高层次的问题来深入了解儿童的认知能力和社交能力。

# 证据 2：对更高层次的问题进行响应

评估幼儿学习能力的方法之一是提问，要求儿童在回答该问题前有目的地进行思考。从最简单的意义上说，这些问题可称为更高层次的思维问题，也可称为更高层次的思维技巧。这个概念基于这样一种理解，即一些教育任务需要更多的思考，而不是简单地用"是"或"否"来回答教师的问题。多年来，许多教育理论家都探讨过更高层次的思维，他们认为在积极探究的过程中才能实现学习目标，这就要求教师规划的课程必须能够调动儿童的思考和推理过程。

本杰明·布卢姆最知名的方面可能是其反映了更高层次思维的工作成果，他和其他 4 位学者建立了布卢姆的教育目标分类框架（Bloom, Englehart, Furst, Hill & Krathwohl, 1956）。该分类成为美国和其他国家从幼儿园到 12 年级学校系统中区分基本问题的一种方法。从那时起，教师和大学教授就开始用它来规划和评估各种课程是否与人类的学习方式一致。因此，这些目标不仅对第 2 章所讨论的课程规划很关键，而且也是评估学生是否投入了学习的主要关注点。

在本书的课程计划中，结尾时的问题都属于评估类问题。编写这些问题是为了帮助你确定该课程是否适合儿童的认知年龄，儿童与同伴的互动是否有助于学习过程，儿童是否展示出相应动作或运动技能的正确元素。新教师很可能会将更高层次的评估问题定义为挑战儿童使用以下高级思维方式的特定问题。

- 用新词来描述一件事。
- 解释或描述一个概念。
- 运用以前的知识详细回答问题。
- 区分两个物品。
- 比较和对比两个物品或人物。
- 回忆有关一个事件或场景的事实。
- 用自己的话总结所发生的事情。
- 探索并说出一些简单的发现。
- 解释儿童对事件或概念的感受。
- 讨论新的想法以及它们之间的关系。
- 将新的理解与其他概念联系起来。
- 反省自己的参与过程。
- 在讨论中应用新的信息。
- 参与基本的问题解决活动。
- 回忆或记住课程中展示的信息。
- 用一种新的方式应用信息。

- 将新信息与之前的经验联系起来。
- 描述所学知识的视觉呈现。
- 将想法应用到新的情形中。
- 预测接下来会发生什么。
- 将新信息与已经学过的知识联系起来。

使用评估问题来确定学生是否投入了学习时，教师必须记住，有些学习任务比其他任务需要更多的认知、社会参与和身体技能。让幼儿接触新概念时尤其如此，尽管应该让每个儿童都挑战新内容，但这种做法不应对幼儿的心智发展造成挫折。因此，每个课程计划中应该只包含一个更高层次的思维问题作为课程评估的一部分。这个问题可以唤起儿童对语言、概念、人和事物的兴趣。

## 证据 3：撰写总结和进展报告

由于不能根据单一的评估工具来制定事关幼儿的非常重要的决策，所以许多教师都必须完成一份书面总结，然后与学校的管理者和家长分享该总结。最常见的书面总结形式就是随时收集的各种材料，并以印刷或电子文件的形式呈现出来。在某些情况下，体育教师与课堂教师应携手收集儿童参与课堂活动的录像片段。这种评估证据来自真实的环境，能够反映儿童的实际表现。

其他体育和课堂教师更喜欢用简短的书面总结来指出儿童的"长处、进步和需求"。其中一些证据包括教师通过观察获得的信息，这些信息可用来解释儿童主动学习的本质（美国幼童教育协会，2003）。幼儿学习的主动性反映了教育心理学家约翰·杜威（John Dewey，1859—1952）提出的在美国很流行的学习行为哲学。为了满足儿童的好奇心，杜威提倡为学生提供与生活情境相联系的动手和动态学习体验（1916）。

本书中的课程计划包括与同伴一同解决问题和小组解决问题的活动，动手体验，以及中等到高强度的游戏和运动叙述。在体育教育中，进展报告中可包括关于儿童如何利用教师的反馈来提高其运动技能表现的信息。这种形式的评估工具通常比评价量表更受青睐，因为它关注的是儿童的进步，而非只是说出一个精确的衡量值。许多学校管理人员喜欢对学龄前儿童采用后者这种评估方法，而这很难准确地确定幼儿的执行和学习水平，原因是幼儿的身体表现每天都在发生变化。导致这些变化的原因可能有很多，也许儿童在评估当天感觉不舒服，或者儿童只是拒绝完全参与活动，因为他正被学校中发生的另一件事所困扰。

因此，幼儿教师应准备好用书面形式或电子文件形式总结幼儿的进步，并确定幼儿需要在哪些领域再努力一些。下面的例句可帮助教师编写一节课或一系列课程的进展报告。这些内容按照三个学习领域进行分组，但相互之间有所重叠。

## 认知能力

儿童对以下方面的掌握情况。

- 了解身体各个部位的名称。
- 想象无法看到的物品。
- 想象用身体控制一个物体。
- 回忆过去的经验，从而得到新的移动方式（与同伴一起）。
- 发现如何将动作联系在一起（与同伴一起）。
- （与同伴一起）讨论与对象或物品有关的事实。
- 区分什么是幻想和真实（在一个整组任务中）。
- 口头回应（教师或小组成员的）建议。
- 评论任务的完成情况并对此表现出热情（对于整组任务）。

## 情感能力

儿童对以下方面的掌握情况。

- 用身体来表达感觉和情感。
- 在尝试新奇的移动方式时感到有自信并表现出来。
- 欣赏会影响某个人生活的人或事所扮演的角色和行为。
- 协助同伴演示某种活动。
- 愿意与同伴与换角色。
- 尊重同伴的优点、缺点或残疾。

## 精神能力

儿童对以下方面的掌握情况。

- 演示静态平衡或动态平衡，同时执行基本的运动技能。
- 模仿或重复各种物体或事物的一般运动。
- 组合使用身体各部位来形成一个完整的动作。
- 成功地在中等到剧烈的体育活动中展示运动技能。
- （与同伴一起）针对身体部位做一组拉伸练习。
- 控制同伴的身体以特定的方式移动。
- （与同伴一起）探索多种动作反应。
- 积极参加所有的小组任务。
- 找到改善群体动作反应的方法。
- 成功应对涉及小肌肉或大肌肉控制的整组任务挑战。

▪ 展示手臂、腿部和肩膀的力量或协调性。

## 小结

　　总的来说，综合使用多种评估方式可以帮助教师全面地了解儿童的理解情况和身体表现，这些评估方式包括儿童的反馈、可激发高阶思维的问题，以及准备与家长和学校管理者分享的书面报告。这些方式是对现有的形成性评估和总结性评估工具的有效补充。

# 第 II 部分

# 课程计划

# 第5章

# 锻炼出健康的身体

最近几年，幼教专业人员、体育教育工作者、课堂教师和健康专业人员携手合作，确保学龄前儿童和小学生能了解健康生活所需的基本要素。在美国，教师教育项目关注以下领域的内容：理解人体系统及其功能、保健和健康、营养、健康饮食的重要性，以及日常身体活动的必要性。这些知识同时也是运动素养的重要组成部分。

如果让学龄前到2年级儿童参与中等到剧烈的体育活动并让他们了解基本的健康概念，他们就能了解自己的身体和体能，还能培养出对体育活动的热爱。热爱体育活动是教师和家长可以给予儿童的最重要礼物之一。因此，本章的目标是为你提供相关的内容，以培养儿童对各种体育活动的热爱以及对健康的渴望。

为了帮助你实现这一目标，本章的学习任务有两个突出的特征。第一个特征是提高儿童对不同身体部位的认知。这可能很简单，比如让儿童跟着一个动作韵律来了解身体或者发现健康食品。下面是两个动作韵律示例，你可以在课堂上说给儿童听，然后让儿童跟着韵律来演示各种动作。

## 动作韵律 1：感知身体部位

- 与自己握手并向自己打招呼。
- 你知道多少个身体部位？
- 摸摸你的头，踮起你的脚尖。
- 抚摸你的胃，扭动你的鼻子。
- 支起你的耳朵仔细倾听，将目光投向所看的方向。
- 弯曲你的肘部，现在摇摆你的膝盖。
- 这些都是你的身体部位。
- 我们只是提及了其中的一些。

## 动作韵律 2：发现健康食品

- 蹲在地上。
- 哪里能找到多汁的草莓。
- 现在尝试蹲在地上移动。
- 移动、伸手并采摘新鲜的草莓。

　　第二个特征是，所有的移动任务本质上都是中等到高强度的体育活动。以一定的强度持续进行中等体育活动很容易，这样可以提高心率和呼吸频率（NASPE，2009）。以一定的强度进行剧烈的体育活动会让人的心率和呼吸频率高于中等体育活动期间所观察到心率和呼吸频率，并且在很短的时间内儿童就会感到疲劳（NASPE，2009）。幼儿可能只是将这些体验认定是在玩乐中加强心脏肌肉的一种有趣方式。包含中等到高强度体育活动的学习任务让儿童有机会了解其体能情况，练习各种运动和非运动技能，并测试其体力。

　　下面是中等体育活动动作韵律的一个例子，你可以使用它来让儿童热身。

我们可以单腿跳过一个高的建筑物。

然后稳稳地落地。

"超级小子"可用这种方式来回跳。

因为他们每天都在练习。

更剧烈一些的体育活动可以采用下面的模式。

你追。我跑。

跑，不停地跑。你能抓住我吗？

在活动区域内你可以冲刺和跑动。

用这种方式练习会很有趣！

为了帮助你规划课程，本章以及贯穿本书的学习任务都与技能主题发展序列中的预控制和控制级别相一致（Graham，Holt/Hale & Parker，2012）。技能主题包含一些基本的运动，然后又从这些运动中提炼出更复杂的模式，并在这些模式中设定更为复杂的学习任务。预控制级别是儿童无法控制或有意识地重复某种运动的阶段。在控制级别，儿童可通过额外的努力和精力完成所需的动作。

与包含竞争元素、会宣布游戏的赢家以及让失败者感到沮丧的游戏不同，我们的很多学习任务都鼓励儿童运用他们的想象力，并假定自己扮演某种角色或对象来执行一组任务。例如，要形成一个水果篮，可让一半的儿童站成一个圆圈，从而形成篮子的边缘。剩下的儿童则做出各种水果的形状：圆圆的橙子、苹果和李子；又长又瘦的香蕉；小而圆的葡萄。

另有一些活动会要求儿童将他们的动作连贯起来，以应对一组挑战，而其他人可使用各种有表现力的运动、有创意的路径、健身中的拉伸动作，以及有创意的图像来激励小组成员参与活动。

以下5点建议可以帮助你使用本书中的课程计划，让儿童更好地理解什么是健康的生活。

1. 在学习任务开始前明确学习目标并在活动期间强化目标，从而提高小组成员的参与度。只要有可能，就要纳入有关身体的内容（参见本章后面的"积累内容知识来提高运动素养"部分）。

2. 强调我们可以用身体来执行一组功能（例如，"在这个任务中，我们将用身体来形成一个有创意的结构。"）。

3. 在学习任务中可以换用不同类型的运动技能，并在课程的评估类问题中指出这些变化的成果。

4. （如果可以）使用可以明确各个身体系统、人体解剖学、骨骼结构和食品的适龄图画书和海报，从而突出在学习任务中展示的各种学术概念。

5. 用鼓励的话语和赞美的短语激励儿童，结合使用幽默和微笑来激发他们对体育活动的兴趣（例如，"我看出来你已经练习过了。""跳得太棒了！弯曲膝盖，落地太完美了。"）。可在第3章关于激励有运动素养的学习者的内容中找到更多的此类话语和短语。

# 积累知识来提高运动素养

"美国国家标准 3"明确提出，个人应该能够证明其具备了实现和保持可提高健康水平的身体活动及健身运动的知识与技能。在幼儿课程中应用"标准 3"时，应该选择着重于身体及其功能的内容。本章的课程包含了与下列主题相关的事实：人类细胞、肌肉、心脏、骨骼、良好的营养、肺和大脑。在每个课程中介绍各种"身体事实"、激发幼儿对身体功能的好奇心时，就是在进行运动素养的学习。看看下面几页的身体事实列表，激发你的创意和想法。你可以在课程的指导部分或在"学习任务 1"之后立即介绍各种身体事实。同样，也可以在儿童参与"学习任务 3"时使用各种身体事实。无论如何，运动素养学习中要包含各种关键词和需理解的内容，以加强儿童对自己身体的了解。

## 我们的身体是由细胞组成的

### 学前班和幼儿园

- 我们的身体是由许多被称为人类细胞的小组织所形成的。人类细胞有各种形状，大小不一，因为它们必须要完成各种不同的工作。
- 有些细胞是圆的，有些则像光盘一样是平的，有些看起来像一根木棒。细胞太小了，所以仅凭肉眼是看不见的。
- 我们的身体中有很多不同类型的细胞，包括皮肤细胞、骨细胞、脑细胞和血细胞。

### 1 年级和 2 年级

- 每一秒，我们的身体中都有数以百万计的细胞死亡。身体内唯一不会更换的细胞就是脑细胞。我们出生时就有多余的脑细胞，能够弥补脑细胞的不断损失。
- 每个细胞都有着像一座城市一样的结构和功能，可为身体提供能量。
- 细胞的中心（即细胞核）存储着细胞的信息。
- 细胞的外膜就像城墙，保护细胞免受有害物质的影响。

## 移动需要肌肉参与

### 学前班和幼儿园

- 肌肉就像吊线木偶中的线移动木偶那样移动我们的身体。
- 肌肉是由许多被称为纤维的弹性材料组成的。
- 我们的身体中有 600 多块肌肉。

- 要让肌肉工作，它必须借助另一块配套的肌肉。一块肌肉向前拉动骨头，另一块肌肉则将骨头拉回原位。当一块肌肉工作时（即收缩），其他肌肉则放松，成对的肌肉才能一同出色地工作。
- 肌肉也有助于保持器官处于稳定的位置。
- 我们的胸部有一大块肌肉（即横隔膜），可帮助我们的肺进行呼吸。
- 我们的心脏也是一种肌肉，它可让血液流过全身。
- 肌肉帮助我们咀嚼食物，帮助我们合上眼睑以及微笑。皱眉所需的肌肉比微笑所需的要多。
- 毛毛虫可以有多达 4000 块肌肉。

让儿童使用以下动作韵律进行练习，以帮助儿童了解肌肉的重要性。

## 我的肌肉让我移动

- 肌肉帮助你移动身体。
- 拉伸肌肉会让肌肉变大。
- 肌肉始终都在繁忙地工作着。
- 肌肉可以快速移动、慢速移动，或者是猝然一动。
- 使用肌肉转动你的眼睛，
- 然后移动胳膊、膝盖、肩膀、手指、脚和大腿。
- 肌肉可以帮助你完成任何事情。
- 肌肉可帮助你向前跳、摆臂。
- 前移、后移和侧移。
- 移动身体，让你显得又高又瘦，然后变成圆形，现在变成比较宽的形状。
- 让你自己变得很小，像只老鼠，
- 然后伸展身体，大得就像房子。

## 1 年级和 2 年级

- 肌肉是由组合在一起的纤维组织构成的，其作用就像是一捆橡皮筋。
- 肌肉只能通过一种方式工作，那就是拉动。其从来不通过推动来工作。
- 我们身体中的肌肉系统是这样安排的：即使我们用尽全力去推某件东西，我们的肌肉实际上也是在做拉动的动作。
- 肌肉末端与骨骼相连。一端连着一块骨骼，因此这块肌肉是用来运动的；另一端固定在一块肌肉不会移动的骨头上。
- 我们的肌肉通常是由一个短而结实的肌腱连接在骨头上。

- 肌肉很重。我们的肌肉最多可占我们身体重量的一半。
- 成年人身体中的肌肉数量是骨骼的 3 倍多。
- 我们微笑时要使用 17 块肌肉，皱眉时使用 43 块肌肉。
- 每次我们说一个词，就要动用 72 块肌肉。
- 经常使用肌肉会使其变得更强壮。

## 心脏是一种特殊的肌肉

### 学前班和幼儿园

- 我们的心脏就像是一个强有力的泵，将血液输送到全身。
- 我们的心脏位于胸腔中央偏左的位置，大约和一个人的拳头差不多大。
- 即使在我们睡觉时，心肌也一直在工作。
- 它通过被称为动脉的管道输送血液和营养，血液中充满一种叫作氧气的气体。血液在我们的身体内流动，滋养我们微小的细胞。
- 我们的心脏把血液泵到肺部。
- 心脏大约需要一分钟的时间让血液流到全身，然后再流回来（血液循环）。
- 我们可以听到心脏一直在跳动。心跳声是由心脏内部的门（即瓣膜）不停地开启和关闭引起的，这样才能让血液进出心脏。
- 当我们感觉到心脏在跳动时，就知道血液正在全身循环。

### 1 年级和 2 年级

- 我们的心脏就像是一个泵，将血液输送到全身。通过名为动脉的弹性管道将血液从心脏输送出去，并通过名为静脉的弹性管道让血液流回心脏。
- 心脏、血液、动脉和静脉共同构成我们所谓的血液循环系统。
- 血液通过称为毛细血管的微小管道将氧气和其他重要物质输送到身体的各个部位。
- 心脏实际上有两个泵。一个泵从身体中获取血液并将其输送到肺部，另一个泵从肺部获取血液并将其输送到全身。
- 心脏被分为 4 个部分（心室）。
- 心脏的每一次收缩和舒张都会产生一次心跳。
- 兔子的心脏有乒乓球或高尔夫球那么大。
- 大狗的心脏有网球那么大，长颈鹿的心脏有篮球那么大。
- 心脏的工作就是泵血。血液进入心脏时，心脏舒张，然后向内挤压，将血液挤出心脏。

# 我们的骨骼是活的

## 学前班和幼儿园

▪ 我们的骨骼赋予了我们的身体以形状，支撑并保护我们的器官。
▪ 骨骼帮助我们从一个地方移到另一个地方。
▪ 我们的骨骼会越来越长，因此我们也会越来越高。
▪ 骨骼很强壮，但也会折断和痊愈。
▪ 我们身体的 206 块骨头中有一半在手和脚上。

## 1 年级和 2 年级

▪ 我们身体中的骨质结构称为骨骼。
▪ 骨骼有几个用途：为身体提供一般的支撑，用于支持和保护身体较软的部分，并为附着在上面的肌肉提供了杠杆。
▪ 在骨头坚硬的外部物质内是一种柔软的黄色物质，称为骨髓。
▪ 骨头的骨髓含有许多我们赖以生存的重要物质。
▪ 骨头与骨头相接的点称为关节。
▪ 我们身体中最大、最长和最强壮的骨头是大腿骨（股骨）。
▪ 包围大脑的头骨部分是由具有固定关节的骨头组成的（头盖骨）。
▪ 在可移动的关节处，骨头被叫作韧带的物质连接在一起，这是一种强韧的带状物。
▪ 大多数人有 24 根肋骨，所形成的笼状物保护着人的心脏和肺。
▪ 骨头是由活细胞构成的。

# 良好的营养和美味的食物

## 学前班和幼儿园

▪ 舌头是身体中最敏感的部位。脚后跟是身体中最不敏感的部位。
▪ 我们吃健康的食物时，食物尝起来会是甜的、苦的、酸的或咸的。
▪ 食物的味道是由食物接触舌头表面的味蕾时所决定的。
▪ 并非所有味蕾都在舌头上。有些在上颚，有些在喉咙上部的咽部和扁桃体上。
▪ 舌尖上的味蕾能感觉到甜味。
▪ 舌头两侧的味蕾能感觉到酸味和咸味。
▪ 舌根附近的味蕾能感觉到苦味。
▪ 健康的食品有多种口味。

■ 胃就像一个有弹性的储物袋，最多可以容纳 2 升的食物。当你感觉饿的时候，你的腹肌会收缩。如果胃中有空气，这种收缩会让身体发出咆哮或咕噜声。

### 1 年级和 2 年级

■ 食物的分解过程称为消化。食物在我们的体内移动，并在移动的过程中被分解成更小的碎片。

■ 我们用牙齿咬、嚼，从而将食物切成很小的碎片。舌头也有助于让食物变得更小、更软。

■ 我们吞咽食物时，食物通过喉咙和一根长长的管道进入我们的胃。

■ 我们的胃会随着食物的进入而扩大，胃酸有助于进一步分解食物。

■ 食物离开胃时，它会向下进入肠道，在那里，食物的营养物质会进入我们的血液。

■ 我们所吃的食物必须进入血液，然后才能进入身体的细胞。

■ 如果将我们的身体想象成一座城市，那么循环系统就是穿过城市的火车。心脏每天往返数百次运送富含营养的血液，每次往返时间不到一分钟。心脏每跳动一次，就会向全身输送一波血液。

■ 我们的食物由蛋白质、脂肪、碳水化合物、维生素、矿物质和水组成。我们需要所有这些才能生存。均衡的饮食包括谷物（如面包、谷类、米饭和面食）；新鲜的、干的或不甜的水果；生的或轻微烹煮的蔬菜；高蛋白食物（如红肉、家禽、鱼类、豆类、鸡蛋和坚果）和奶制品（如牛奶、酸奶和奶酪）。

■ 在我们的一生中，我们会吃掉约 60000 磅（约 27215 千克）的食物，相当于 6 头大象的总重。

■ 我们根据食物所产生的能量来衡量食物。衡量该能量的单位是卡路里。

## 拥有健康的肺才能长寿

### 学前班和幼儿园

■ 我们的肺帮助身体进行呼吸。

■ 我们胸腔的上半部几乎全是肺。

■ 肺是由数百万个小气囊组成的，这些小气囊可充满空气并将空气释放出来。

■ 我们的肺可以容纳的空气体积与一个篮球的大小相当！

### 1 年级和 2 年级

■ 空气通过鼻子和嘴进入我们的身体。空气从气管向下，通过支气管到达我们的两个肺。

- 我们的肺通过血液来交换空气，心脏把使用后的血液泵到肺部，肺从血液中吸收二氧化碳和其他我们无法利用的东西。
- 然后肺把新鲜的氧气输送到血液中。很快血液又回到心脏，继续往复循环。
- 帮助我们肺部工作的强壮肌肉叫作横隔膜。
- 横隔膜在肺的下方。当肺部充满空气时，它能帮助肺部排出空气。
- 横膈膜也能帮助肺部恢复原样，挤出废气。
- 当我们吸入空气（吸气）或呼出空气（呼气）时，我们知道肺部正在工作。
- 我们在跑步或运动时呼吸会加快。这是因为人体需要更多的氧气。
- 我们的肺就像气球，充满空气，并且可以排出空气。
- 人们可以通过快速移动、锻炼和不吸烟来保持肺部的健康。

## 大脑是一部完美的机器

### 学前班和幼儿园

- 大脑位于颅骨内，颅骨就像龟壳一样保护着你的大脑。
- 大脑有两个部分。
- 当我们感到悲伤、高兴、害怕或兴奋时，这种感觉就来自我们的大脑。

### 1 年级和 2 年级

- 大脑的右侧接收信息并控制左侧的身体。
- 我们的大脑不会移动，但它消耗的氧气比我们身体的任何其他部分都要多。
- 大脑在我们 6 岁之后就不会再生长了。
- 大脑是我们身体内的特殊计算机。它不断地接收来自身体内外的信息，并使用或保存这些信息以备使用。
- 大脑看起来就像一个由灰白色组织组成的蘑菇，摸起来像果冻！
- 我们的大脑大约 80% 都是水。
- 好好睡一夜后我们的大脑才能最高效地工作，我们的身体也会非常健康。
- 有人说我们无法使用大脑的全部能力，但学习能帮助我们锻炼大脑。
- 在户外玩耍是为大脑提供新鲜氧气的一种方式。

# 身体形状和创建形状

## 满足的美国国家标准

- **标准 1** 有运动素养的人有能力使用各种运动技能和移动方式。
- **标准 4** 有运动素养的人表现出尊重自己和他人的负责任的个人与社会行为。

## 教材 / 教具

欢快的音乐，一罐黏土或橡皮泥（可选），展示不同形状的海报（可选），当地范围内的各种雕像的照片（可选），播放音乐的设备，用于进行安全提示的哨子。

## 中心焦点

强调身体可以形成不同的形状和姿势。

## 目标

- **认知**：儿童能够识别和描述其身体可以做出的各种形状。
- **情感**：儿童能够以友好和尊重的方式进行互动，同时让同伴用身体形成常见的物体或事物。
- **心智**：儿童能够与四五个同学形成一个大的互连的形状，然后向其他做过同样动作的同学描述这种团体姿势。最后，所有的小组聚集在一起，创建一个所有小组都参与的想象中的艺术画廊，称为"创意身体画廊"。

## 健身活动可实现的健康目标

柔韧性。

### 学习任务 1：准备移动我们的身体

**课堂组织**：儿童在整个一般空间中分散开。

要求儿童进行以下活动。

- 你能把身体卷起来，形成一个鸡蛋或椭圆形的雕像吗？
- 当我拍手时，找到一种方法来形成一种盒子或正方形的雕像。
- 谁能给我看看一个可笑的雕像是什么样的？
- 能改变你的身体来形成一个很高的雕像吗？
- 你能扭动或摇动多少身体部位来放松你的肌肉？能为我展示一下吗？

### 学习任务 2：同伴挑战

**课堂组织**：儿童两人一组分散在自我空间中。

展示以下内容：雕塑家被定义为使用材料进行塑造和模拟成形的人，目的是创建一个对象或事物。

要求儿童解释如何使用橡皮泥制作出不同的形状和物体（例如弯曲、拉伸、滚动和扭动）。

- 鼓励儿童快速行动并选择一个同伴（例如，"谁能找到衬衫或裤子颜色与你相同的同伴？"）。
- 建议一个儿童假装有一大罐橡皮泥。另一个同伴假装是雕塑家，把橡皮泥"塑造"成一些常见的形状，如圆形、三角形、正方形、宽条、长条和窄条。儿童也可以将同伴的身体塑造成某种物体的样子，例如一棵树、桌子、椅子或者火箭。在学习任务结束时，"雕塑家"识别并描述同伴的橡皮泥的形状，并在 3 到 4 分钟后互换角色。

## 学习任务 3：画廊

**课堂组织：**儿童按组分散开。

**展示以下内容：**"画廊"一词被定义为展示艺术品、供人们观赏的场所。

- **创意身体画廊：**将儿童分成 5 人一组或 6 人一组。每组中有一个儿童扮演雕塑家的角色，其他人则是想象的黏土或橡皮泥。扮演雕塑家的儿童将组员的身体塑造成一个大的形体。之后各组轮流向班级中的其他儿童展示他们的作品，并讨论他们塑造的形体。然后试试更大的挑战，让两个儿童将各组的形状连接起来，创建一个假想的整体身体图形库。
- **有趣的冰冻雕像形体：**音乐响起时，鼓励儿童在活动区域内积极活动。音乐停止时，教师喊出："冰冻的雕像。"所有儿童都一动不动，并保持其姿势不变，直到音乐再次响起。下次音乐停止时，教师喊出："圆形或环形雕像。"儿童就会做出回应。在后面的活动中可以使用词语"高大的雕像""小雕像"和"巨大的雕像"。在每次试验中，可以改变儿童使用的运动技能类型（如跳跃、飞奔或跳动）。

## 评估问题

1. 我们今天呈现了什么形状（例如窄的、高的、短的、宽的、盒子形状和圆的）？
2. 哪些身体部位最容易弯曲成不同的姿态？
3. 谁能告诉我，随着年龄的增长，你的体形会发生怎样的变化？

## 学术语言要求

- **语言的作用：**使用语言来识别和描述身体可以形成的各种形状与物体，并为同伴双方提供机会来评判每个儿童在扮演雕塑家角色时所创造的富有想象力的姿势。
- **词汇：**摆姿势或拉伸（从而变得更宽或更长）时，身体可以形成的具体形状（例如盒子、圆形、正方形、矩形），而雕塑家被定义为使用材料进行塑造和模拟成形的人，目的是创建一个对象或事物。"画廊"一词被定义为展示艺术品、供人们观赏的场所，而博物馆则被定义为内含供人们学习或了解各种展品的建筑物。
- **句法或叙述：**用语言交流的方式让儿童了解我们的身体可以呈现出很多形状。随着时间的推移，我们不断成长，变得越来越强壮，移动能力越来越强，可以完成不同的体育任务。

# 强壮的骨骼

## 满足的美国国家标准

- **标准 1** 有运动素养的人有能力使用各种运动技能和移动方式。
- **标准 2** 有运动素养的人可应用与移动和表现有关的各种概念、原则、策略及战术知识。

## 教材 / 教具

人体图片或塑料质地的人体骨架（可选）。

## 中心焦点

确定并说出在激烈的运动中可作为具体运动目标的不同身体部位。

## 目标

- **认知**：儿童能够指出身体不同部位的骨骼，并指出它们是如何移动的。
- **情感**：儿童在运动后表现出积极的自我意识发展的倾向。
- **心智**：儿童能够证明他在剧烈运动后可以安全地倒在地上。

## 健身活动可实现的健康目标

心肺耐力。

## 学习任务 1：准备移动我们的身体

**课堂组织**：儿童分散在自我空间中。

要求儿童在有节奏地说出以下内容的同时进行以下活动。

我的肌肉和骨骼都位于身体内部（指向胸部）。

我的目标是让它们尽可能强壮（收缩肱二头肌）。

这样我才能高兴地飞奔、滑动、跳动和跳跃（执行各种移动）。

完成后，我用我的骨骼击打和拍打（用手臂拍打胸部）。

## 学习任务 2：同伴挑战

**课堂组织**：儿童两人一组分散在自我空间中。

引入以下内容。

- 让我们将身体分成不同的区域。
- 向你的同伴展示如何让上半身的三个部分一个接一个地移动，在移动的同时你们一起数数。你的同伴模仿你的动作，然后你们互换角色。
- 移动身体右侧的两个部位。让这些身体部位中的一个成为你身体中最高的部位。
- 一个同伴指出两个较低的身体部位，看看你是否能同时移动这两个较低的身体部位。双方交换角色。

- 两人都扭动身体左侧的一个身体部位。

## 学习任务 3：骨骼，骨骼，无处不在

**课堂组织：**儿童按组分散开。

- 让儿童指定一个具体的身体部位或身体区域作为目标（如肘部、肩部、膝盖以下、臀部或肩胛骨之间）。
- 根据小组的人数，选择两人或更多的人作为追逐者。
- 要求其余的儿童分散跑开，躲避追逐者。
- 儿童被追逐者追到并在相应的部位贴上标记后，他要向下跌入"一堆骨头"人群中。每个人都被标记后，选择新的追逐者，或者大声喊出"强壮的身体"，然后被标记的儿童可以继续这项游戏。

### 评估问题

1. 哪个身体部位最难标记？
2. 展示你用来防止身体被标记的动作（例如躲避和伸展）。
3. 谁能记得骨骼何时需要休息？你感觉需要休息吗？你还记得你一直在做什么吗？

### 学术语言要求

- **语言的作用：**使用语言探索适合作为标记空间的各个身体区域。
- **词汇：**倒下、肘部、臀部、肩胛骨、强壮。
- **句法或叙述：**在语言交流中关注如何安全蹲下并坐到地上。

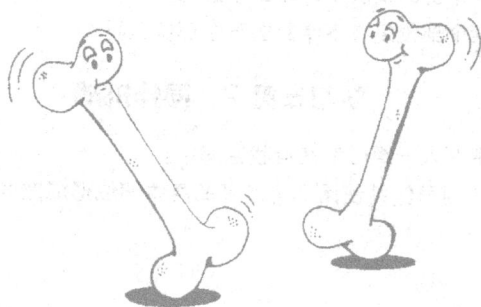

# 转动身体部位

## 满足的美国国家标准

- 标准 1 有运动素养的人有能力使用各种运动技能和移动方式。

## 教材 / 教具

螺旋状的椒盐卷实物或图片（可选），扭转瑜伽姿势的照片（可选）。

## 中心焦点

通过转动具体的身体部位，探索各种扭转的形状。

## 目标

- **认知**：儿童能够比较有些身体部位是如何自然扭转的，而有些部位则无法扭转。
- **情感**：儿童能够与同伴互动，安全地扭动身体部位来形成扭转的椒盐卷形状。
- **心智**：儿童能够与几个同学营造出扭转的椒盐卷形状，并能保持该姿势较短的一段时间。

## 健身活动可实现的健康目标

柔韧性。

### 学习任务 1：准备移动我们的身体

**课堂组织**：儿童在一个整体的一般空间中分散开。

要求儿童进行以下活动。

谁能假装自己在打开一罐花生酱？

在这个动作中你扭动了哪个身体部位（手腕）？展示给我看。

你能在不移动下半身的情况下转动上半身吗？

能将上半身的某个部位绕在下半身的某个部位上吗？

### 学习任务 2：同伴挑战

**课堂组织**：儿童两人一组分散在自我空间中。

要求儿童快速找到同伴并使用尽可能多的身体部位形成宽的、窄的、弯曲的和扭转的身体形状。

## 学习任务 3：扭转的椒盐卷

**课堂组织：**儿童按组分散开。

- 将儿童分成 5 人一组或 6 人一组。
- 通过将同学形成的形状连接起来，鼓励儿童形成一个巨大的椒盐卷的形状。
- 每组都要保持椒盐卷的形状，直到你说出"扭转的椒盐卷"。

## 评估问题

1. 哪些身体部位最容易转动（如肩膀、脖子、臀部或手腕）？
2. 还有哪些物品像扭转的椒盐卷形状（如礼品蝴蝶结、鞋带、气球动物、蝴蝶结领带或电线）？你能形成这些形状中的一个吗？
3. 谁能告诉我扭转和转动一个身体部位有什么区别吗（例如，转动是移动许多身体部位，扭转是绕着一个身体部位移动另一个身体部位）？让我看看有何区别。

## 学术语言要求

- **语言的作用：**描述出同伴的身体扭转成椒盐卷形状的整个过程。
- **词汇：**转动、弯曲和柔韧。
- **句法或叙述：**在语言交流中反映出为了用身体模仿各种物体并保持灵活性，需要用许多方式弯曲和转动身体部位。

# 我的特殊身体部位

## 满足的美国国家标准

**标准 1** 有运动素养的人有能力使用各种运动技能和移动方式。

## 教材／教具

手套（如服装手套、连指手套或运动手套）和鞋类（如鞋子、运动鞋、靴子或凉鞋）（可选）。

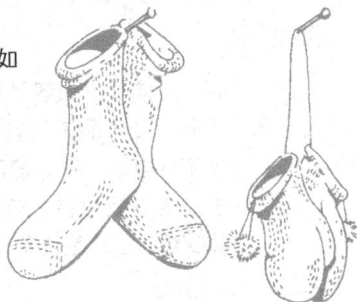

## 中心焦点

推荐适合儿童进行的运动并开发可使用特定身体部位执行的动作。

## 目标

- **认知**：儿童能够确定和探索需使用手指和脚趾完成的各种动作。
- **情感**：儿童能够尝试让同伴参与挑战，专注于我们的脚可以执行的动作。
- **心智**：儿童能够展示下半身各部位的各种用途，在团队中彼此协作并创造一系列动作。

## 健身活动可实现的健康目标

心肺耐力。

## 学习任务 1：准备移动我们的身体

**课堂组织**：儿童在整个一般空间中分散开。

**展示以下内容**：有些物体的组成部分是用我们身体的某些部位来命名的（例如，时钟的指针）。挑战儿童参与下列拉伸任务如下。

- 能像大钟的指针那样，把你的胳膊和手绕成一个圈吗？
- 谁能在说"滴答滴答"的时候脚保持不动，而让手从一侧移到另一侧呢？
- 让我们像闹钟响起来一样摇动全身吧。

## 学习任务 2：同伴挑战

**课堂组织**：儿童两人一组分散在自我空间中。

展示以下内容。

- 找到一个同伴并站在他的身旁，然后探索我们的身体可以做哪些动作。连指手套可以覆盖我们身体的哪些部位（手、手指、手掌或手腕）？让我们来探索几个手部动作：谁能扭动手指，或者摇动手指？
- 跟着我做一个拍手的动作。现在将一只手变成杯子状并拍打它。你听到一种不同的声音了吗？
- 双手握拳，用一个拳头击打另一个拳头。
- 让我看看你如何在地板上敲击手指的吧，用手指打响指，在身体两侧摇动手指。
- 你和同伴能发现另外两种移动手指和手的方法吗（如指向、推动、拉动、握手、挖掘、舀、弹、交叉、扔或接）？

## 学习任务 3：小肌肉动作

**课堂组织**：儿童按组分散开。

- 将儿童分成 4 人一组或 5 人一组，让儿童辨认我们用袜子覆盖的身体部位（如脚、脚趾、脚踵或脚踝）。
- 给每个小组 3 到 5 分钟的时间来探索他们用脚趾和脚能做出哪些动作或姿势（如扭动、踩脚、踢腿、行进和其他剧烈的动作）。
- 让儿童聚在一起并让每组示范两到三个动作，而其他同学则模仿他们的动作。

### 评估问题

1. 今天哪些动作需要伸展手指和脚趾？
2. 哪些动作需要卷曲或弯曲这些身体部位（手指和脚趾）？
3. 能用特殊的舞步和动作创造出一种舞蹈，并给它起个名字吗？

### 学术语言要求

- **语言的作用**：运用语言整合各种想法，构建一个涉及脚部的整组学习任务。
- **词汇**：摇动、拍手、击打、敲击、摇晃、钟表指针、脚趾和脚部动作。
- **句法或叙述**：在语言交流中告诉儿童如何使用手和脚上的小肌肉，以及为什么它们对运动来说很重要。

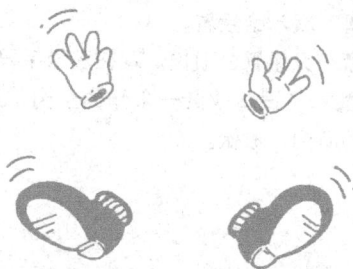

# 肌肉动作

## 满足的美国国家标准

**标准 1** 有运动素养的人有能力使用各种运动技能和移动方式。

## 教材 / 教具

展示放松和收紧姿势的图片或示例物品（如纱线、身体部位的图片或瑜伽姿势的图片）（可选）。

## 中心焦点

体验并解释紧绷的肌肉和放松的肌肉之间有何区别。

## 目标

- **认知**：儿童将能详细讲解紧绷的肌肉和放松的肌肉之间有何区别。
- **情感**：儿童与同伴展现各种肌肉张力时，他们要合作良好。
- **心智**：儿童将以各种具体的方式来展示移动、伸展和弯曲的能力。

## 健身活动可实现的健康目标

心肺耐力。

### 学习任务 1：准备移动我们的身体

**课堂组织**：儿童在整个的一般空间中分散开。

要求儿童进行以下活动。

- 肌肉让身体运动成为可能。我们的大脑向肌肉或一组肌肉发送信息，告诉它们收紧（即收缩）或放松。为了验证这一点，我们可以告诉我们的大脑握紧拳头或抓住东西。如果想张开手，可告诉我们的大脑放松肌肉。
- 向我展示你如何用胳膊做出一个强壮的形态。感觉一下肌肉的伸长和收紧。现在摇动你的手臂来放松肌肉，就像煮熟后的意大利面一样。
- 你能让你的腿变硬，肌肉变紧吗？现在弯腿并让身体处于一个较低的高度。
- 四处走走，放松腿部肌肉。
- 谁能展示一下用僵硬的腿走路的物体或人是什么样的（如机器人或士兵）？
- 你的腹肌能绷紧吗？展示给我看。
- 让我们躺下并收紧一只手臂的肌肉。现在放松手臂的肌肉，收紧另一只手臂的肌肉，然后放松。试着收紧一条腿的肌肉，放松，然后收紧另一条腿的肌肉，放松。

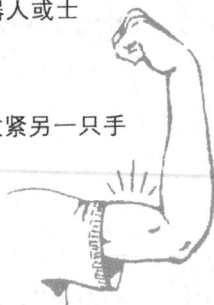

## 学习任务 2：同伴挑战

**课堂组织：**儿童两人一组分散在自我空间中。

引入以下内容。

- 可以和同伴一同锻炼，帮助彼此收紧和放松肌肉，让他们的肌肉更强壮。
- 选择一位同伴，向对方伸出一只手并采用握手或紧握的姿势紧紧地抓住对方，使你的双臂绷紧。换另一只手。摇动你的手臂和手，以放松肌肉。
- 双手合掌，向外推出，感觉你的手和手臂肌肉的收紧。现在与你的同伴试试这个动作，面对面，用你的手掌和对方的手掌接触。开始时用手轻轻推对方。
- 你能和同伴面对面坐下来，并且让脚趾互相接触吗？谁能让自己的腿绷紧？现在放松。

## 学习任务 3：肌肉挑战

**课堂组织：**儿童分散在自我空间中。

阅读下面的肌肉挑战项目，并要求儿童演示这些动作。

如果健康是你的目标，

那么原地跑就是你的游戏了。

我们的股四头肌帮助我们跳跃，

我们的腿和手臂前后摆动。

有很多健康的方式让我们获得乐趣，

使用腘绳肌向前冲刺是一种特殊的运动。

想象你爬得很高，在一座高耸入云的巨大岩石山上。

让我们来完成肌肉挑战，所以要竭尽全力地扭动和摇动，以防肌肉变得紧绷。

### 评估问题

1. 放松肌肉时感觉如何？
2. 收紧肌肉时，你的身体发生了什么变化？
3. 看看有多少种方法可以伸展上半身，同时说出你最喜欢的肌肉。

### 学术语言要求

- **语言的作用：**使用语言来确定同伴任务的解决方案，包括肌肉收缩和放松。
- **词汇：**放松、收紧、收缩、股四头肌和腘绳肌。
- **句法或叙述：**在语言交流中重申我们的大脑可向肌肉发送信号，告诉它们要收紧（即收缩）肌肉或放松肌肉。

# 身体表现

## 满足的美国国家标准

**标准 1** 有运动素养的人有能力使用各种运动技能和移动方式。

## 教材 / 教具

4 到 6 张大的白纸和一盒马克笔或蜡笔。

## 中心焦点

执行各种富有表现力的动作，并以小组为单位集体展示一个人身体的关键部位。

## 目标

- **认知**：儿童能够识别可反映不同情绪的面部表情和肢体语言。
- **情感**：儿童能够接受建设性的批评，并在集体绘画中找到乐趣。
- **心智**：儿童能够以较快的速度执行各种运动技能并在一张大纸上集体展示身体部位。

## 健身活动可实现的健康目标

心肺耐力。

### 学习任务 1：准备移动我们的身体

**课堂组织**：儿童在整个一般空间中分散开。

要求儿童进行以下活动。

- 人们脸上的表情常常告诉我们他们的感受。你的表情如何显示出你的担忧、勇敢、害羞和愤怒？
- 用你的整个身体告诉我你感到强大、美丽、害怕和困倦。
- 当你感到无精打采、暴躁和慵懒时，你的身体是如何移动的？
- 有些人觉得好玩时就会跳起舞来。你能以一种有趣的方式跳动、跳舞以及移动吗？
- 让我看看你最喜欢的动作片男女主角的感受和动作。

### 学习任务 2：同伴挑战

**课堂组织**：儿童两人一组分散在自我空间中。

引入以下内容。

- 面对同伴时，一人用他的脸和身体来表达一种感觉，另一人有三次机会来确定这代表了什么情绪。双方讨论哪些线索帮助他们确定这种情绪（如愤怒：僵硬的身体，握紧拳头，盯着对方，身体正对着对方）。
- 双方交换角色。

## 学习任务 3：创意身体表达

**课堂组织：**儿童按组分散开。

- 将儿童分成多个小组，每组不超过 4 人。每个小组排成一行，所有的小组成员面向同一方向。
- 在每组活动区域的对面放一张大纸和一盒蜡笔。
- 说明这个学习任务的目的是与小组成员一起画一个人的身体。
- 为此，每一行的第一个儿童跑到小组指定的纸上，画一个大圆圈代表人的脸。画完这个圆圈后，这名儿童回到他所在行的最后面。
- 第二名儿童跑到纸前，画出一个身体部位（如眼睛、耳朵或鼻子），然后第三名儿童也画出一个身体部位。第四名儿童添加另一个身体部位，以此类推，直到脸部有完整的睫毛、下巴、嘴唇、牙齿、脸颊和头发，然后是更大的身体部位（脖子、躯干、胳膊、手、手指、腿和脚）。改变儿童来到纸前所用的运动技能。

### 评估问题

1. 谁能告诉我，根据完整的绘画，他们画的人看起来是什么感觉（如惊讶、愚蠢、害怕）？
2. 你的身体能否通过其他方式来表达你的感受？
3. 如果你可以改变小组绘画的一个方面，你会改什么？

### 学术语言要求

- **语言的作用：**使用语言预测一幅由一群学生组成的大型人体素描会是什么样子。
- **词汇：**情感（如勇敢、害羞、愤怒和强大）、身体部位（如眼睛、嘴巴、手臂和躯干）。
- **句法或叙述：**在语言交流中确定每一组图画最能代表的情感和表情。

# 吉尔跳

## 满足的美国国家标准

**标准 1** 有运动素养的人有能力使用各种运动技能和移动方式。

## 教材 / 教具

一大张纸、标志物和绳子。

## 中心焦点

成功地执行杰克跳中的相关动作，并与同伴和小组制定一个原创练习。

## 目标

- **认知**：儿童能够回忆执行杰克跳所需的单独动作。
- **情感**：儿童能够与同伴一起制定一个原创练习。
- **心智**：儿童能够与同伴一起有效地利用时间，并通过不懈的努力创造一个同学可以执行并重复的独特练习。

## 健身活动可实现的健康目标

心肺耐力、肌肉力量和肌肉耐力。

### 学习任务 1：准备移动我们的身体

**课堂组织**：儿童在整个一般空间中分散开。

要求儿童进行以下活动。

- 向我展示你是如何学会用两只脚跳跃并用脚趾着地的。
- 谁能向前、向后和左右跳跃？脚的哪个部分先着地（脚趾）？你能扭动这些身体部位吗？
- 今天我们将演示一项特殊的练习：对男孩而言叫杰克跳，对女孩而言叫吉尔跳。许多人喜欢做这些运动来预热肌肉。首先将双臂放在身体两侧，让我们的身体挺直、收拢。你能跳起来，并张开双腿形成一个三角形吗？
- 看看你能不能在头顶上方拍手，将双臂放回身体两侧。现在双腿并拢。
- 如果你在协调动作方面有困难，可以像一只大鸟一样拍动双臂。
- 试着做 5 个杰克跳或吉尔跳。

### 学习任务 2：同伴挑战

**课堂组织**：儿童两人一组分散在自我空间中。

引入以下内容：心脏的工作就是泵血。血液进入心脏时，心脏舒张。然后向内挤压，将血液挤出心脏。要求儿童进行以下活动。

- 握住同伴的手，并且双方紧紧靠在一起。
- 将其想象成你的心脏充满了血。心脏充满血液后，你与同伴慢慢远离分开，但手要继续牵在一起。
- 手臂完全伸直后，迅速地将身体再次靠在一起，意味着在将血液推或泵出去。这代表一次心跳。

## 学习任务 3：我们的特殊锻炼

**课堂组织**：儿童按组分散开。

将儿童分成 4 人一组，要求小组创造或发明一种新的锻炼方式。建议锻炼中要包括将身体弯曲、拉伸或卷曲成某种形状，小组应该为新创建的锻炼命名。

- 小组创建完锻炼项目后，将所有儿童召集在一起。
- 鼓励每个小组依次向全班展示他们小组的原创锻炼。要求全班同学执行两到三次该锻炼项目，同时该锻炼项目的原创学生进行观察并提供积极的有关强化或纠正的建议。
- 在一张大纸或布告栏上列出锻炼项目的名称，让所有儿童查看。

## 评估问题

1. 在吉尔跳和杰克跳中，哪个身体部位最难控制（手还是脚）？
2. 你们中有多少人今天发现了一项在家也能进行的锻炼方式？能为我展示一下吗？
3. 看看你能不能想出其他方式让锻炼变得更有趣。

## 学术语言要求

- **语言的作用**：使用语言让学生相信原创的锻炼项目执行起来很有趣，可让一个人的身体变得更强壮或更灵活。
- **词汇**：跳跃、拉伸、弯曲、卷曲和心跳。
- **句法或叙述**：在语言交流中重点关注为什么同伴要为他们的原创锻炼项目取一个特别的名字。

# 时机、力量和平衡……忙个不停

## 满足的美国国家标准

**标准 1** 有运动素养的人有能力使用各种运动技能和移动方式。

## 教材 / 教具

走鹃和郊狼的照片（可选）。

## 中心焦点

演示快速移动、快速停止和做出一个平衡形状的能力。

## 目标

- **认知**：儿童在课程结束时能够回忆起有关走鹃鸟的一些事实。
- **情感**：儿童完成一些平衡任务时，能够毫不犹豫地依靠同伴来实现稳定。
- **心智**：儿童在充满活力的运动后，能做出一个成熟的平衡形状。

## 健身活动可实现的健康目标

心肺耐力。

### 学习任务 1：准备移动我们的身体

**课堂组织**：儿童分散在自我空间中。

要求儿童进行以下活动。

- 谁能在不同的时间段里用两个不同的身体部位保持平衡而不摔倒？
- 你能借助喝水的手来保持平衡吗？用你踢球的脚保持平衡会怎样？
- 看看你是否能在从较低的高度升到较高的高度时用单脚保持平衡。
- 用单脚保持平衡，同时用胳膊写出字母"O"。
- 你能向前跑 5 步，然后快速停下并保持平衡吗？尝试完成这个动作 3 次。

### 学习任务 2：同伴挑战

**课堂组织**：儿童两人一组分散在自我空间中。

要求学生进行以下活动。

- 与同伴一起，看看你们是否能牵着手，伸展成一个大的形状并保持平衡。
- 你们能在牵着手的情况下只用 3 只脚触地并保持平衡吗？
- 哪个人能与同伴在牵着手的情况下只用两只脚触地并保持平衡，而不是 4 只脚？

## 学习任务 3：忙个不停

**课堂组织**：儿童按组分散开。

- 让儿童想象自己是走鹃鸟。解释一下，走鹃是生活在加利福尼亚州、墨西哥州和得克萨斯州一种跑动速度很快的鸟。其跑动速度最高可达 17 英里/时（27 千米/时）。这些鸟可以长到 2 英尺（约 61 厘米）长。
- 这个活动是流行游戏"鹤标记"的变化形式，首先选择一个或多个儿童作为郊狼（即追逐者），指定要标记的具体位置。
- 其余儿童假装是走鹃鸟，从郊狼那里逃跑了。
- 走鹃可以用一只脚保持平衡，双臂交叉于胸前并发出"喵，喵"的叫声，避免被追逐者贴上标记。
- 一个走鹃被贴上标记后，他要与郊狼合作标记其他走鹃。

### 评估问题

1. 哪些身体部位帮助你像走鹃一样停下来并保持平衡？
2. 谁能想出两项需要运动员保持平衡的体育运动？
3. 你能像这两项运动（如滑冰、体操）中的运动员那样用身体移动吗？

### 学术语言要求

- **语言的作用**：使用语言描述一个人在快速移动时尝试停止和并保持平衡时所经历的困难。
- **词汇**：平衡。
- **句法或叙述**：在语言交流中关注一个人在保持平衡的同时移动身体所使用的策略（如双臂放在身体两侧，降低重心）。

# 身体轮廓

## 满足的美国国家标准

**标准 1** 有运动素养的人有能力使用各种运动技能和移动方式。

## 教材 / 教具

一盒粉笔或一卷美术纸和记号笔，用胶带把纸粘在地板上。

## 中心焦点

使用自己的身体轮廓勾勒出同伴的身体形状，并执行各种动作技能。

## 目标

- **认知**：儿童将描绘和说明一个大的、可识别的身体形状。
- **情感**：儿童将礼貌地进行合作，围绕同伴的身体轮廓或在其上轮流完成各种运动动作。
- **心智**：儿童将正确地围绕一组较大的身体形状图执行特定的运动技能。

## 健身活动可实现的健康目标

心肺耐力。

### 学习任务 1：准备移动我们的身体

**课堂组织**：儿童在整个一般空间中分散开。

要求儿童进行以下活动。

- 不同的人有不同的体形。谁能向我展示高的体形、矮的体形和强壮的体形？
- 有些人的身体又高又瘦。你能模拟出这种体形吗？
- 找到一种方法，展示较圆的体形。
- 假装你的腿是橡皮筋。拉伸你的腿，使其尽可能变长。
- 我们甚至可以把身体变成一种可笑的形状。向我展示一种可笑的形状和奇怪的、扭曲的形状。
- 告诉儿童，不应使用"胖"和"丑"这样的词来形容一个人的身体，这些词汇会让人对自己的体形感到很难堪。

### 学习任务 2：同伴挑战

**课堂组织**：同伴们分散在自我空间中，每组同伴都拿一根粉笔。

引入以下内容。

- 一个同伴躺在地板上，形成一个宽的身体形状，另一人用粉笔绕着该同伴的头部、手臂、躯干和腿画出身体轮廓。画完身体轮廓后，两人交换位置，以便画出另一人的身体形状。

- 同伴还可以使用贴在地板上的艺术纸上的标记来标出彼此的身体形状。
- 谁能站在其身体形状的头部、手臂或脚上？
- 看看你能不能绕着身体形状的外沿走、蹦跳、飞奔和跳跃。
- 向我展示你如何越过身体形状跑动、跳动或跳过。
- 你能从一只手跳到另一只手、从脚跳到头、从膝盖跳到手肘吗？

## 学习任务 3：跟着我完成身体之旅

**课堂组织：**儿童在教师身后排成一列纵队。

- 所有儿童都在，你是该纵队的第一个人。开始沿着身体轮廓图画行走时，提醒儿童跟随你行进，保持一队，不要踩着线。
- 开始跟随第一个人行进后，通过改变运动技能（如行进、踮着脚走或滑步）来挑战儿童。
- 改变运动技能的速度（如以较慢或较快的速度行进）或改变高度（如以较高、中等或较低的高度行进）。
- 如需更大的挑战，可将儿童分成多个小组，让每队的第一个儿童成为组长。组长选择各种身体动作，带领小组通过身体轮廓图画（如绕着身体形状走、跑、滑步或跳跃）。一段时间后，组长走到该队的最后，原先位于第二的儿童变成组长。继续，直到所有的儿童都有机会成为组长。

## 评估问题

1. 谁能告诉我你们的体形有何特别之处？
2. 随着年龄的增长，你的体形会发生怎样的变化？展示给我看。
3. 使用身体形状轮廓，想想你还能做哪些动作和事情（如站在一只手和一条腿上，跳进和跳出身体形状，站在两个膝盖上，以及玩贴标记游戏时，使用身体形状作为"无法标记的"空间）？

## 学术语言要求

- **语言的作用：**使用语言评判为什么身体插图看起来是这样的。
- **词汇：**躯干、躯体和体形描述符（如高、短、壮、长、窄、圆和扭转）。
- **句法或叙述：**在语言交流中确定"跟着我"学习任务的难易程度。

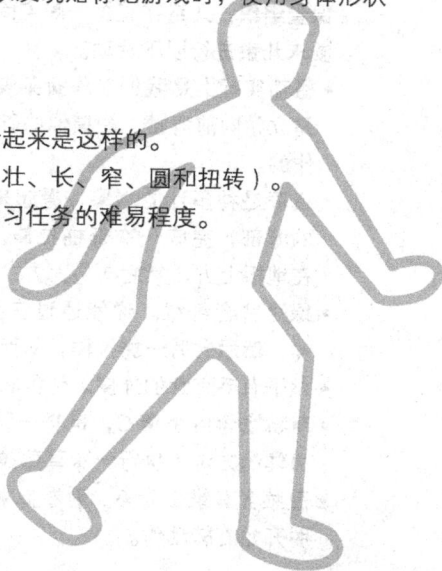

# 主动吃水果和蔬菜

## 满足的美国国家标准

- **标准 1** 有运动素养的人有能力使用各种运动技能和移动方式。
- **标准 3** 有运动素养的人具备了实现和保持可提高健康水平的身体活动和健身运动的知识与技能。

## 教材／教具

欢快的音乐（强烈推荐）、水果和蔬菜的图片或塑料模型（可选）。

## 中心焦点

参加各种有创意的伸展运动，回顾吃水果和蔬菜的重要性，乐在其中。

## 目标

- **认知**：儿童将通过参与各种有创意的伸展运动来增加其对水果和蔬菜的理解。
- **情感**：儿童将寻找一个同伴一起活动，不会受到干扰，并在完成两个主动的伸展和跳跃任务时做到遵循教师的建议。
- **智力**：儿童将与一小组同学合作，使用音乐和图像开发一个创新的小组舞蹈，并以有创意的方式移动。

## 健身活动可实现的健康目标

心肺耐力、柔韧性。

## 学习任务 1：准备移动我们的身体

**课堂组织**：儿童在整个一般空间中分散开。
要求儿童进行以下活动。

- 番茄实际上是我们当作蔬菜食用的一种水果。让我看看你如何站立并向前弯腰，触摸你的脚趾，从而完成一个脚趾拉伸动作的。
- 菠萝是种多汁的水果，看起来像大松果。让我们伸展我们的背部，完成一次脊柱拉伸，方法是双臂向前弯曲，悬吊在地板上方，然后向头上方、背部的后面摆动手臂。
- 绿豆富含纤维。你能通过在头顶上方合拢双手，向身体一侧拉伸，然后向另一侧拉伸，从而演示四季豆拉伸吗？
- 桃子有毛茸茸的外皮。你能将你的身体蜷曲成一个圆圆的桃子形状吗？
- 草莓富含维生素 C，是唯一一种种子位于表皮上的水果。找到一种向三个方向拉伸身体的方法，执行一次草莓拉伸。
- 菠菜含有维生素 A。看看你能不能在腰部做拉伸运动，执行一次菠菜旋转。用手肘开始旋转动作。

## 学习任务 2：同伴挑战

**课堂组织**：儿童两人一组分散在自我空间中。
引入以下内容。

- 红薯富含维生素 A，对你的眼睛和皮肤有好处。和你的同伴一起做红薯拉伸运动，一起创造一个宽的、伸展的形状。
- 印第安人向拓荒者展示如何种植玉米。与你的同伴手牵手，试着像爆米花那样一起跳跃。

## 学习任务 3：水果和蔬菜舞蹈

**课堂组织**：儿童按组分散开。

- 将儿童分成 4 人一组或 5 人一组，鼓励每个小组发挥他们的想象力，创造一种称为西瓜扭动、萝卜扭转、湿软的南瓜、疯狂黄瓜或摇树莓的运动或舞蹈。
- 邀请每一组演示他们的原创锻炼或舞蹈，同时其他人模仿该小组的动作。
- 所有小组表演完毕后播放欢快的音乐，让儿童一起表演他们的果蔬动作。

### 评估问题

1. 我们今天拉伸了哪些身体部位？
2. 站起来让我看看你最喜欢哪种锻炼。如果你认为每天晚上可在家做三次这个练习，请举手。
3. 找到一种方法，创造出一个有同伴参与的有趣香蕉舞蹈。

### 学术语言要求

- **语言的作用**：使用语言将蔬菜的实际名称与活动中热身拉伸时有趣的、更改后的名称进行比较。
- **词汇**：弯曲、拉伸、握紧、卷曲、转动、扭动、摇摆和软的。
- **句法或叙述**：在语言交流中根据颜色来识别蔬菜。

  **红色**：甜菜、萝卜、红叶莴苣、红青椒和红皮马铃薯。

  **橙色**：白胡桃南瓜、胡萝卜、橙椒、南瓜和甘薯。

  **黄色**：玉米、黄辣椒、意粉南瓜和黄豆。

  **绿色**：绿叶蔬菜（如卷心菜、生菜、羽衣甘蓝和菠菜）、芦笋、花椰菜、球芽甘蓝、芹菜、黄瓜、青豆、青椒、豌豆和四季豆。

  **蓝色**：蓝土豆。

  **紫色**：茄子和紫色菜花。

  **白色**：菜花、洋葱、萝卜和白薯。

  **棕色**：蘑菇。

  **彩虹色**：彩虹羽衣甘蓝和彩虹瑞士甜菜。

# 水果沙拉

## 满足的美国国家标准

- **标准 1** 有运动素养的人有能力使用各种运动技能和移动方式。
- **标准 3** 有运动素养的人具备了实现和保持可提高健康水平的身体活动和健身运动的知识与技能。

## 教材 / 教具

五彩缤纷的气球（每个儿童一个）和欢快的音乐。

## 中心焦点

用不同的身体部位保持气球飘在空中，并与其他人创造一个想象中的水果沙拉。

## 目标

- **认知：**儿童将命名并匹配与特定颜色相关的水果。
- **情感：**儿童将提出自己的想法并表现出与同伴一起探索如何让气球飘在空中的兴趣。
- **心智：**儿童将演示跟踪浮动物体和控制物体的能力，使其落在特定的身体部位上并与同伴一同移动，保持该物体飘在空中。

## 健身活动可实现的健康目标

心肺耐力和柔韧性。

### 学习任务 1：准备移动我们的身体

**课堂组织：**儿童在整个一般空间中分散开。

要求儿童进行以下活动。

- 谁愿意去选择他们最喜欢的颜色的气球？你们每个人都能想出与气球颜色相同的、自己最喜欢的水果吗（如红色：苹果、樱桃、草莓、蔓越莓、覆盆子和西瓜；橙色：橙子、桃、油桃、杏、哈密瓜、柑橘和木瓜；黄色：柠檬、菠萝和梨；绿色：葡萄、猕猴桃、梨、酸橙和甘露；蓝色：蓝莓；紫色：葡萄、李子和无花果；黑色：黑莓、黑醋栗和葡萄干；白色：香蕉、椰子和白桃）？
- 把你选的水果抛向空中。让它掉下来并碰到你的胳膊。再试一次，这次用你的手肘将其反弹到空中。现在用膝盖将水果反弹回去。
- 看看你能不能把水果抛到不同的高度。在头顶上方、在身体的中部、在靠近地板或地面的地方接住水果。
- 你能想出一个自己可以用水果来玩的最喜欢的游戏吗？让我们用不同的身体部位来练习。

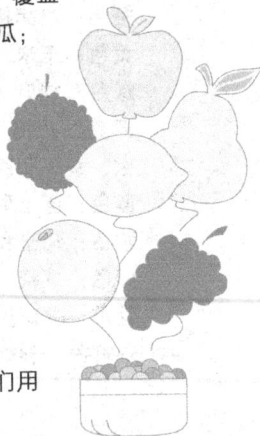

## 学习任务 2: 同伴挑战

**课堂组织**：儿童两人一组分散在自我空间中。

引入以下内容。

- 让儿童选择一个同伴，并分享一个气球。
- 握着同伴的手时，是否能保持气球飘在空中？
- 你发出信号后，你与同伴探索用各种方法在你们之间移动气球（如拍打、踢或反弹）以及用不同的方式将气球移动到活动区域的另一端（如双方握住双手并保持气球飘在空中，只用下半身推动气球，或只用一只手和一条腿，或只使用头部）。

## 学习任务 3: 制作水果沙拉

**课堂组织**：儿童按组分散开。

- 将儿童分成 5 人一组。其中 4 人围成一圈，紧握双手。第 5 个人问他们想在水果沙拉中加入什么水果，然后将一个与他们选定水果颜色相同的气球扔入圆圈。围成一圈的 4 个人携手合作，使用他们的肘部、头部和其他身体部分（因为他们手牵手）保持气球飘浮在空中。
- 根据该小组人员的技能水平，扔气球者可添加第二个气球，让小组人员保持两个气球都飘在空中，也可以等待小组人员失去对气球的控制，导致气球落到地板上之后再增加第二个气球。继续，直到扔气球者扔出了多个气球，从而制作了一个想象中的水果沙拉。

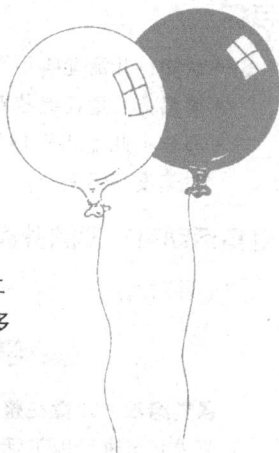

### 评估问题

1. 使用哪个身体部位向前移动气球最容易？
2. 谁能告诉我为什么每天都吃水果很重要（如新鲜水果富含维生素）？
3. 能用同学的身体形成另一种健康的水果形状吗？展示给我看。

### 学术语言要求

- **语言的作用**：使用语言描述哪些颜色对应哪些水果，以及为什么我们的饮食中应该包括水果。
- **词汇**：反弹、扔、接住、轻拍、水果名称及其颜色。
- **句法或叙述**：在语言交流中确定儿童最喜欢的水果，以及他们应该多久吃一次水果来保持身体健康。

# 炒菜

## 满足的美国国家标准

- **标准 1** 有运动素养的人有能力使用各种运动技能和移动方式。
- **标准 3** 有运动素养的人具备了实现和保持可提高健康水平的身体活动和健身运动的知识与技能。

## 教材 / 教具

锅和煎锅的照片或实物（可选）以及蔬菜的图片或蔬菜的模型（可选）。

## 中心焦点

让儿童更好地了解不同的常见蔬菜的纹理、颜色和形状。

## 目标

- **认知**：儿童能够识别不同蔬菜的形状和颜色。
- **情感**：儿童在寻找新的健康蔬菜时重视同伴的建议。
- **心智**：儿童将模仿同伴所描述的动作，并显示出他能够意识到当想象的热量增加时速度有何变化。

## 健身活动可实现的健康目标

心肺耐力。

### 学习任务 1：准备移动我们的身体

**课堂组织**：儿童在整个一般空间中分散开。

要求儿童进行以下活动。

- 吃过炒菜的人请举手。我们知道，易碎易折的生蔬菜被切成或剁成小块后可以更快地被煮熟。快速烹饪蔬菜时，损失的维生素会较少一些。你能用胳膊和手向我演示一下切菜动作吗？
- 假设你的身体是一根细长的芹菜茎。让你的身体成为圆圆的、会让人流泪的洋葱。
- 谁能用自己的身体形成一根又细又尖的胡萝卜？形成一个小小的绿色豌豆？形成一片薄薄的卷心菜叶子？
- 向我展示你如何将双手放在头上并弯腰让身体降低，从而形成一个蘑菇帽的形状。

## 学习任务 2：同伴挑战

**课堂组织**：儿童两人一组分散在自我空间中。

引入以下内容。

- 谁能选择一个同伴并用你们的身体和想象力形成尽可能多的不同种类的蔬菜（如豌豆和胡萝卜）？
- 看看你能否发明一种新的蔬菜，并用身体形成其形状，给它起个名字，告诉我们它的味道可能是怎样的。
- 你的蔬菜是什么颜色的？整个班级的学生要确定这种新蔬菜如何帮助我们的身体保持健康（例如使我们变得更强壮或速度更快，提高我们的视力，帮助我们对抗疾病，让我们保持皮肤健康，使我们的骨骼和牙齿强壮）。

## 学习任务 3：煎锅或炒锅

**课堂组织**：儿童在整个一般空间中分散开。

- 让儿童想象活动区域中的某个空间是一个大煎锅或炒锅。让他们想象自己的身体是他们在个人空间中烹饪的蔬菜之一。当你开始搅拌蔬菜时，鼓励每个人都跳进巨大的煎锅或炒锅中。告诉儿童在你开始加热煎锅或炒锅时，他们需要把脚抬离地面并快速移动，好像正被翻炒的样子。
- 接下来，告诉儿童温度正在下降。它们可以较慢地移动了。最后关火，准备"吃饭"了！在这种提示下，用手臂做一个手势（如打开或关上），让儿童都跑掉。

### 评估问题

1. 谁能告诉我为什么吃新鲜的蔬菜很重要？
2. 你能想到其他未烹煮时也很美味的蔬菜吗（如菠菜、西蓝花或花椰菜）？用你的身体形成这种蔬菜的形状。
3. 你用什么身体部位形成这个形状？

### 学术语言要求

- **语言的作用**：使用语言描述蔬菜间的异同。
- **词汇**：炒锅以及蔬菜的名称和形状。
- **句法或叙述**：在语言交流中告诉儿童为什么最好吃没有过度烹煮的蔬菜。

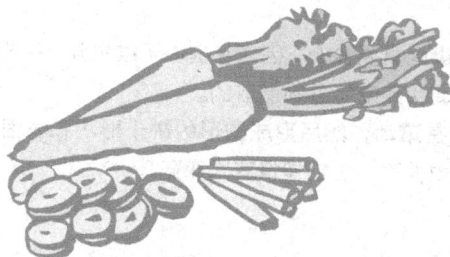

# 健康的午餐

## 满足的美国国家标准

- **标准 1** 有运动素养的人有能力使用各种运动技能和移动方式。
- **标准 3** 有运动素养的人具备了实现和保持可提高健康水平的身体活动和健身运动的知识与技能。

## 教材 / 教具

食物图，让教师在上面添加 5 组食物中的 4 组食品的名字，并用这些制作一个属于健康食品的三明治（可选）。

## 中心焦点

表现出支持小组的活动和欣赏健康食品所需的合作精神。

## 目标

- **认知：** 儿童将在教师的食物清单上添加一些可以用来制作健康三明治的食物名称。
- **情感：** 为了制作一个健康的三明治，儿童在选择食物类型方面是有发言权。
- **心智：** 儿童将模仿健康食品的形状。

### 健身活动可实现的健康目标

肌肉力量和肌肉耐力。

## 学习任务 1：准备移动我们的身体

**课堂组织：** 儿童在整个一般空间中分散开。

要求儿童进行以下活动。

- 谁能伸展自己的身体，让它成为一棵在想象中爬上一根杆子的四季豆？
- 你能弯下腰，像悬挂在茎上的草莓那样垂下来吗？
- 让我们爬上一个想象中的梯子，伸手去摘树上的苹果。

## 学习任务 2：同伴挑战

**课堂组织：** 儿童两人一组分散在自我空间中。

引入以下内容。

- 解释面包是保持健康的重要食物，因为它提供了维生素、矿物质和其他营养物质。面包是由小麦、黑麦和燕麦等谷物制成的。
- 让同伴想象他们正在滚动，然后形成圆形的饼干形状和长面包形状。当它们滑进烤箱时，随着酵母的发酵，它们慢慢变大变宽。

## 学习任务 3: 饱满充满健康的三明治

**课堂组织:** 儿童按组分散开。

- 为了营造友好的氛围,牵起一个儿童的手并将其平放在你的双手之间,让儿童猜你要制作的食物的名称。儿童猜了几次之后,告诉儿童你做了一个"手三明治"。
- 介绍这种想法,然后让儿童用他们的身体制作一个健康的三明治。
- 将儿童分成 7 人一组或 8 人一组。让各个小组确定构成三明治的不同食物及其形状(例如,正方形的面包片、圆形的番茄片、扁平的奶酪片或宽切的火鸡片)。
- 首先让每组的 4 名儿童以俯卧的姿势(也就是脸朝下)形成一片面包的外皮。
- 选择 2 到 3 名儿童作为食物,让他们小心地躺在面包皮里面(例如,首先是莴苣,然后是西红柿,然后是一片奶酪)。
- 最后让 1 名儿童站立,然后在小组成员的身体上形成一个拱形,或者在小组成员的身体上躺下,形成一个很低的、宽的形状。
- 当你巡视不同的三明治,假装每个都吃了一大口的时候(通过展开以及合上你的手臂),任务就完成了。

## 评估问题

1. 为什么要一起制作三明治?
2. 谁能使用其他的健康食品来制作三明治?
3. 你和同伴能用身体制作一个不同形状的三明治吗(如潜水艇卷、圆面包或热狗卷)?展示给我看。

## 学术语言要求

- **语言的作用:** 使用语言确定三明治中常见的健康食品。
- **词汇:** 各种健康食品。
- **句法或叙述:** 在语言交流中确定三明治是如何包含 5 种食物组中的 4 种(谷物、蛋白质、蔬菜和奶制品)的。

# 第6章

## 社区活动体验

让儿童更好地了解当地的社区对教育而言非常重要。这种了解有助于儿童知道其家庭环境与其他家庭环境有何不同，并且对于小学高年级学生而言，这种了解是学习其他文化的基础。运动素养课的学习环境应该让所有儿童身体力行地重复各种动作，模仿一般社区工作者和社区助手的行为。人们在社区中的角色决定了其具体的行为，这种新的认知让儿童会更欣赏这些工作。

简单的课堂教具可以激发儿童主动参与活动的兴趣。学前班专业人员可以对本章内容做一些补充，方法是为儿童提供包含社区工作者、动物和车辆的内容。例如，在完成有关建筑工人扮演哪些角色和建筑工地的相关内容时，可以讨论桥梁和隧道的用途以及它们是如何建造的，并让儿童用建筑材料搭建这些结构。在戏剧表演中，儿童可以用适合儿童体形的制服和道具或漂亮的服装来激发富有创意的角色扮演想法。邀请建筑工人到幼儿园并带着他们自己的工具供儿童观看，会让学前班儿童特别高兴。请这位来访者描述一下他建造房屋所用的材料。展示在建筑结构中使用的各类钉子、螺丝、螺栓和其他紧固件之间的区别。谈谈学校附近建筑工地的数量，问问儿童他们是住在新房中、公寓中，还是进行了修复、扩建或改建过的房子中。

　　为了与建筑示例保持一致，为幼儿园儿童上课的教师可以要求儿童画出在建筑工地看到的物体（如卡车、汽车、起重机或推土机）。幼儿园儿童拥有一定的认知能力，对不同的成年人所扮演的角色会很好奇，而学前班儿童往往对物体的运作更感兴趣。故事书是教授 1 年级和 2 年级儿童时的不错教具。让儿童用角色扮演的形式执行主角（如建筑工人或领班等）的动作。选择一本故事书，其中包含生动的物体或事物的图片。让儿童区分人造物品和可以在自然界中发现的物品。简而言之，培养运动素养让儿童有机会去思考他们自己的家庭环境和当地社区的环境，以及他们每天看到的或自己做的一些特殊动作。

# 社区助手

## 满足的美国国家标准

- **标准 1** 有运动素养的人有能力使用各种运动技能和移动方式。
- **标准 4** 有运动素养的人表现出尊重自己和他人的负责任的个人与社会行为。

## 教材 / 教具

小塑料雕像（可选）。

## 中心焦点

在充满活力的学习任务中讨论善恶角色。

## 目标

- **认知**：儿童将思考我们帮助社区中其他人的方式。
- **情感**：在学习任务中，儿童将主动为需要避风港的同伴提供支持。
- **心智**：儿童将进行闪躲和许多高强度且需要很高敏捷性的动作，以逃避追逐者，并在被标记后与同学交换角色。

## 健身活动可实现的健康目标

心肺耐力。

## 学习任务 1：准备移动我们的身体

**课堂组织**：儿童在整个一般空间中分散开来。

要求儿童进行以下活动。

- 你能把跑动与任何种类的其他移动方法结合起来吗？
- 谁能找到用最少的跑动步数到达活动区域另一边的方法？

## 学习任务 2：同伴挑战

**课堂组织**：儿童两人一组分散在自我空间中。

引入以下内容。

- 谁能和同伴挽手跳跃？
- 你能帮助同伴跳过想象中的泥坑吗？
- 轻拍同伴的后背说："做得好！"
- 假设你正在一座着火的大楼中，向我展示你如何帮助同伴选择安全措施（如膝部着地，放低身体）。双方交换角色。

- 与同伴握手，表达你的感激之情。

## 学习任务 3：人类助手

**课堂组织：** 儿童按组分散开来。

引入以下内容。

- 将儿童分成两组。一组中的同伴两人结伴分散在整个活动区域，拉起手形成多个洞穴。另一组儿童假装成淘气鬼（如著名的漫画书、电影或电视剧中的角色）。
- 指定两个或更多的儿童作为男女主角。
- 选择要标记的身体部位（如右腿、左肩）。男女主角追逐着淘气鬼，淘气鬼可站在第一组儿童举起的双手所形成的洞穴下，为了避免被标记而躲避男女主角。
- 淘气鬼的指定身体部位被标记后，他必须与形成洞穴的其中一个儿童互换角色。
- 一个洞穴中一次只能有一个淘气鬼进入，而且任何淘气鬼在洞穴中停留的时间都不得超过 10 秒。

### 评估问题

1. 谁能给我举些好的行为和坏的行为的例子？
2. 展示一个人用什么动作表示他们是朋友（如握手或击掌）。你能给我展示一下其他表示友谊的姿势吗？
3. 描述何时人们会用他们的身体帮助有麻烦的其他人。

### 学术语言要求

- **语言的作用：** 使用语言讨论社区男女主角都会表现出的行为。
- **词汇：** 淘气鬼、男女主角、逃跑、可以标记的特定身体部位。
- **句法或叙述：** 在语言交流中要强调，只能在指定的身体部位上给同学贴标记。

# 农场

## 满足的美国国家标准

标准 1 有运动素养的人有能力使用各种运动技能和移动方式。

## 教材／教具

农场动物的塑料人偶和农场图片（可选）。

## 中心焦点

说出并模仿农场劳作时的声音和动作以及农场动物的常见声音和动作。

## 目标

- **认知**：儿童将陈述农民的日常事务。
- **情感**：儿童将急切地与同伴一同使用他们的身体塑造农场中普遍种植的农作物的形状。
- **心智**：儿童将执行可代表农场动物常见行为的移动方式和动作。

## 健身活动可实现的健康目标

心肺耐力和柔韧性。

### 学习任务 1：准备移动我们的身体

**课堂组织**：儿童在整个一般空间中分散开。

解释农场是由大面积的土地组成的，这些土地可以用来种植食物和饲养动物。最初，农民种植的作物刚好够他们一家人吃，他们用马拉着木犁来耕田。

要求儿童进行以下活动。

- 农民塞金斯一大早就醒来并去挤牛奶。他蹲下来，坐在挤奶凳上。让我看看农民挤奶的动作。
- 让我们给小鸡喂些饲料吧。
- 农民塞金斯喜欢在菜园中耕作。假设他驾驶拖拉机穿过田野去采摘蔬菜。
- 在崎岖不平的地面上行驶时，紧紧地抓住方向盘。
- 你能用一只手臂展示拖拉机是如何犁地的吗？
- 假设你正在用铲子挖一个洞。现在播下一颗种子，然后在上面盖上泥土。
- 演示用洒水喷头给花园浇水的动作。向上伸直你的身体，就像蔬菜在生长。
- 试着把一捆捆干草从地里搬起来，并将干草放在一辆大卡车上。

- 谁能从深井中泵出水来？
- 展示你如何跳过一丛浆果。弯下腰，把草莓装满篮子。

## 学习任务 2：同伴挑战

**课堂组织**：儿童两人一组分散在自我空间中。

引入以下内容。

- 与同伴一起选择农场中种植的一种蔬菜，并用你们的身体一起形成这种蔬菜的形状。
- 让我看看你和同伴如何用身体模拟在农场中种植的一种水果。

## 学习任务 3：农家田园

**课堂组织**：儿童按组分散开来。

引入以下内容。

- 告诉儿童他们可以用自己的身体做一道农家篱笆。
- 将儿童分成两组。一组人将他们的身体向上伸直并站着不动，形成一道篱笆。
- 其他儿童站在篱笆内，喊出他们最喜欢的动物的名字，演示其移动方式、动作和声音。双方交换角色。

### 评估问题

1. 谁能说出他们今天最喜欢的农场活动或动物的移动方式？
2. 在我假装用锤子维修谷仓的门时，你们跟着我做。谁能假装这间屋子的一面墙就是谷仓门呢？
3. 农民用来饲养动物的建筑物叫什么（如马舍）？你能用同学的身体搭建一个大的想象的谷仓吗？

### 学术语言要求

- **语言的作用**：用语言回忆人们在农场中常见的移动方式和动作。
- **词汇**：犁、蹲、举、泵、责任、各种动物的声音（如咯咯叫的鸡）和干草捆。
- **句法或叙述**：在语言交流中确定农民在种植农作物和饲养动物时要完成的各种任务。

# 消防站

## 满足的美国国家标准

- **标准 1** 有运动素养的人有能力使用各种运动技能和移动方式。
- **标准 4** 有运动素养的人表现出尊重自己和他人的负责任的个人与社会行为。

## 教材／教具

红色或橙色的飘带、气泡布（可选）、纸板或地板上使用的点状物和跳绳。

## 中心焦点

演示消防站中的常见活动。

## 目标

- **认知：** 儿童将讨论发生火灾时的几种基本安全策略。
- **情感：** 在同伴活动中，儿童将保持高度的警惕性，要求儿童以特定的方式移动，并对消防员表示感谢。
- **心智：** 儿童将进行"停下、倒地、滚动"等救生消防类安全动作，并能与同学合作，用身体制作一个虚构的消防梯。

## 健身活动可实现的健康目标

心肺耐力。

## 学习任务 1：准备移动我们的身体

**课堂组织：** 儿童在整个一般空间中分散开。

要求儿童进行以下活动。

- 抓住绳子，按响火警铃，铃声告诉消防员某处发生了火灾。
- 你能多快穿上靴子，穿上消防外套并带上头盔？
- 你能从立杆上滑下来，快速跑到消防车那里吗？用手抓住立杆。
- 消防车是什么颜色的（如红色、灰绿色或黄色）？向我展示你如何像消防车一样快速移动，按喇叭，发出警报声。
- 假装你正在使用消防水带。谁能向我展示水是如何从水带中喷出并将火熄灭的？
- 用你的手臂和腿爬梯子。
- 有时房间中充满了浓烟。要想从烟雾中逃离，消防员要么戴上面罩和氧气罐来呼吸新鲜空气，要么捂住脸在地板上快速爬行，也就是尽量压低身体爬出去。在烟雾弥漫的房间里，你能手脚并用快速移动吗？记住尽量压低身体爬出去。
- 让我们练习一下，如果我们的衣服着火了应该做什么。首先我们必须非常迅速地停下，然后倒在地上并滚动，这样就可以熄灭火焰。让我们再试一次：停下，倒地，滚动。

## 学习任务 2: 同伴挑战

**课堂组织**: 儿童两人一组分散在自我空间中。

引入以下内容。

- 消防站中可停放消防车辆并为消防员提供了吃饭和睡觉的场所。火警响起时,消防员要准备好迅速采取行动。
- 你和同伴能用你们的身体形成一辆消防车吗? 一个儿童驾驶消防车,另一个儿童抓住司机的肩膀并按铃。

## 学习任务 3: 灭火

**课堂组织**: 儿童按组分散开。

- 消防云梯。向儿童解释他们可以用身体在地板上形成一个巨大的消防云梯。一个儿童需要脸朝下趴在地板上,伸展成一个长长的形体。下一个儿童应该躺下并抓住第一个儿童的脚踝。队列中的下一个儿童继续这样连接,直到形成一个长长的梯子。
- 灭火。将儿童分成两组。第一组用力挥动红色或橙色的飘带并用力地在一张气泡布(如果有)上踩踏,发出着火时的爆裂声。第二组儿童代表一辆载着消防队员的消防车,他们排成一列纵队,手持一根象征消防软管的绳子(或跳绳)。队列中的第一个儿童拿着一个纸板制成的方向盘,第二个儿童拿着一张纸,代表到达火灾现场的地图。消防车在整个活动区域域内移动,直至到达火场。消防员用消防软管熄灭火焰。儿童瘫倒在地上,假装被浓烟熏晕了。
- 停下,倒地,滚动。选择两个或三个儿童代表火焰。其他儿童进行躲闪,远离不断逼近的大火。代表火焰的儿童标记了一个儿童时,被标记的儿童必须停下、倒地并滚动,然后继续远离火焰。

### 评估问题

1. 能用我们的身体形成一个巨大的水管吗?
2. 谁能说出消防员灭火时可能用到的其他物品的名称?
3. 我们做哪些事情可以防止家中发生火灾?

### 学术语言要求

- **语言的作用**: 练习时使用语言重复停下、倒地并滚动的动作顺序以及保持身体高度较低并走动的动作顺序。
- **词汇**: 带上;按汽车喇叭;使窒息;火焰;保持身体较低并走动;停下、倒地并滚动。
- **句法或叙述**: 在语言交流中明确消防安全的重要性并知道如何在家中和学校中防火。

# 玩具店

## 满足的美国国家标准

**标准 1** 有运动素养的人有能力使用各种运动技能和移动方式。

## 教材 / 教具

玩具店中的玩具实物或图片（可选）。

## 中心焦点

想象他们的身体变成他们最喜欢的玩物。

## 目标

- **认知**：儿童将获得关于经典玩具和玩物的信息，并参与同这些物品相关的活动。
- **情感**：儿童有兴趣把自己的身体和同伴的身体想象成一个经典的玩具或玩物。
- **心智**：儿童会积极参与同学活动，探索玩具中常见的移动方式和动作。

## 健身活动可实现的健康目标

心肺耐力。

### 学习任务 1：准备移动我们的身体

**课堂组织**：儿童在整个一般空间中分散开来。

**教学内容**：玩具是为儿童娱乐而制造的物品，让我们首先像最喜欢的玩具那样移动。要求儿童进行以下活动。

- 谁能向我展示如何像陀螺那样旋转？
- 你能假装在腰间转动呼啦圈吗？
- 你的身体能像橡皮球那样弹起多高？
- 跳绳可帮助你的心脏变得更强壮。假装你正在跳绳。
- 这个木制玩具划艇有两只桨。抬起手臂，假装划船顺流而下。
- 木制摇摆木马一直是许多儿童最喜欢的玩具。将一只脚放在身体前面，试着前后摇摆。
- 芭蕾舞演员会向上伸直自己的身体并用脚尖行走，找到一种像舞蹈演员那样踮起脚尖走路并旋转的方法。
- 向我展示如何像玩具机器人那样行进。
- 让我们假装系上一双溜冰鞋。你能像在光滑的冰上滑冰一样滑动和移动吗？
- 超级英雄玩偶穿上其英雄角色的衣服。假装穿上你的演出服，让我看看你有多强壮。

- 玩具火箭在数到 10 时起飞。准备好放低你的身体，然后像火箭一样弹跳起来。

## 学习任务 2：同伴挑战

**课堂组织：**儿童两人一组分散在自我空间中。

引入以下内容。

- 儿童迅速找到同伴，组成一个假的滑板车：一个儿童站得很高，将拳头放在胸前。另一个儿童站在此人的身后，抓住同伴的肘部。
- 两人用滑步的方式一同前进，并且不要碰到其他各组儿童。双方交换角色。
- 向儿童解释马车载着儿童的玩具。首先，一个儿童握住双手，在身前围成一个圈，这是马车的把手。
- 另一个人抓住把手，拉着马车向前走。双方交换角色。

## 学习任务 3：经典玩具

**课堂组织：**儿童按组分散开来。

引入以下内容。

将儿童分成两组，向儿童解释他们可以用身体形成一个巨大的玩偶盒。一些儿童依次站立形成一个正方形的盒子。盒子中有一群儿童，他们向下弯腰，就像折叠起来的玩具。这些儿童弯腰时抓住膝盖，同时用脚趾保持平衡。组成盒子的儿童背诵这首诗的时候，必须有一个儿童站在盒子外面转动手柄。

"玩具盒，玩具盒，

今天塞进你的盒子里，转动手柄，这样你就可以出来玩了！"

话一落音，盒子中的儿童直起身。双方交换角色。

### 评估问题

1. 让同伴用身体形成一个大的软毛玩具。
2. 你能为一个使用了某种技术的玩具命名并让你的同学看看它如何移动的吗？
3. 谁能想象出我们今天没有看到的某种玩具，并展示它是如何移动的？

### 学术语言要求

- **语言的作用：**在模仿经典玩具或做出玩具相关的身体动作时，使用语言来指导同伴移动身体。
- **词汇：**桨、带子、弹簧、曲柄和各种经典玩具的名称。
- **句法或叙述：**在语言交流中总结出一个经典玩具或玩物如何以特定的方式移动，或者让几个同学用身体来形成这种玩具。

# 公园

## 满足的美国国家标准

- **标准 1** 有运动素养的人有能力使用各种运动技能和移动方式。
- **标准 3** 有运动素养的人具备了实现和保持可提高健康水平的身体活动和健身运动的知识与技能。

## 教材 / 教具

在公园中看到的物体和活动的图片（可选）。

## 中心焦点

记住户外活动体验并演示各种户外活动方式。

## 目标

- **认知**：儿童将回忆社区公园中的各种物体、动、植物和体育活动。
- **情感**：儿童将寻找一个同伴，一起慢跑或奔跑，时长预先约定。
- **心智**：儿童将模仿公园中常见的物体、生物并模仿其动作。

## 健身活动可实现的健康目标

心肺耐力和肌肉力量。

### 学习任务 1：准备移动我们的身体

**课堂组织**：儿童在整个一般空间中分散开来。

要求儿童进行以下活动。

- 我们可以运用想象力，假想我们正在社区公园中。

- 让我们像公园中看到的动物那样移动。你能像松鼠那样在地上蹦蹦跳跳吗？用你的手和脚快速移动。

- 指出知更鸟的巢。小鸟已经孵出来了，假装你就是一只小知更鸟，伸展你的腿，有时你的腿会前后摆动。你可以在肘部弯曲双臂，假装展开翅膀。现在把手放在肩膀上，你能在这个位置前后移动你的翅膀吗？用一只脚跳到树枝上。现在离开鸟巢，挥动翅膀吧。

- 能像动物那样在地上扭动、爬行、滑动或前行，从而让自己移动呢？你能像蚯蚓那样在地上蠕动吗？向我展示另一种在地上移动的动物（如蜘蛛、蛇或虫子）。

- 想象你正在放飞一个系在很长绳子上的风筝，跑动时将一个手臂举过头。

- 你能向前跑动并假装踢地上的球吗？

- 观看人们玩球拍类运动。假装接住被打到高空中的球，奔跑并追赶在地上滚动的球，俯身用手从地上将球捡起来。你能假装挥拍击球吗？
- 我们的公园还有一条供人们骑自行车的小路。抓住车把，假装骑自行车。沿着小路骑行时，把膝盖抬得高高的。
- 你能多快收拾好野餐篮然后蹦跳着回家？

## 学习任务 2：同伴挑战

**课堂组织**：儿童两人一组分散在自我空间中。

引入以下内容：人们沿着慢跑小路跑步来锻炼肌肉。你能和朋友一起跑步或慢跑吗？

## 学习任务 3：审视公园

**课堂组织**：儿童按组分散开来。

让儿童闭上眼睛，想象在公园中移动的物体或事物。

- 叫出一个儿童的名字并问他："你看到了什么？"
- 儿童回答说："我看见一只松鼠在地上蹦蹦跳跳。"
- 得到这个回答后，所有儿童都在地上蹦蹦跳跳行走。
- 问另一个儿童他看到了什么，鼓励儿童回答不同的答案（例如，"我看到蚯蚓在扭动"）。继续，直到所有儿童回答了问题。

### 评估问题

1. 你能告诉我你最喜欢的户外活动是什么吗？
2. 想办法用你最喜欢的户外活动方式来移动。
3. 让我们总结一下今天在想象的公园中看到的所有物体和事物。谁能认出哪一个事物就是你想象的？你想在你们当地的公园中重复这一课吗？

### 学术语言要求

- **语言的作用**：通过语言来命名社区公园中常见的物品和活动。
- **词汇**：蹦蹦跳跳、踩踏板、摇晃、慢跑、在社区公园看到的或演示出来的物体和活动。
- **句法或叙述**：在语言交流中说明我们要将垃圾扔进垃圾桶，保持公园清洁。

# 校园

## 满足的美国国家标准

- 标准 3 有运动素养的人具备了实现和保持可提高健康水平的身体活动和健身运动的知识与技能。
- 标准 5 有运动素养的人认识到体育活动对健康、娱乐、挑战、自我表达和社会互动的价值。

## 教材 / 教具

在校园中看到的物品和相关活动的图片（可选）。

## 中心焦点

模仿在校园中几个大型结构上使用的移动方式和动作。

## 目标

- **认知：** 儿童将社区校园中的操场上的设备以及各种活动与学习任务中描述的进行比较。
- **情感：** 儿童将鼓励同伴沿相反的方向移动，以便做出跷跷板动作。
- **心智：** 儿童与同伴合作，用身体模拟出在旋转木马和校车上的动作。

## 健身活动可实现的健康目标

柔韧性、肌肉力量和肌肉耐力。

### 学习任务 1：准备移动我们的身体

**课堂组织：** 儿童在一个整体的一般空间中分散开来。

要求儿童进行以下活动。

- 你能用一只脚跳过地上画的房子吗？跳过虚构的盒子时，用手臂保持平衡。
- 用手臂和腿爬上假想猴架，你在顶上看到了什么？
- 谁能再次用他们的手臂和腿爬过一个想象中的桶？
- 把一条腿放在另一条腿前面，让我看看你是如何像秋千一样前后摆动身体的。假装轻轻地推朋友一把。
- 想象你正抓住头上有 10 个横档的水平金属梯子。从一个横档荡到另一个横档，同时紧握横档。

### 学习任务 2：同伴挑战

**课堂组织：** 儿童两人一组分散在自我空间中。

引入以下内容。

- 让我们用身体做出玩跷跷板的动作。

- 首先，找一个面带笑容的朋友，站立，这样你能看到对方的笑容。
- 在身体前方伸直双臂，抓住同伴的手。双方紧握双手。
- 轮流站起来然后弯腰，做出跷跷板的动作。要创建一个三人跷跷板，一个儿童在另外两个儿童之间做出很宽的伸展形状。外面的两个儿童都握住中间儿童的手，然后轮流上下移动。

使用以下韵律句进行练习。

"与朋友在较低的高度上像跷跷板那样移动，肌肉伸展和弯曲时，你会变得更健康。"

## 学习任务 3：校园中的物品

**课堂组织**：儿童按组分散开来。

引入以下内容。

旋转木马：告诉儿童他们可以用身体来形成一个旋转木马。可让 3 个朋友背对背站成一个圆形，每个儿童的手臂都在身体前面伸直，儿童慢慢地绕着中心点移动并且身体依次上上下下。停下旋转木马，让其他骑手加入行列。其他儿童可以站在组成旋转木马各部分的儿童两臂之间。鼓励所有儿童一同安全地移动（为了制作一个大型旋转木马，班上一半的同学互相抓住手组成一个大圆圈，每个人都面朝向圆心。剩下的儿童将一只手放在组成圆圈的一名儿童的肩膀上。儿童都朝同一个方向移动，就像真实的旋转木马慢慢地沿着圆形移动一样）。

校车：校车可将儿童送到校园。让儿童迅速站在同伴旁边并相互勾住手肘。让其他各组同学排成一列，然后让儿童将外侧的手放在前面同学的肩膀上。慢慢地向前移动。排在队伍前面的同伴是校车司机，并控制着一个想象中的方向盘。

## 评估问题

1. 谁能认出他们最喜欢的一件操场上的设备？
2. 谁能说出我们在想象中的校园中使用的 3 种移动技能？
3. 能与一群同学一同设计一套全新的操场上的设备吗？

## 学术语言要求

- **语言的作用**：使用语言确定需使用哪些身体部位来模仿操场上发现的某种物体或事物的动作。
- **词汇**：攀爬、荡秋千、推、摇摆、操场上发现的物体和活动（如跳房子、单杠、横木、水平梯、跷跷板或旋转木马）。
- **句法或叙述**：通过语言交流来组织同学们甲身体形成想象中的旋转木马，并且所有同学尽力让这个整体沿圆形的路径移动。

# 食品超市

## 满足的美国国家标准

- **标准 1** 有运动素养的人有能力使用各种运动技能和移动方式。
- **标准 3** 有运动素养的人具备了实现和保持可提高健康水平的身体活动和健身运动的知识与技能。

## 教材 / 教具

5 组食物的图像或海报及每组食物的一个样本列表或图片（均为可选）。

## 中心焦点

提高儿童选择食品超市中各种健康食物的意识。

## 目标

- **认知**：儿童将各种食物与 5 组基本食物中的各种食物相匹配。
- **情感**：儿童将参与形成一个虚拟购物车的任务，并与同伴协调移动。
- **心智**：当儿童与小组同学合作形成各类食品中各种食物的形状时，能更好地了解这 5 组食物。

## 健身活动可实现的健康目标

柔韧性、肌肉力量和肌肉耐力。

## 学习任务 1：准备移动我们的身体

**课堂组织**：儿童在一个整体的一般空间中分散开来。
要求儿童进行以下活动。

- 在杂货店看到你最喜欢的食物时，让我看看你微笑的样子。
- 如果你在冷冻食品区冷得发抖，你的身体看起来会是什么样的？
- 你能用身体展示不同食物的形状吗？假装是一颗小小的绿色豌豆，一颗长长的黄色玉米穗，一个表面坑坑洼洼的土豆，一颗圆圆的绿色生菜，一根细细的橙色胡萝卜，一根弯弯的香蕉，一块大大的面包，一个椭圆形的鸡蛋或一块扁平的奶酪。

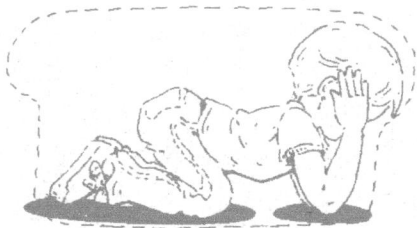

## 学习任务 2：同伴挑战

**课堂组织**：儿童两人一组分散在自我空间中。

向儿童解释，他们可以用身体形成购物车的形状，方法把胳膊放在身体前来作为购物篮。选择好同伴后，一个儿童是购物者，另一个是购物车。购物者站在购物车后面，引导它穿过食品超市的过道，并且不能碰到其他购物车。继续购物时，购物者把想象中的食物放入篮子。双方交换角色。提醒儿童健康的饮食选择要从食品超市开始，并从指定的 5 组食品中选择食物。

- 水果可为身体提供营养，让你保持健康。
- 蔬菜可为身体提供维生素和矿物质。深绿色、黄色和橙色的蔬菜是最健康的。
- 像意大利面、大米、麦片和面包这样的谷物应该每天吃，可为你的身体提供纤维。
- 像肉、家禽、鱼、蛋、坚果和豆类等蛋白质有助于身体生长和自我修复。
- 像牛奶、奶酪和酸奶等奶制品含有钙质，可以强壮你的骨骼和牙齿。

## 学习任务 3：食品超市中的各组食物

**课堂组织**：儿童按组分散开。

将整个班级分成 4 人一组或 5 人一组。向学生解释，每个小组将用他们的身体来形成在食品超市中找到的各种食物的形状。让这些小组先形成一种水果，然后向其他小组展示他们的成果，然后是形成蔬菜、谷物、蛋白质和奶制品。

## 评估问题

1. 你能说出在杂货店中找到的 5 种健康食品吗？
2. 谁能在空中画出他们最喜欢的食物？
3. 让我们记住，健康的饮食意味着知道应该吃什么。你们每个人都能用自己的身体形成一种你们应该经常吃的食物吗？

## 学术语言要求

- **语言的作用**：使用语言来识别 5 种食物中的每一种。
- **词汇**：超市、营养、纤维、水果、蔬菜、谷物、蛋白质、乳制品以及均衡的饮食。
- **句法或叙述**：在语言交流中关注身体需要均衡的饮食，这样你才能变得更强壮和健康。健康的饮食意味着知道该吃什么。

# 宠物店

## 满足的美国国家标准

标准 1 有运动素养的人有能力使用各种运动技能和移动方式。

## 教材／教具

在宠物店找到的宠物手指玩具或手偶（可选）以及宠物的图片或填充动物玩具（可选）。

## 中心焦点

展示常见宠物的动作。

## 目标

- **认知**：儿童能够把特定的动作与宠物店中的某些宠物联系起来。
- **情感**：儿童能够协调其所有肌肉，从而迅速隐藏在同学的身体后面，表现出想要以较低的高度进行移动的愿望。
- **心智**：儿童将模仿鱼的动作，用手在背后的不同高度上移动。

## 健身活动可实现的健康目标

肌肉力量和肌肉耐力。

### 学习任务 1：准备移动我们的身体

**课堂组织**：儿童在一个整体的一般空间中分散开来。

**教学内容**：我们需要宠物店帮助我们照顾家庭宠物，要求儿童进行以下活动。

- 你能假装把小猫抱在怀中吗？前后摇动你的手臂。
- 有一只乌龟。向我展示如何才能像乌龟一样靠近地面移动。
- 看看那些正在学习走路的小狗。谁能用手脚快速移动？
- 能像水箱中的蛇那样在地板上滑来滑去吗？
- 长尾小鹦鹉喜欢飞行。看看你能否像挥动翅膀那样拍打双臂，小心地绕着我们的活动区域飞行。

### 学习任务 2：同伴挑战

**课堂组织**：儿童两人一组分散在自我空间中。

**演示以下内容**：蜥蜴迅速躲到一块岩石的后面。

- 与同伴一起做出蜥蜴的动作。
- 一个人像蜥蜴那样爬行，另一个人像石头那样站着不动。
- 两个人轮流扮演蜥蜴和岩石。

## 学习任务 3：鱼缸

**课堂组织**：儿童按组分散开。

  告诉儿童他们可以用自己的身体形成一个巨大的鱼缸，一些儿童将扮演鱼缸，一些扮演鱼。问问谁愿意成为这个巨大鱼缸的一部分。这些儿童手拉手围成一个大圆圈，每个人都必须手拉手，否则水就会流出来。其他儿童可以走进圆圈，用他们的身体像鱼一样移动，方法是将双臂放在背后，双手手指交叉握住，然后弯腰像金鱼一样向前游动。双方交换角色。

### 评估问题

1. 如果可以选择任何宠物，你会选什么？你能像所选的宠物那样移动吗？
2. 探索像其他生活在玻璃罩中的宠物那样移动的方法。
3. 宠物需要人来帮忙照顾它们。人们用什么样的动作来照顾宠物？

### 学术语言要求

- **语言的作用**：使用语言描述各种家庭宠物的动作。
- **词汇**：摇篮、逃跑、拍打、滑行、游泳和脚蹼。
- **句法或叙述**：在语言交流中关注如何用可识别的方式模仿常见宠物的动作。

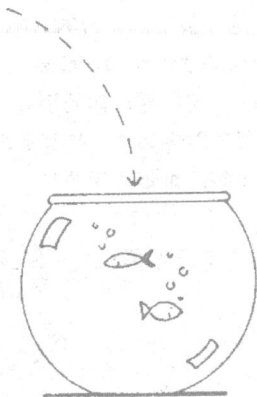

# 加油站和修理厂

## 满足的美国国家标准

- **标准 2** 有运动素养的人能够应用与移动和表现有关的各种概念、原则、策略及战术的知识。
- **标准 3** 有运动素养的人具备了实现和保持可提高健康水平的身体活动和健身运动的知识与技能。

## 教材 / 教具

加油站和修理厂中的各种实物和实物的图片（如油泵、千斤顶、活塞、汽车发动机、拖车以及挂钩）（可选）。

## 中心焦点

用自己的身体做出与加油站和修理厂有关的动作。

## 目标

- **认知**：儿童会比较汽车需要的燃料（如汽油）和我们身体需要的健康食品之间的异同。
- **情感**：儿童将表现出一种意愿，通过扮演想象中的拖车角色，相信自己有能力移动一辆需要帮助的汽车。
- **心智**：儿童将模仿司机的动作，想象着以不同的速度驾驶汽车。

## 健身活动可实现的健康目标

心肺耐力。

## 学习任务 1：准备移动我们的身体

**课堂组织**：儿童在一个整体的一般空间中分散开来。

要求儿童进行以下活动。

- 你能用身体模仿汽车的形状吗？
- 用你的手臂展示雨刷是如何移动的。
- 向我展示如何使用方向盘向不同的方向移动汽车。
- 你能做出汽车轮胎的形状吗？
- 汽车发动机中有活塞，可以上下移动。假装你在驾车，向我展示这种上下移动的动作。
- 修理厂的工人称作机械师，他们会优化汽车的引擎。你能像需要修理的汽车引擎那样移动吗？
- 将手臂想象成千斤顶，把车举到空中。

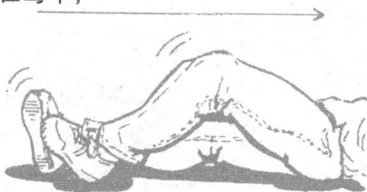

- 在需要修理汽车的下面，你能仰卧并用腿来移动身体吗？

## 学习任务 2：同伴挑战

**课堂组织**：儿童两人一组分散在自我空间中。

引入以下内容：汽车没油时，一些司机就会呼叫拖车。你和同伴能轮流拖动对方的车吗？你的手就是拖动汽车通过活动区域的挂钩。

## 学习任务 3：加油

**课堂组织**：儿童按组分散开。

将儿童分成两组。其中一组充当油泵，静静地并排站在房间的一侧。他们垂下双臂，作为油泵的软管。其他儿童假装驾车通过活动区域。司机需要更多的汽油时，他们将车开到加油站并说："请加满油。"扮演油泵的儿童触摸扮演汽车的儿童肩膀来加油。儿童可在任何时候给汽车加油，从而继续前行。汽车无法在整个活动区域中快速移动时，驾车的儿童与扮演油泵的儿童交换角色。

### 评估问题

1. 什么食物是健康身体的最佳燃料？
2. 谁能和朋友一起形成一辆摩托车，在我们的活动区域内行驶？
3. 我们能对身体做些什么，从而让身体能更长时间地运动（如锻炼）？展示给我看。

### 学术语言要求

- **语言的作用**：使用语言讨论汽车机械师的角色，以及为什么汽车和我们的身体都需要燃料才能长时间保持移动。
- **词汇**：垂下、调优、千斤顶、挂钩、活塞以及健康食品的名称。
- **句法或叙述**：在语言交流中确定很多食物能保持身体健康，让我们的身体能够长时间剧烈地活动。

# 火车站

## 满足的美国国家标准

- **标准 1** 有运动素养的人有能力使用各种运动技能和移动方式。
- **标准 4** 有运动素养的人表现出尊重自己和他人的负责任的个人与社会行为。

## 教材 / 教具

不同类型的火车、车厢和工程师头盔的图片（可选）。

## 中心焦点

探索 3 种假想火车的移动方式时进行同伴合作。

## 目标

- **认知**：儿童将记住典型社区火车站的方方面面，并描述火车沿着铁轨移动的方式。
- **情感**：儿童将参与小组讨论，讨论为了穿过想象中的隧道，应该使用什么类型的火车。
- **心智**：为了协调 3 个假想火车的移动，儿童将在一个小组中步调一致地移动。

## 健身活动可实现的健康目标

心肺耐力。

## 学习任务 1：准备移动我们的身体

**课堂组织**：儿童在一个整体的一般空间中分散开。
要求儿童进行以下活动。

- 向我展示售票处外面大钟的指针是怎么走的。
- 能像火车车轮那样转动你的手臂吗？
- 用你的手臂向我展示铁路交叉道口是如何挡住汽车的。
- 让我们假装正在维修铁轨吧。你能挥动大锤，将铁钉锤入地下吗？
- 谁能用他的身体形成车厢的形状？你可以用腿、手臂和背部做出这个形状。
- 站起来并做出火车开动的动作。当你模拟火车哐当哐当前行时，请吹哨子。
- 在你移动的时候，你能说，"咔嚓咔嚓，咔嗒咔嗒，我们沿着铁轨前进"吗？
- 当你在我们的活动区域模拟火车前行时，向你的朋友挥手告别。

## 学习任务 2：同伴挑战

**课堂组织：**儿童两人一组分散在自我空间中。

与同伴一同活动，一个儿童做火车引擎，第二个儿童做火车的车尾。火车开动时，儿童假装在铁轨上前进，寻找上山的方法，并不断改变方向和速度。过了一定的时间，让车驶进火车站。然后与同伴交换角色。

## 学习任务 3：铁轨和隧道

**课堂组织：**儿童按组分散开。

向儿童解释我们可以用 3 种不同的方式通过身体来展示一辆社区列车的移动。将儿童分成两组。让第一组儿童选择同伴，用他们的身体形成想象中的隧道，方法是手牵手形成一个高拱的形状，让火车能从中通过。隧道应该分布在整个活动区域中。第二组用 3 到 4 个人的身体形成多列火车。火车穿过隧道。双方交换角色。为了实现更大的挑战，火车可执行以下任何一个或全部的活动来通过隧道。

- 慢慢前行：儿童将手放在下一个儿童的肩膀上，并在活动区域中沿着想象的铁轨前行，从而形成火车。
- 快速前行：儿童将手放在下一个儿童的腰上，并沿着想象的铁轨前行，从而形成火车。
- 传动装置（更高级）：儿童抓住下一个儿童的手肘来形成火车。火车沿着铁轨行驶时，肘部像泵中的活塞那样前后移动。

### 评估问题

1. 谁能解释为什么火车很重要（如交通运输、运送产品）？
2. 能建造一个大型隧道让一辆小火车通过吗？
3. 为了演示出 3 种类型的火车，我们需要协调哪些身体部位？

### 学术语言要求

- **语言的作用：**使用语言讨论如何用 3 种方法来创建一个可以通过隧道的假想火车。
- **词汇：**引擎、车厢、车尾、隧道、铁路交叉门以及轧轧。
- **句法或叙述：**在语言交流中强调所有同伴必须协调其动作才能沿着想象的铁轨平稳移动。

# 洗车

## 满足的美国国家标准

- 标准 2 有运动素养的人能够应用与移动和表现有关的各种概念、原则、策略及战术知识。
- 标准 4 有运动素养的人表现出尊重自己和他人的负责任的个人与社会行为。

## 教材 / 教具

绒球、泡沫、跳绳或晒衣绳、海绵或毛巾以及红绿色的绘图纸（均为可选）。

## 中心焦点

探索并识别与洗车有关的各种移动和动作。

## 目标

- **认知**：儿童能够重复清洗和清洁一辆假想汽车所需的各种步骤。
- **情感**：儿童将与同伴一起积极参与活动，并扮演社区洗车工人的角色。
- **心智**：儿童将用手臂用力做出正在滚动的巨大刷子的动作，洗车时这些刷子会用来清洁汽车，同时还会使用道具（如果有的话）模拟洗车时常见的其他移动和动作。

## 健身活动可实现的健康目标

心肺耐力。

### 学习任务 1：准备移动我们的身体

**课堂组织**：儿童在一个整体的一般空间中分散开来。

解释洗车房是人们清洗汽车和卡车的地方之后，要求儿童进行以下活动。

- 洗车前我们应该用吸尘器清除车内的灰尘。你能假装在地板上推着吸尘器行走吗？沿着地板推拉吸尘器。
- 假装用海绵擦洗汽车轮胎。此时应该放低你的身体，使其接近地面高度。
- 你能像洗车时看到的刷子那样转动吗？
- 洗车房中会用大的滚筒来移动汽车。你能用手臂在身体前面做一个滚动的动作吗？试着伸展双臂在身体两侧形成一个小圆圈。
- 能让你的手臂呈圆形并像清洁汽车时的肥皂泡那样移动吗？
- 向我展示水是如何喷到汽车上的。

## 学习任务 2：同伴挑战

**课堂组织：**儿童两人一组分散在自我空间中。

引入以下内容。

- 与同伴一起想象你们都有一块擦车用的大毛巾，一起伸直手臂去擦洗车顶，用手让毛巾做一个圆周运动。
- 一个儿童往车窗上喷水，另一个儿童擦干车窗。
- 现在交换角色，一个儿童在轮毂盖上喷水，另一个儿童擦亮轮毂盖。

## 学习任务 3：洗车

**课堂组织：**儿童按组分散开。

- 将儿童分成两组。向儿童解释他们可以用身体形成一个长的洗车房：一组人并排站立，形成洗车房的两面墙，他们用胳膊在身体前方形成滚筒。其余的儿童开车穿过洗车房。双方交换角色。
- 试着用绒球当刷子，泡沫当肥皂，跳绳或短的晾衣绳当水管，用海绵或毛巾擦干新洗过的车。洗车时，用红色和绿色的圆形图画纸来示意车辆在穿过洗车房时应该前进还是应该在洗车点停车。

### 评估问题

1. 让我看看你那辆闪闪发亮的车。你能发动引擎，握住方向盘开车回家吗？小心驾驶，不要撞到其他汽车。
2. 说出另一个有助于让家中或社区物品变得干净的地方（如自助洗衣店）。
3. 吃饭前我们做什么动作来让手变干净（如擦洗）？展示给我看。

### 学术语言要求

- **语言的作用：**使用语言讨论洗车房在当地社区中的作用，以及为什么成年人喜欢让他们的车和其他物品保持干净（例如，这样看起来显得很新或状况良好）。
- **词汇：**吸尘器、轮毂盖、滚筒、刷子、推和拉、喷水以及擦洗。
- **句法或叙述：**在语言交流中介绍洗车房的各种设备，以及所有同学如何在模仿常见的动作时发挥各自的作用。

# 比萨店

## 满足的美国国家标准

- **标准 1** 有运动素养的人有能力使用各种运动技能和移动方式。
- **标准 3** 有运动素养的人具备了实现和保持可提高健康水平的身体活动和健身运动的知识与技能。

## 教材 / 教具

比萨配料的图片（可选）。

## 中心焦点

发现如何用身体形成受欢迎的家庭美食。

## 目标

- **认知**：儿童将辨认几种健康的比萨配料。
- **情感**：儿童将与同伴合作，用他们的身体形成在制作比萨时常用的健康食品的形状。
- **心智**：儿童执行几个运动技能来烹饪并冷却比萨饼，从而用他的身体创建一个包含各种健康食品的想象中的大比萨饼，并准备去吃比萨饼。

## 健身活动可实现的健康目标

心肺耐力以及柔韧性。

### 学习任务 1：准备移动我们的身体

**课堂组织**：儿童在一个一般空间中分散开。

要求儿童进行以下活动。

- 谁能告诉我比萨面团是用什么做的（如面粉）？
- 让我们假装做一个比萨。首先，每个人都必须想象出一大块比萨面团。你能用擀面杖擀你的比萨面团吗？将比萨面团从一只手移到另一只手。你能把面团压平吗？向我展示你如何把面团弄光滑。试着把面团抛到头的上方，然后抓住它。
- 我们需要番茄酱。能让我们的身体变得像生面团上的比萨酱一样扁平吗？
- 我们可以往面团中加入什么配料？谁能用自己的身体做一个圆形的意大利香肠圈？
- 看看用什么方法能让你的身体看上去像一个很窄的奶酪条。采蘑菇时蘑菇看起来像小凳子。向我展示你如何弯下腰来，就像一个蘑菇一样。

## 学习任务 2：同伴挑战

**课堂组织**：儿童两人一组分散在自我空间中。

引入以下内容。

- 为了形成一个大蘑菇，一个同伴跪在地上形成蘑菇茎，另一个同伴将胳膊伸到蘑菇茎上形成蘑菇帽。
- 尝试一同形成一个青椒圈。现在形成一个圆形的番茄片。

## 学习任务 3：大比萨饼

**课堂组织**：儿童按组分散开。

将班级分成 3 组后，要求儿童用自己的身体形成一个大比萨饼。

- 让一组人躺下组成一个大圆圈形状，形成外壳。
- 第二组儿童形成了奶酪片、圆形的意大利香肠、小蘑菇和比萨酱。
- 为了在一个大烤箱中烤熟比萨，第三组儿童先行走，然后慢跑，最后绕着外圈跑来烹饪比萨，直到奶酪变得非常热并融化。
- 为了完成这项活动，所有儿童要在比萨冷却期间在比萨店中跑来跑去、跳来跳去。

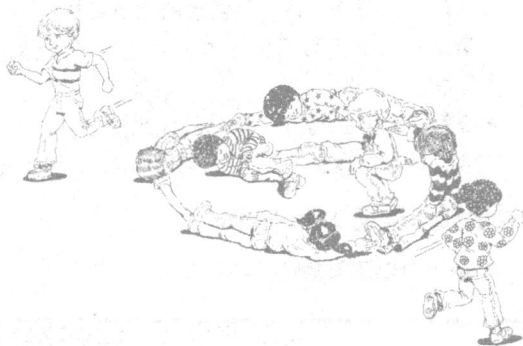

### 评估问题

1. 谁能用自己的身体形成另一种比萨配料（如黑橄榄、菠菜、洋葱或菠萝）？
2. 现在和同伴一起尝试用你们的身体形成比萨饼的形状（例如圆形或三角形）。
3. 你能告诉我有什么其他的方法可以让我们快速移动，从而烤熟我们想象中的比萨吗？向我展示其中的一个动作。

### 学术语言要求

- **语言的作用**：使用语言来讨论制作大比萨饼的食材，以及为什么吃比萨很有趣。
- **词汇**：跳、跪、茎、凳子、条状、烤箱以及健康的比萨配料。
- **句法或叙述**：在语言交流中关注流行的健康比萨配料的选择。

# 建筑工地

## 满足的美国国家标准

- **标准 1** 有运动素养的人有能力使用各种运动技能和移动方式。
- **标准 4** 有运动素养的人表现出尊重自己和他人的负责任的个人与社会行为。

## 教材 / 教具

建筑工地上各种物品的图片（可选）、工具或玩具类工具（可选）。

## 中心焦点

指导同学用身体执行建筑工地上出现的各种类似动作。

## 目标

- **认知**：儿童将认识到建筑工地上各种材料和工具所特有的移动和动作。
- **情感**：儿童在模仿 3 种建筑工具的动作或形状时，会与同伴展现出合作行为。
- **心智**：儿童将与其他同学一同积极构建虚拟的大型建筑。

## 健身活动可实现的健康目标

肌肉力量和肌肉耐力。

## 学习任务 1：准备移动我们的身体

**课堂组织**：儿童在一个一般空间中分散开。

要求儿童进行以下活动。

- 你能通过向上伸展身体来假装你是一座很高的建筑吗？
- 戴上安全帽可保护你的头。用胳膊和腿爬上钢制的梯子。
- 能沿着狭窄的钢梁行走而不掉下来吗？将手臂放在身体的一侧，帮助你保持平衡。
- 向我展示如何才能迈着大步从一根梁走到另一根梁。
- 让我们的身体像电梯一样下降到地面高度。
- 假装从一辆大卡车上卸下工具。
- 你能用腿部肌肉举起很重的工具吗？慢慢放低身体并将手臂放到大型工具的底部。现在提升腿部，从而抬起工具。这个动作可以防止背部受伤。
- 想办法发出像钻头一样的噪声，然后绕着圈旋转。
- 混凝土搅拌机有一个很大的容器。它把水泥、碎石、沙子和水搅拌成混凝土。你能用双臂模仿搅拌机的转动动作吗？看看你能否像混凝土搅拌机那样转动全身。

## 学习任务 2：同伴挑战

**课堂组织：**儿童两人一组分散在自我空间中。

引入以下内容。

- 向我展示一个同伴如何通过快速上下摆动手臂，从而让人相信他是一个凿碎混凝土的落锤。另一个同伴则通过转动肩膀上一个虚构的按钮来控制落锤的移动速度。双方交换角色。
- 人们用手推车运送工具、泥土和小块混凝土。让我们与朋友一起形成一个手推车的形状；一个儿童仰卧，同伴将其脚踝向上提起，形成手推车的把手。
- 假设你和同伴是一台巨大的推土机，正在推土。在墙边找个地方，把泥土推到一起，同时发出推土机的轰鸣声。

## 学习任务 3：街区上的新房子

**课堂组织：**儿童按组分散开。

向儿童解释"建筑物"这个词的含义。

要求儿童用身体形成一个房子。让他们挺直腰杆，变成房子的墙壁。添加更多的儿童，让他们形成房子的大门或拱门。让儿童假装是车道、邮筒、树、篱笆或花坛上的花来装饰屋外。

### 评估问题

1. 谁能回忆起建筑工地上常见的 3 种移动方式？
2. 谁愿意帮邻居盖房子？与朋友们一起向我展示你是如何做的。
3. 你能用身体构建一个可以容纳很多人的大房子吗？

### 学术语言要求

- **语言的作用：**使用语言确定在建筑工地上几种常用工具的基本操作动作。
- **词汇：**落锤、安全帽、钻头、建造、搅拌、建筑物、拱门以及装饰。
- **句法或叙述：**在语言交流中关注带院子的大房子都有哪些共同的元素。

# 自助洗衣店

## 满足的美国国家标准

- **标准 1** 有运动素养的人有能力使用各种运动技能和移动方式。
- **标准 4** 有运动素养的人表现出尊重自己和他人的负责任的个人与社会行为。

## 教材 / 教具

晒衣夹的图片或实物晒衣夹、洗衣机和烘干机的图片以及晒衣绳的图片（均为可选）。

## 中心焦点

欣赏并展示与自助洗衣店有关的动作。

## 目标

- **认知**：儿童将记住与洗衣服和烘干衣服有关的词汇。
- **情感**：儿童在形成气泡的形状并在整个活动区域中安全地移动时，会表现出与同伴的合作行为。
- **心智**：儿童将急切地参加一个虚构的大型自助洗衣店的创建工作。

## 健身活动可实现的健康目标

心肺耐力。

### 学习任务 1：准备移动我们的身体

**课堂组织**：儿童在整个一般空间中分散开。

要求儿童进行以下活动。

- 谁能告诉我在自助洗衣店能做什么？
- 谁能发出洗衣机的声音？
- 让我们用手臂做出肥皂泡的形状。
- 看看你能否像洗衣机转动那样扭动臀部。
- 向我展示如何用踩脚的方式振动灰尘。
- 将身体前后移动，就像你在洗衣服一样。
- 洗衣机冲洗衣服时，找到能使你的身体像洗衣机那样旋转的最佳方式。
- 用手假装从衣服中挤出多余的水。
- 能像烘干机一样快速旋转你的身体吗？

## 学习任务 2：同伴挑战

**课堂组织：** 儿童两人一组分散在自我空间中。

一人与同伴携手形成一个巨大的肥皂泡的形状，同时在整个活动区域内协同移动，而不会撞到其他肥皂泡。在你发出信号后，再加入另一对儿童，从而形成一个更大的漂浮的肥皂泡。

## 学习任务 3：洗衣机

**课堂组织：** 儿童按组分散开。

解释儿童可以用他们的身体来做出洗衣机的动作。

- 将儿童分成 3 组。
- 第一组形成一个大圆圈，模仿洗衣机剧烈转动时的动作。第二组站在洗衣机中间，像被洗的衣服那样移动。第三组用他们的手臂制造大而圆的肥皂泡。
- 让儿童协调他们的移动，以便清洗一堆衣服。
- 指导儿童互换角色。
- 活动结束时，让整组人跑步形成一个大圆圈，让他们相信自己是一个巨大烘干机的一部分，不断加热和烘干衣服，这样他们就可以穿这些衣服了。

### 评估问题

1. 为什么保养衣服很重要？一些人正把洗好的衣服挂在晒衣绳上晾干，假装你的手就是晒衣夹，向我展示你的手指如何移动。
2. 你能把衬衫挂在晾衣绳上吗？
3. 谁能像衣柜中的床单那样把自己的身体对折起来？

### 学术语言要求

- **语言的作用：** 使用语言确定干净的衣服如何帮助我们保持身体健康。
- **词汇：** 洗衣、挤压、晒衣夹、晒衣绳、泡沫以及洗涤剂。
- **句法或叙述：** 在语言交流中介绍自助洗衣店中的常见物品以及用洗衣机洗衣时的情景。

# 图书馆

## 满足的美国国家标准

- **标准 1** 有运动素养的人有能力使用各种运动技能和移动方式。
- **标准 4** 有运动素养的人表现出尊重自己和他人的负责任的个人与社会行为。

## 教材 / 教具

展示不同类型的书籍（可选）。

## 中心焦点

探索与图书馆各类图书中的人物、物体和事物有关的一系列动作和情感表达。

## 目标

- **认知**：儿童回忆并讨论不同类型图书中的相关人物、物体和事物。
- **情感**：儿童观察同学创作的最喜欢的玩物，而不会嘲笑其表演。
- **心智**：儿童参与集体活动，传达某一特定类型图书中常见的情绪并表现其中的姿势。

## 健身活动可实现的健康目标

心肺耐力。

### 学习任务 1：准备移动我们的身体

**课堂组织**：儿童在整个一般空间中分散开来。

要求儿童进行以下活动。

- 向儿童解释图书馆中的书是按类编排的，这样就可以轻松地找到他们最喜欢的图书了。
- 冒险部分可能会有关于踩踏愤怒的龙和勇敢的骑士骑马的书。谁能用力发出巨大声响地踩脚？
- 在童话故事分类中，你可以阅读图书并假装自己正在魔毯上飞翔。向我展示你是如何在空中挥舞着双臂飞行的。
- 传记是关于名人的故事，比如那些登上高山山顶的人。你能像正在狭窄的岩石山岭上行走那样走路吗？
- 宠物分类中的有些图书展示了顽皮的小狗互相追逐的场面。你能跑多快而不撞上其他同学？
- 园艺图书可帮助人们种植水果和蔬菜。想象你正在伸直身体，从一棵高大的树上摘下一个苹果。
- 介绍音乐的图书有时会展示人们集体活动的场面。在大型军乐队演奏音乐时，谁能在行进中高抬腿？

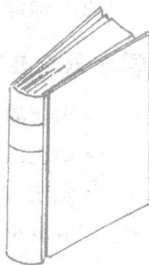

- 很多人喜欢关于体育运动的书。你能在游泳比赛中用力地用胳膊划水吗？
- 旅游图书帮助人们了解新的地方和事物。现在假设是在美国西部，谁能让人相信他正骑着一头正在狂奔、不断扭动躯干并转向的公牛呢？

## 学习任务 2：同伴挑战

**课堂组织：** 儿童两人一组分散在自我空间中。

展示以下内容：推理小说是一种特殊类型的图书，它会讲述一个故事并且通常有一个让人惊喜的结局。让一个同伴心中默想最喜欢的玩具，然后用他的身体表演或形成这个玩具的形状，另一个同伴试图猜出这个神秘的物体是什么。儿童互换角色。

## 学习任务 3：你最喜欢的书

**课堂组织：** 儿童按组分散开。

- 将儿童分成 5 人一组或 6 人一组。
- 给每个小组分配一种类型的图书（例如，冒险类：吵闹的海盗挖掘埋藏的宝藏；动物类：爬行、滑行的生物；传记类：无畏的赛车手在赛道上比赛；音乐类：一个音乐团体的成员满腔热情地演奏他们的乐器）。
- 要求每组儿童为他们的图书封面画一幅画。
- 在各组儿童之间走动，假装你在拍一些照片，这些照片会用在教室中图书的封面上。

### 评估问题

1. 谁能说出他的图书的书名，并告诉全班同学书中出现了什么动作？
2. 你能用身体展示出你最喜欢哪一类图书吗？
3. 你能把父亲或母亲喜欢读的书中的动作表演出来吗？

### 学术语言要求

- **语言的作用：** 使用语言来比较或对比不同类型的图书和这些书中一些常见的运动。
- **词汇：** 踩脚、勇气、无畏、冒险、神秘、山岭以及狂奔。
- **句法或叙述：** 在语言交流中，关注每个儿童如何以相似的方式使用自己的身体来表现特定类型图书中发现的特定物体或事物。

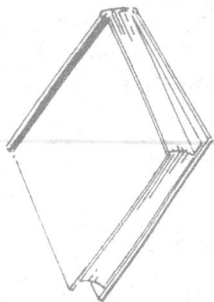

# 机场

## 满足的美国国家标准

- **标准 2** 有运动素养的人能够应用与移动和表现有关的各种概念、原则、策略及战术的知识。
- **标准 4** 有运动素养的人表现出尊重自己和他人的负责任的个人与社会行为。

## 教材 / 教具

展出的玩具飞机图片和模型（可选）以及机场照片（可选）。

## 中心焦点

想象自己的身体变成了几个可以快速移动和飞行的物体。

## 目标

- **认知**：儿童将描述在机场发现的各类飞机的差别及其移动方式。
- **情感**：为了模仿单引擎飞机的移动，儿童将把自己的身体与同伴的身体以一种合作的方式结合起来。
- **心智**：为了模仿单引擎飞机和虚构的客机从跑道起飞以及在空中翱翔时的动作，儿童将与同伴以小组的形式一同移动。

## 健身活动可实现的健康目标

心肺耐力。

### 学习任务 1：准备移动我们的身体

**课堂组织**：儿童在整个一般空间中分散开。

要求儿童进行以下活动。

- 你能躺在地板上并做出带有机翼的飞机形状吗？
- 站起来，双臂向两侧伸出，变成一架小飞机。谁能模仿飞机引擎的声音？
- 向我展示你是如何在长长的跑道上滑行和起飞的。
- 想办法让你的小飞机安全着陆。
- 直升机是另一种小型飞机。直升机的顶部有一个很大的螺旋桨。螺旋桨叶片旋转时，它产生强大的风力使直升机升起来。你能像直升机叶片那样旋转手臂吗？慢慢升到空中，缓缓旋转的同时，你能在不接触其他直升机的情况下在活动区域内移动吗？
- 喷气式飞机的飞行速度很快。你能用手臂作为飞机的"尖鼻子"，然后在活动区域中快速移动吗？

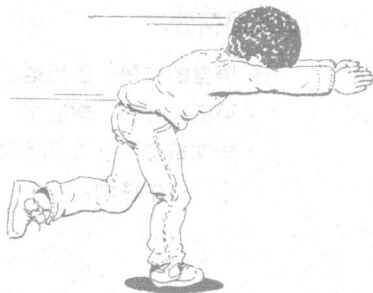

## 学习任务 2：同伴挑战

**课堂组织：**儿童两人一组分散在自我空间中。

引入以下内容：飞机有两种基本类型。一种飞机只能搭乘一两位乘客，因为它的引擎很小，这就是所谓的单引擎飞机。

要求儿童进行以下活动。

- 首先，站在同伴的旁边。靠近些，这样你们就能肩并肩了。
- 你能像好朋友那样把手搭在同伴的肩膀上吗？
- 看看你们能不能把向两侧伸出的胳膊作为翅膀一同移动。
- 让我们形成一长列的同伴飞机来练习飞行安全，每架飞机都应该在跑道上找到停放的位置。我发出信号后，一架飞机离开跑道，开始在空中飞行。第一架飞机飞离跑道后，第二架飞机才能起飞。

## 学习任务 3：客机

**课堂组织：**儿童按组分散开。

引入以下内容：第二类飞机是大型飞机，通常有 4 台强大的引擎，它可以载着很多人去往世界各地，这就是所谓的客机。

把儿童分成 4 人一组。要组建这架客机，需要 2 名儿童站在另外 2 名儿童的后面，并用他们胳膊当作飞机翅膀。前面的儿童是飞行员。后面的 2 名儿童把手放在飞行员的肩膀上。4 名儿童慢慢地一同移动，假装飞到一个遥远的地方或飞过海洋。

### 评估问题

1. 如果你坐过真正的客机，请举手。你能告诉同学你去哪里了吗？
2. 有时，飞机要在恶劣的天气和强风中飞行，这叫作颠簸气流。谁能形成一架飞机，假装在颠簸气流中飞行？
3. 看看我们能否说出飞机和直升机的不同部件。

### 学术语言要求

- **语言的作用：**使用语言描述两类飞机，以及它们有何不同和相似之处。
- **词汇：**旋转、螺旋桨、叶片、飞机、颠簸、跑道、单引擎以及起飞。
- **句法或叙述：**在语言交流中介绍如何与同伴和一组同学以不同的高度敏捷地在活动区域中移动。

# 海滩

## 满足的美国国家标准

- **标准 1** 有运动素养的人有能力使用各种运动技能和移动方式。
- **标准 4** 有运动素养的人表现出尊重自己和他人的负责任的个人与社会行为。

## 教材 / 教具

会在海滩上发现的或使用的物品的图片或展示的真实物品（例如，防晒霜、帽子、太阳镜、沙滩球、铲子、沙子、沙蟹、海鸥、帆船和沙堡）（可选）。

## 中心焦点

识别并探索与海滩有关的活动，同时了解保证安全的各种方法。

## 目标

- **认知**：儿童将说出可采取哪些行动来保护身体，免受海滩上各种自然因素的影响。
- **情感**：同伴模仿帆船的动作以及在舰队中移动时，儿童会表现出愿意按照同伴的路线移动的主动性。
- **心智**：儿童将参与沙堡的创建，并根据儿童的想象力或图书中的内容用身体形成一个建筑物中的高塔或墙壁等结构。

## 健身活动可实现的健康目标

心肺耐力。

## 学习任务 1：准备移动我们的身体

**课堂组织**：儿童在整个一般空间中分散开。

要求儿童进行以下活动。

- 这是我们最喜欢的海滩。让我们先涂上防晒霜，在胳膊、腿、脸、脖子和耳朵上涂好防晒霜，现在戴上太阳镜和帽子。这会保护你免受太阳有害射线的伤害。
- 向我展示如何用手臂形成一个沙滩伞，它应该立在阳光下挡住太阳光。
- 谁能用手形成铲子的形状并用它挖沙子？
- 用身体形成一个圆形的沙滩球，沿着沙滩小心地滚动。
- 能一边在很深的沙子中行走，一边把腿抬得高高的吗？
- 让我们跑过海滩，然后跳过一个小浪花。
- 假装你正在用一根长钓竿钓一条大鱼。
- 假装给一只巨大的橡胶海马充气。深吸气，准备好，然后呼气。再次深吸气，然后呼气。

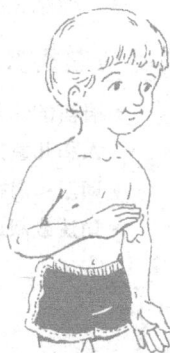

- 如果仔细查看沙滩，你会看到小沙蟹，螃蟹可以向后走。试着蹲下，然后像螃蟹那样行走。现在向后伸出双手并让双手触摸地面，尽量不要让你的屁股碰到沙滩，像螃蟹那样在整个活动区域中移动。
- 让我们做海鸥拍打翅膀的动作。谁能从天而降并落到水面上？

## 学习任务 2：同伴挑战

**课堂组织**：儿童两人一组分散在自我空间中。

导入以下内容：帆船靠风推动帆才能在水上滑行。

- 让儿童将一只手臂笔直地举在头顶的一侧，作为桅杆，模拟帆船的形状。另一只手臂向身体一侧伸出，掌心向上，这就形成了帆船的另一个桅杆。让同伴驾驶他们的船只彼此靠近，并在不接触其他船只的情况下在活动区域中移动，提高其空间意识。
- 根据你的信号，两人可以加入另一组同学，形成一个帆船船队。要求儿童给出不同的船队排列的形式（例如，一艘船在另一艘的后面），然后在活动区域中航行。

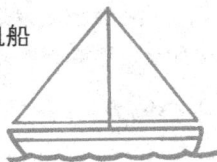

## 学习任务 3：沙堡

**课堂组织**：儿童按组分散开。

展示以下内容：谁能说出哪本图书哪个电视节目中的故事中有城堡？你可以用身体建造一个巨大的沙堡。

- 让儿童举起手臂并指向天空，形成一个高塔。
- 看看他们能不能用手和膝盖做出一个方形。
- 一些同学假装自己是沙堆，其他人用自己的身体模拟高塔或旗帜或其他相关物品，从而合力建造出一个沙堡。

### 评估问题

1. 你能说出在假想的海岸上最喜欢参加的一个活动吗？
2. 谁能说出他们最喜欢的哪本图书或哪个电视节目的故事中有城堡？
3. 你想在海滩上看到什么样的海洋生物？向我展示它会怎样移动。

### 学术语言要求

- **语言的作用**：使用语言识别经常在海滩环境中活动的物体，以及在炎热的夏天成人和儿童如何保护皮肤免受阳光的伤害。
- **词汇**：滑行、钓竿、船队、沙堡、桅杆、高塔、防晒霜、帽子、海滩以及海岸。
- **句法或叙述**：在语言交流中确定哪些儿童熟悉的图书或电视节目故事中包括城堡。

# 建筑结构

## 满足的美国国家标准

- **标准 2** 有运动素养的人能够应用与移动和表现有关的各种概念、原则、策略及战术的知识。
- **标准 4** 有运动素养的人表现出尊重自己和他人的负责任的个人与社会行为。

## 教材 / 教具

拱门和拱道的图片（可选）。

## 中心焦点

在穿过不同高度和宽度的障碍物时保持紧凑的队形。

## 目标

- **认知**：儿童将描述一个拱道及其用途，并在学习任务中应用这一知识。
- **情感**：儿童将会很高兴地与同伴互动，形成一个拱道。
- **心智**：儿童将使用各种运动技能来通过同伴形成的不同高度和宽度的拱道形状。

## 健身活动可实现的健康目标

心肺耐力和柔韧性。

### 学习任务 1：准备移动我们的身体

**课堂组织**：儿童在整个一般空间中分散开。

要求儿童进行以下活动。

- 你能只用脚趾、脚后跟、脚内侧和脚外侧行走吗？
- 看看你能用多少种不同的方式跑步。

### 学习任务 2：同伴挑战

**课堂组织**：儿童两人一组分散在自我空间中。

引入以下内容。

- 谁能描述拱道是什么样的，它的作用是什么（例如，一个开口，一个步行通过的地方）？
- 你能演示如何形成一个强大的人形拱道吗（方法是与同伴面对面站立，与同伴紧握双手，然后举起双手过头）（这个拱形应该有足够的空间让第三名儿童在两人的身体之间自由移动）？

## 学习任务 3：人体建筑

**课堂组织：**儿童按组分散开。

- 将儿童分成 3 人一组。3 人中的 2 人应形成一个拱门，第 3 人练习用各种移动技能通过该拱门。双方交换角色。

- 每个组员完成任务后，建议两个保持不动的组员双膝着地，让拱门变低。鼓励儿童探索如何在这个新的高度上通过拱门。

- 为了应对更大的挑战，将儿童分成两组。一组儿童用身体形成不同高度的拱门，而另一组儿童则要通过这些拱门。双方交换角色。

### 评估问题

1. 在把身体收缩为很小很紧凑的形状时，哪些部位最难以靠近身体？
2. 谁能说出为什么拱道在我们的家庭、学校和社区中很重要？
3. 拱道高度较低时，你应使用哪类运动技能？展示给我看。

### 学术语言要求

- **语言的作用：**使用语言来分析通过较低拱道的最佳方式，因为这个高度对儿童通过拱道并继续前进具有挑战性。

- **词汇：**拱门、拱道、通道、开口以及各种运动技能。

- **句法或叙述：**在语言交流中确定拱道在社区中的价值。

# 冬季节日

## 满足的美国国家标准

标准 4 有运动素养的人表现出尊重自己和他人的负责任的个人与社会行为。

## 教材 / 教具

节日物品或实际展出物品的照片（可选）。

## 中心焦点

积极参与各种冬季节日活动。

## 目标

- **认知**：儿童将把某些物品和活动与冬季节日联系起来。
- **情感**：儿童会很高兴地组合自己与同伴的身体，形成三个在冬季节日中很常见的不同物品。
- **心智**：儿童将展示自己在团队中的工作能力，并用身体形成 6 件节日用品，以反映不同文化情境的冬季节日。

## 健身活动可实现的健康目标

柔韧性。

### 学习任务 1：准备移动我们的身体

**课堂组织**：儿童在整个一般空间中分散开来。

要求儿童进行以下活动。

- 你能像姜饼人那样伸直双臂行走吗？
- 让我看看驯鹿鲁道夫是如何在空中飞奔的。
- 像圣诞钟那样来回摆动。
- 向我展示又长又细的烟囱的形状。扭动你的手指，就像烟从烟囱中升起那样。
- 像锡兵一样在一般空间中行进。
- 找到最好的方法，把身体变成圣诞树上常见的小圆灯泡。
- 谁能用身体创造出五角星？哪个身体部位构成五角星的角？
- 用身体做出一个大的圆形花环的形状。
- 向我展示陀螺是如何旋转的。

### 学习任务 2：同伴挑战

**课堂组织**：儿童两人一组分散在自我空间中。

要求同伴组合其身体，形成棒棒糖、雪人、雪橇和骑手的形状。

## 学习任务 3：冬季奇迹

**课堂组织：**儿童按组分散开。

引入以下内容：许多地方冬天会下雪，雪为儿童及其家庭提供了许多有趣的活动。

- 雪屋。让儿童形成一个雪屋，一些儿童站着形成一个大圆顶，其他儿童跪在地上形成入口。
- 雪橇。让儿童将身体摆成一种跨坐的姿势，就好像他们正和朋友们一起骑着一个长长的雪橇。
- 雪花。让儿童把身体平放在地板上。然后每个人形成一个很宽的形状，并与其他人连接起来，从而形成一片巨大的雪花。
- 圣诞节。"noel"这个词来自法语，意思是圣诞节，要求儿童用身体形成"noel"这个单词。
- 宽扎节。宽扎节纪念非裔美国人文化中的非洲遗产，它从 12 月 26 日一直持续到 1 月 1 日。要求儿童用身体形成"kwanzaa"这个单词。
- 多连灯烛台。多连灯烛台上放着 9 根蜡烛。8 根蜡烛代表光明节的 8 天，第 9 根蜡烛被称为萨摩斯。人们使用萨摩斯蜡烛来点燃其他蜡烛，然后让萨摩斯蜡烛最高，以监督其他蜡烛。让儿童形成一个多连灯烛台，其中 8 名儿童并排站成一排，代表蜡烛。第 9 名儿童代表萨摩斯蜡烛，轻拍其他蜡烛的肩膀来点亮它们。蜡烛点燃后，火焰会摇曳不定，使得蜡烛融化到地板上。

### 评估问题

1. 你能想出一个红色或绿色的物品吗？看看你能不能将身体塑造成这个红色或绿色的物品。
2. 在冬季节日期间，我们有时会看到两类天使。下面，向我展示如何躺在地上移动手臂和腿来创造一个雪天使。
3. 谁能回忆起他们在假日和家人一起做的一项有趣或特别的活动？

### 学术语言要求

- **语言的作用：**使用语言对一些冬季节日常见的物品和寒冷气候下冬季活动中使用的物品进行分类。
- **词汇：**摇摆、飞奔、旋转、花环、雪屋、雪橇、多连灯烛台、宽扎节、圣诞节。
- **句法或叙述：**在语言交流中识别儿童冬季在家里体验过的事物，并回答关于节日多么有趣的问题。

# 第7章

## 像动物那样移动

幼儿对周围环境的首次体验始于家庭，之后会扩大到整个社区（第6章）。儿童对家庭环境有了信任感之后，就会对学校内外的环境产生更大的好奇心。儿童开始着迷于家中并不常见的动物。他们很快就知道，可以根据这些动物最常活动的地方来对其进行分类。他们也会在模仿特定动物的动作、特征和行为时找到乐趣，同时欣赏"成为"这种动物时所需的不同模式和身体技能。

你可以通过比较儿童的身体和动物的身体，以及识别出其他群体（如动物、鸟类、鱼类和昆虫）之间的生理差异来加强这种体验。本章通过让儿童参与中等到高强度的学习任务，可让儿童更加欣赏各种动物，并满足儿童对未知与生俱来的好奇心。你可以在体育课上使用以下介绍的信息和活动，也可以在课堂上的故事时间之后，激发儿童对动物行为和运动方式的兴趣。

## 动物趣事

- 大象不能跳。
- 长颈鹿是世界上最高的动物。
- 老虎的皮肤上有条纹，而非仅仅皮毛上有条纹。
- 蜂鸟能像直升机一样竖直地飞起来。
- 巨型乌贼的眼睛是世界上最大的。
- 蝴蝶用脚品尝味道。
- 蚂蚁能举起的重量是其体重的 50 倍。

## 动物的动作

**丛林动物**

- 羚羊：猛冲
- 狒狒：摆动
- 猎豹：跑动
- 瞪羚：跳跃
- 土狼：绕圈
- 豺：仔细查看
- 猴子：攀爬
- 美洲狮：偷偷地移动

**林地动物**

- 蝙蝠：俯冲
- 熊：穿过
- 狐狸：偷偷地移动
- 鹰：搜寻
- 美洲狮：跟踪
- 豪猪：漫游
- 负鼠：摆动
- 浣熊：分散

**湖泊和池塘动物**

- 海狸：拍打
- 水獭：翻转
- 蝾螈：爬动
- 蛇：滑行
- 天鹅：游动
- 乌龟：行走

**海洋动物**

- 藤壶：紧贴
- 梭鱼：游动
- 蛤蜊：开闭壳
- 鳗鱼：扭动
- 章鱼：挤压
- 鲨鱼：滑行

## 动物（按英文字母表排序）

- A：短吻鳄、食蚁兽、羚羊和犰狳
- B：狒狒、蝙蝠、熊、海狸、山猫和水牛
- C：骆驼、猫、猎豹、鸡、花栗鼠、美洲狮、郊狼以及鳄鱼
- D：鹿、狗以及驴
- E：鹰、大象以及鸸鹋
- F：雪貂、狐狸以及青蛙
- G：瞪羚、壁虎、沙鼠、长颈鹿、山羊、大猩猩以及豚鼠
- H：仓鼠、野兔、刺猬、河马、马以及鬣狗
- I：鬣蜥以及黑斑羚
- J：豺以及美洲虎
- K：袋鼠、几维以及考拉
- L：旅鼠、狐猴、豹子、狮子、蜥蜴、美洲驼以及猞猁
- M：鼹鼠、猫鼬、猴子、驼鹿、老鼠以及骡子
- N：蝾螈以及袋食蚁兽
- O：豹猫、负鼠、猩猩、鸵鸟以及水獭
- P：豹、鹦鹉、孔雀、企鹅、猪、北极熊、豪猪以及负鼠
- Q：鹌鹑、绿咬鹃、短尾矮袋鼠以及袋鼬
- R：兔子、浣熊、驯鹿以及犀牛
- S：海豹、绵羊、臭鼬、树懒、蛇以及松鼠
- T：貘、眼镜猴、老虎、乌龟以及树蛙
- U：伞鸟
- V：吸血蝙蝠以及秃鹰
- W：海象、疣猪、狼、狼獾以及袋熊
- X：干毛地松鼠
- Y：牦牛
- Z：斑马以及瘤牛

## 海洋动物（按英文字母表排序）

- A：鲍鱼、鳀鱼以及神仙鱼
- B：藤壶、梭鱼以及河豚
- C：鲶鱼、小丑鱼、海螺以及螃蟹
- D：海豚以及龙鱼
- E：鳗鱼
- F：比目鱼以及飞鱼
- G：石斑鱼
- H：大比目鱼、寄居蟹以及鲱鱼
- I：巨型等足虫
- J：水母
- K：无鳔石首鱼
- L：龙虾
- M：鲭鱼、大马哈鱼、海牛以及蝠鲼
- N：颌针鱼
- O：章鱼、逆戟鲸以及牡蛎
- P：浮游动物、刺鲀、海豚以及河豚
- Q：翎鳉
- R：鳐形目鱼
- S：扇贝、海马、海星、旗鱼、鲨鱼以及海绵
- T：金枪鱼以及乌龟
- U：六棘鼻鱼以及海胆
- V：绒皮鲉鱼以及毒蛇鱼
- W：鲸鱼
- X：大颚细锯脂鲤
- Y：黄高鳍刺尾鱼
- Z：斑马鱼以及浮游动物

# 附近的动物

## 满足的美国国家标准

- **标准 1** 有运动素养的人有能力使用各种运动技能和运动方式。
- **标准 2** 有运动素养的人能够应用与运动和表现有关的各种概念、原则、策略及战术的知识。

## 教材 / 教具

动物（如非洲象、长颈鹿、大猩猩或猴子）的照片（可选）。

## 中心焦点

学习不同地区的动物如何运动并展示这些动作。

## 目标

- **认知**：儿童回忆特定动物的动作或行为。
- **情感**：儿童称赞其同伴和小组成员能够以相同的节奏飞奔。
- **心智**：儿童会成功地做一个摇摆的动作，同时顽皮地控制一个像树一样站得很稳的同学的身体。

## 健身活动可实现的健康目标

心肺耐力。

### 学习任务 1：准备移动我们的身体

**课堂组织**：儿童在整个一般空间中分散开。

导入以下内容：我们可以假装去动物园，了解不同的动物并练习它们的动作。

- 非洲象的肩部最高可达 10 英尺（约 3 米）。他们有很大的耳朵和称为象鼻的鼻子。它们使用象鼻撕下树叶和地上的草来进食，并用象鼻闻味道以及将水送到嘴中。向我展示你如何向前弯腰，用手臂形成一个可触碰地面的象鼻。你能像庞大的大象那样在移动时左右摆动象鼻吗？
- 长颈鹿可以长到 19 英尺（约 5.8 米）高。它们大部分的食物和水来自于树上很高处的叶子，因此可以一个月不喝水。双手抓在一起，然后像长颈鹿的长脖子一样向上伸展，同时向前飞奔。
- 能让你的手臂像大猩猩一样垂向地面并向一侧摆动吗？
- 陆地上运动速度最快的动物是猎豹。它的速度可达 65 英里/时（105 千米/时）。向我展示你是如何在体侧摆动手臂并向前冲刺，从而快速跑动的。
- 一些非洲青蛙能跳 10 英尺（约 3 米）。看看你能不能弯下腰，用腿上的肌肉向前跳。
- 袋鼠生活在澳大利亚，它们使用其强大的腿可以跳 40 英尺（约 12 米）远，10 英

尺（约3米）高。将手放在胸前两侧，然后看看你从站立姿势开始能向前跳多远。

- 短吻鳄腿很短，但身体很长。你可以像鳄鱼那样移动，方法是躺在地板上，移动身体一侧的手和脚，然后再移动另一侧的手和脚。移动时弯曲膝部和肘部。

- 粉红色的火烈鸟是一种脚上有蹼的大鸟，腿和脖子又细又长。这种鸟喜欢涉水。试着用一只脚保持平衡，就像粉红色的火烈鸟一样。

- 熊的体重很重，有着厚厚的皮毛和锋利的爪子。熊在向前移动时身体会左右摇摆。谁能向前弯下腰，让双手和双脚触地？现在移动身体同侧的手和脚。当你行动并咆哮的时候，换到另一侧的手和脚。

- 海豹是一种食肉性海洋动物，有很大的鳍。它的长长的身体覆盖着厚厚的皮毛或鬃毛。海豹用它的前鳍在冰面上移动并拖着它的尾巴。你能只用手移动并拖着你的脚前进吗？

## 学习任务 2：同伴挑战

**课堂组织**：儿童两人一组分散在自我空间中。
引入以下内容。

- 水牛和马能以很快的速度飞奔。
- 与同伴一起假装是水牛并快速飞奔，然后停下喝水。
- 你能和同伴以相同的节奏飞奔吗？
- 现在与另一组同学来合力形成一小群野牛。看看你能否与牛群中的其他水牛一同有节奏地飞奔。

## 学习任务 3：移动中的猴子

**课堂组织**：儿童按组分散开。

- 向儿童解释猴子是很活泼的动物，它们用强壮的手臂在藤蔓和树枝间移动。要求儿童用他们的身体假扮成一群正在嬉戏的猴子。

- 将班级分成2组。一半的学生用他们的手臂形成藤蔓或树枝。其余的儿童都是猴子，他们通过在树枝下移动来假装自己在树枝（学生的手臂）间荡来荡去，让猴子演示如何在每根树枝上荡来荡去。双方交换角色。

### 评估问题

1. 谁能演示他们最喜欢的动物的动作和声音？
2. 动物发出不同的声音时，它们在谈论什么？
3. 如果能去世界上的任何地方旅行，你希望看到哪种动物在它的自然栖息地自由地生活？你能向我展示该动物是如何移动的吗？

### 学术语言要求

- **语言的作用**：使用语言解释某些动物的独特特征。
- **词汇**：荡来荡去、摆动、冲刺、弯腰、跳、换位、折叠、鬃毛、牛群以及树干。
- **句法或叙述**：在语言交流中关注如何使用身体，使它成为一个强大的树状结构，从而让儿童以一种有趣的方式控制树干。

# 动物的动作

## 满足的美国国家标准

- **标准 1** 有运动素养的人有能力使用各种运动技能和移动方式。
- **标准 2** 有运动素养的人能够应用与移动和表现有关的各种概念、原则、策略及战术的知识。

## 教材 / 教具

长 18 英寸（约 46 厘米）的丝带、围巾或布条；地面标记，用于标识猴树；可选的动物声音录音。

## 中心焦点

识别并按照简单的韵律演示一些表示动物行为的词。

## 目标

- **认知**：儿童将认识生活在热带雨林中的各种动物。
- **情感**：为了模拟特定动物的声音和动作，儿童将与同伴进行有效的交流。
- **心智**：在一个充满活力且需要儿童转换角色的追逐游戏中，儿童将模仿猴子和大猩猩的动作和声音。

## 健身活动可实现的健康目标

心肺耐力。

### 学习任务 1：准备移动我们的身体

**课堂组织**：儿童在整个一般空间中分散开。

要求儿童进行以下活动。

"在热带雨林中，

有着各种奇形怪状的树木，

有爬虫，有滑行的蛇，

色彩斑斓的飞鸟和不断摇摆的黑猩猩。

现在将你的腿弯一下，

将手放在地板上。

向前伸展你的身体，

发出老虎似的吼声！"

### 学习任务 2：同伴挑战

**课堂组织**：儿童两人一组分散在自我空间中。

引入以下内容：与同伴一起模仿丛林动物（如大猩猩、猴子、大象、猎豹或犀牛）

的声音和常见的动物移动方式。如果可能，添加可让动物区别于其他动物的特征。

## 学习任务 3：猴子和大猩猩

**课堂组织**：儿童按组分散开。

让儿童辨别猴子和大猩猩有何不同（例如，猴子有尾巴）。将班级分成两组。第一组儿童扮演猴子。每只猴子的腰带上都有一条丝带或布，并且至少露出 6 英寸（约 15 厘米）长。第二组儿童扮演大猩猩，分散在丛林中。在丛林的中央有一个清晰标注的圆形区域，这是指定的猴树。

你发出信号后，猴子要离开树去寻找想象中的香蕉，而大猩猩则试图抓住猴子的尾巴。每当一只大猩猩成功抓住了猴子的尾巴，他就可以躲到猴树下，在那里将尾巴塞进腰带并变成一只猴子。尾巴被抓住并抢走的儿童现在变成了大猩猩。然而，当猴子在猴树上时，大猩猩就不能夺走它的尾巴了。

所有离开树的猴子都有 5 秒的自由时间，在这段时间中不能被抢走尾巴。这可让大猩猩远离猴树。儿童可以使用各种运动模式，模仿猴子和大猩猩的声音与动作。提醒儿童猴树只是用来调整尾巴的，不是休息的地方。

## 评估问题

1. 谁能说出另外 5 种丛林动物的名字？
2. 谁能展示这些动物是如何移动的？我们也会重复你的动作。
3. 有人知道"物种"这个词的含义吗（例如，具有相同特征的动物）？你能告诉我"濒危物种"这个词有何含义吗？

## 学术语言要求

- **语言的作用**：使用语言确定儿童和同伴可以扮演的动物类型，并讨论这些动物所具有的不同特征。
- **词汇**：爬行、滑行、摇摆、弯曲、伸展、热带雨林、黑猩猩、猴子、大猩猩和物种。
- **句法或叙述**：在语言交流中关注不同的丛林动物如何移动，在声音和外观上与同一动物类别中的其他动物有何区别。

# 水下世界

## 满足的美国国家标准

**标准 5** 有运动素养的人能认识到体育活动对健康、娱乐、挑战、自我表达和社会互动的价值。

## 教材/教具

海洋动物的照片（可选）、用手偶演示特定的海洋动物动作（可选）、为海洋之王或皇后准备的纸王冠（可选）。

## 中心焦点

在识别海洋动物和辨别其运动模式的同时，练习基本的体育技能。

## 目标

- **认知**：儿童能回忆起各种具有独特动作和身体特征的海洋动物。
- **情感**：在学习如何像海洋动物那样移动时，儿童会保持高度的注意力。
- **心智**：儿童将选择一个特定的海洋动物，并像该动物那样移动。

## 健身活动可实现的健康目标

柔韧性。

### 学习任务 1：准备移动我们的身体

**课堂组织**：儿童在整个一般空间中分散开。

要求儿童进行以下活动。

- 鱼是水生动物，它们有脊骨。水母没有脊骨或骨骼。让我们跳进水里，用手臂像水母那样漂浮在水面上。
- 飞鱼会游到水面并从水中跃出，它的鳍伸出后可帮助它在空中滑翔。你能伸展双臂像飞鱼那样移动吗？
- 海马的头很像马头，有着像昆虫一样的硬壳，像袋鼠一样的卵囊。海马靠摆动背鳍游来游去，就像旋转木马上的马那样上上下下。谁能像海马那样游泳？
- 河豚和刺鲀会像气球一样膨胀，这样大鱼就很难将它们吞下去。试着让你的身体扩大成一个大的圆形。
- 章鱼有 8 只手臂，每只手臂底部都有吸盘，用来抓握物体。模仿章鱼是如何在海底移动的。

## 习任务 2：同伴挑战

**课堂组织**：儿童两人一组分散在自我空间中。

导入以下内容：有巨大牙齿的鲸鱼（如逆戟鲸或虎鲸）会被认为是大海豚，它们的头顶有一个喷气孔，用来呼吸空气，它们上下摆动尾巴来加速。鱼游泳时身体和尾巴左右摆动。挑战每个搭档，让他将手臂放在一起形成鱼鳍。一个同伴在活动区域中展示海豚如何上下摆动，另一个同伴展示鱼如何通过左右摆动来移动。

## 学习任务 3：游动

**课堂组织**：儿童按组分散开来。

让儿童肩并肩排成一排站在一条终点线上，面对活动区域的另一边。清楚地标出两条终点线。指定一名儿童为海洋之王或皇后，并要求该儿童站在活动区域的中心。每个儿童选择模仿一种特定的海洋动物。海洋之王或皇后说"游，游，游"时，儿童要模仿他们所选择的海洋动物的游动方式移动到活动区域的另一端，同时海洋之王或皇后试图标记正在游动的儿童。

如果一个儿童在活动区域的中心被标记了，该儿童要加入海洋之王或皇后小组。海洋之王或皇后可以尝试用"脚蹼游，游"这样的短语来玩笑式地引导儿童，而不是简单地说"游，游，游。"最后剩下的三四种海洋动物被称为"海星"，并成为下一个海洋之王或皇后。提醒儿童不要踩到选择滑行的海洋动物的手。

### 评估问题

1. 让我们所有人用身体来形成一个巨大的鲸鱼或海星的形状。
2. 哪种海洋动物及其运动最容易模仿？为什么？
3. 谁能告诉我海洋之王或皇后在我们的"游动"活动中的主要作用？

### 学术语言要求

- **语言的作用**：使用语言描述特定的海洋动物如何在水中移动。
- **词汇**：漂浮、张开、飞、扩大、搜索、热带、脊骨、吸盘以及喷气孔。
- **句法或叙述**：在语言交流中区分海洋之王或皇后在整个小组学习任务中的责任。

# 甲壳类动物

## 满足的美国国家标准

**标准 1** 有运动素养的人有能力使用各种运动技能和移动方式。

## 教材 / 教具

甲壳类动物的照片（可选）；用一张纸标明以下各区域：石滩、沙丘区、泻湖、沙滩和沙洲（可选）。

## 中心焦点

欣赏甲壳类动物的独特动作，并与其他儿童协调步伐。

## 目标

- **认知**：儿童将辨认出人体上一些成对出现的部分，并在心里明确人类有一对腿，而甲壳类动物有 5 对腿。
- **情感**：儿童将与同伴互动，一同向着特定的方向滑动。
- **心智**：儿童将与一群同学互动，用他们的身体模仿甲壳类动物的动作。

## 健身活动可实现的健康目标

心肺耐力。

### 学习任务 1：准备移动我们的身体

**课堂组织**：儿童在整个一般空间中分散开。

要求儿童进行以下活动。

- 龙虾、螃蟹和虾是海洋动物，它们有 5 对有关节的腿。一对就意味着有两个。我们有多少成对出现的身体部位（例如，腿、眼睛、耳朵、手、胳膊、膝盖、肘部和脚踝）？
- 你能把两个肘部挤在一起吗？旋转你的手腕？垂下手臂并触碰脚趾？
- 谁能两只眼同时眨眼？同时轻拍你的两只耳朵？
- 你能摇一摇膝盖吗？现在握住双手。
- 想办法同时移动两个脚踝。

### 学习任务 2：同伴挑战

**课堂组织**：儿童两人一组分散在自我空间中。

引入以下内容。

- 我们今天的活动要求所有人都能同时行动。
- 站在同伴旁边，然后跟着我一起朝这个方向滑动三步。
- 你和同伴能向三个不同的方向同时滑动吗？一起移动吧。

• 你和同伴能在同一个方向上做长时间的滑步运动吗?

## 学习任务 3: 移动中的龙虾

**课堂组织:** 儿童按组分散开。

• 提醒儿童龙虾有 5 对有关节的腿。因此,我们需要 5 对腿,或 5 个儿童,才能形成一只龙虾。让儿童 5 人一组。每组 5 人迅速排成一列纵队,每个儿童将手直接放在前面儿童的肩膀上。每组最前面的儿童用他的手臂形成龙虾的爪子。

• 介绍龙虾可以后退的事实。儿童站在一个地方,用一侧的脚跺脚三次,然后用另一侧的脚跺脚三次。整组儿童作为一个整体向后挪三步。

• 对于更大的挑战,在活动区域内为每组儿童指定具体的移动位置(例如,一个虚构的岩石海滩、沙丘区、泻湖、沙滩或沙洲)。

## 评估问题

1. 谁能告诉我龙虾的哪个部位能帮助这种海洋动物向后游(尾巴)?
2. 为了像龙虾一样移动,协调各个身体部位有多难?
3. 你能想到我们可以用身体创造出其他哪种海洋动物吗?展示给我看。

## 学术语言要求

• **语言的作用:** 在涉及滑动的同伴活动中使用语言来交流方向和动作。

• **词汇:** 滑动、拖步、跺脚、成对、关节、泻湖、沙洲以及甲壳类动物。

• **句法或叙述:** 在语言交流中,助力 5 人一组的儿童在形成龙虾身体并模仿其动作时更好地协调一致。

# 有羽毛的朋友

## 满足的美国国家标准

- **标准 2** 有运动素养的人能够应用与移动和表现有关的各种概念、原则、策略及战术的知识。
- **标准 4** 有运动素养的人表现出尊重自己和他人的负责任的个人与社会行为。

## 教材 / 教具

不同鸟类的照片（可选）。

## 中心焦点

探索鸟类的独特移动方式。

## 目标

- **认知**：儿童将区分特定鸟类的移动方式。
- **情感**：儿童对了解鸟类并模仿一些鸟类行为将更有兴趣。
- **心智**：在一个小组中活动时，儿童将探索鸟类飞行以及在地面上时的几种移动模式。

## 健身活动可实现的健康目标

心肺耐力、肌肉力量和肌肉耐力。

### 学习任务 1：准备移动我们的身体

**课堂组织**：儿童在整个一般空间中分散开来。

要求儿童进行以下活动。

- 所有的鸟都有翅膀，但有些鸟不会飞。企鹅有翅膀，但只能摇摇摆摆地走路。看看你能不能像企鹅那样摇摇摆摆地走。
- 鸵鸟不会飞，但却是世界上跑得最快的鸟。当它以 40 英里 / 时（约 64 千米 / 时）的速度奔跑时，它会将翅膀笔直地伸向两侧以保持平衡。试着像鸵鸟那样移动。你能演示一下鸵鸟是如何蹲伏下来并将长脖子一直伸向地面，以躲避危险的吗？
- 有些鸟的脚有脚蹼，脚蹼是指脚趾间的皮瓣，可以起到小桨的作用，帮助鸟类快速通过水面。仰面躺着时，可将腿伸向空中，演示鸭子的脚在水下如何移动。
- 雄孔雀展开它的大尾巴来吸引雌鸟的注意。雄火鸡还会展开尾巴并膨胀起身体，让自己看起来更大、更鲜艳。让我看看你如何像孔雀或火鸡一样昂首阔步，炫耀你多彩的羽毛。

## 学习任务 2：同伴挑战

**课堂组织：** 儿童两人一组分散在自我空间中。

让同伴扮成小鸟，在活动区域飞来飞去，收集想象中的物品来筑巢。可收集的物品包括细枝、树枝、布、树叶、杂草、绳子、丝带和纱线。

## 学习任务 3：成排的鸭子

**课堂组织：** 儿童按组分散开。

引入以下内容：母鸭带着小鸭们去池塘游泳时，所有小鸭都摇摇摆摆地跟在母鸭的后面。将儿童分成 4 组。每组中有一个儿童的角色是母鸭，其他的儿童是小鸭。儿童模仿小鸭的动作，跟着鸭妈妈摇摇摆摆地走过活动区域。

另一个挑战是，告诉儿童在秋天，许多鸟都会成群结队地迁徙到更温暖的地方。许多鸟会排成 V 字形飞行。让儿童握拳，然后伸出食指和中指形成一个 V 字形。头鸟飞累后，它会回到队伍的末尾，另一只鸟接替成为头鸟。将儿童分成 4 组，每组指定一名儿童作为头鸟。当你说出"换人"时，头鸟后退，另一名儿童成为头鸟。

### 评估问题

1. 所有的鸟都以相同的方式移动吗？
2. 你能想到我们今天没有提到的某种鸟吗？它是如何移动的？展示给我看。
3. 我们讨论了野鸭如何喜欢按 V 字形飞行。谁能说出另一种让鸟群继续向前飞的字母模式呢？

### 学术语言要求

- **语言的作用：** 使用语言分析和区分不同鸟类的共同行为。
- **词汇：** 摇摇摆摆地走、跑动、平衡、鸟群、迁徙、蹼足或 V 字队形。
- **句法或叙述：** 在语言交流中，讨论一些鸟类在不同季节飞往不同地点觅食或去往更温暖的地方时的飞行模式。

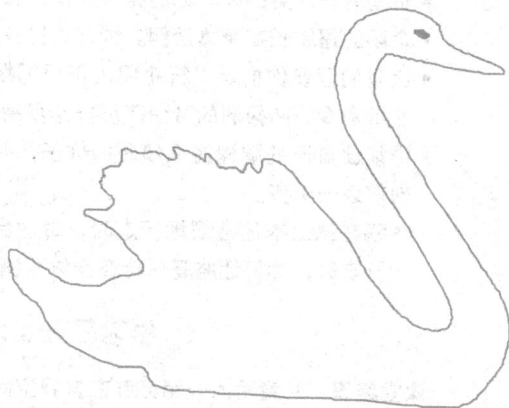

# 企鹅

## 满足的美国国家标准

- **标准 1** 有运动素养的人有能力使用各种运动技能和移动方式。
- **标准 2** 有运动素养的人能够应用与移动和表现有关的各种概念、原则、策略及战术的知识。

## 教材/教具

象征冰山的地面标志、企鹅及其栖息地的照片（可选）以及填充动物企鹅或玩具企鹅（可选）。

## 中心焦点

踏着节奏参与某个动作时表现出负责任的个人行为。

## 目标

- **认知**：儿童能指出他的哪些身体部位与企鹅的相似。
- **情感**：儿童能改变他的步态，保持一种蹒跚的步伐，跟随或带领同伴通过活动区域。
- **心智**：儿童将示范如何最好地模仿企鹅的动作，然后按照教师的指示有节奏地移动。

## 健身活动可实现的健康目标

心肺耐力。

### 学习任务 1：准备移动我们的身体

**课堂组织**：儿童在整个一般空间中分散开。

要求儿童进行以下活动。

- 企鹅有长而尖的喙。你的哪个身体部位像企鹅的喙？你能指出来吗？
- 企鹅的翅膀长在身体两侧。试着拍打身体两侧的两个部位。
- 让我们假设你们是一群企鹅，正摇摇摆摆地走过冰面。看看你们能不能像生活在非常寒冷的南极洲的帝企鹅那样站得高高的。
- 谁能让自己的腿保持很僵硬的样子，并用一条腿向前迈一小步？现在用另一条腿向前迈一小步。
- 企鹅在冰上摇摇摆摆地行走时，每次会移动身体的一侧。向我展示当你摇摇摆摆地行走时，如何让胳膊保持在身体两侧。

### 学习任务 2：同伴挑战

**课堂组织**：儿童两人一组分散在自我空间中。

一名儿童站在同伴身后，同伴是领头的企鹅，沿着他选择的路线摇摇摆摆地走过活动区域。第二个儿童跟着第一个儿童移动。双方交换角色。

## 学习任务 3：巨大的冰山

**课堂组织**：儿童在整个一般空间中分散开。

将标记放在地板或地面上，代表一个想象中的巨大冰山。要求儿童待在冰山上并练习摇摇摆摆的行走技能。你发出信号后，企鹅就要被冻住（即停止移动），这样你就可以将各个标记移得更近些，从而减小冰山的大小。挑战儿童，让其继续摇摇摆摆地行走，但不要碰到其他儿童的身体。该活动一直持续到冰山对所有企鹅来说都太小为止。当"冰山融化"，变得太小而无法容纳所有人时，学生要跳下冰山，进入想象的水中。它们用手臂作为鳍，游到另一座冰山，也就是安全地带（即另一个指定区域）。

作为特别的奖励，让儿童想象自己是企鹅，并按照下面的节奏移动。

"企鹅在冰上摇摇摆摆地走着，

他们认为冰面很漂亮。

但是白天炽热的阳光开始融化这些冰。

然后，冰变得太小了，

小到无法容纳所有的企鹅。

所以企鹅滑啊，滑啊，跳啊，

他们都跳入深海。

它们游得更快了一点，

相遇后再继续游，

然后颤抖着登上冰冷的海岸。"

## 评估问题

1. 谁能告诉我，我们怎样才能在很滑的冰上行走而不摔倒呢？

2. 你使用哪些身体部位像企鹅一样移动？

3. 你能想到另一种生活在冰雪覆盖区域的动物吗？让我们试着模仿这种动物的动作。

## 学术语言要求

- **语言的作用**：使用语言来回复老师关于人与企鹅的比较。

- **词汇**：移动、摇摇摆摆地移动、拍打、僵硬、跳过、滑动、跳入、游、颤抖以及冰山。

- **句法或叙述**：在语言交流中关注有节奏的动作语言，要求儿童演示 7 个动作来完成这项活动。

# 老鹰与小鸡

## 满足的美国国家标准

- **标准 1** 有运动素养的人有能力使用各种运动技能和移动方式。
- **标准 4** 有运动素养的人表现出尊重自己和他人的负责任的个人与社会行为。

## 教材 / 教具

老鹰和小鸡及其栖息地的图片（可选）。

## 中心焦点

区分两种鸟的行为和动作，并在表现这些行为和动作的过程中找到乐趣。

## 目标

- **认知**：儿童将比较老鹰和小鸡的异同。
- **情感**：儿童在扮演 3 个积极的角色时，将展现出与同学合作且安全的行为。
- **心智**：儿童将执行剧烈运动相关的技能，以成功地逃避追逐者。

## 健身活动可实现的健康目标

心肺耐力。

## 学习任务 1：准备移动我们的身体

**课堂组织**：儿童在整个一般空间中分散开。

引入以下内容：让我看看在执行动作故事中的各种动作后，你们能不能告诉我老鹰和小鸡的区别。

一天，一只小鹰在养鸡场的谷仓中迷路了。小鹰一点也不知道是怎么回事，它以为自己是只小鸡。所以，看到鸡所做的所有事情，它也照做了。

他抓（儿童用一只脚的脚趾抓地面三次），啄（儿童用头做啄的动作三次），

探头（儿童的头从一侧向另一侧轻点时触碰舌头三次），

咯咯地叫（儿童咯咯叫三次），

偶尔也会喔喔喔地叫（儿童喔喔喔叫三次）！鹰长大了，也更强壮了（儿童鼓起胸膛）。

它长得比鸡还大（儿童向外伸出手臂），它长得比公鸡还高（儿童向上伸手）。

而且它跑得和跳得比任何其他的鸟都快都高（儿童跳起来）。鹰变得非常伤心，因为它需要更大的空间来奔跑和跳跃。一天，鹰抬头看见一只老鹰在天空翱翔。

它说："那可是一只大鸟，我不知道我能不能像它那样飞。"

所以它用最快的速度奔跑（儿童原地跑）。

它用力拍打翅膀（儿童拍打手臂）。

它用力向高处跳跃（儿童跳起来）。

它飞上了天空，飞到了一座高山的山顶，在那里它看到了许多骄傲的鹰。

它开始做老鹰做的所有事情。

他们飞翔（儿童边跑边拍打手臂），

滑翔（儿童跑动时伸直手臂），

然后俯冲（儿童弯腰并移动膝盖和身体，就像也在俯冲一样），

然后腾空（儿童踮起脚尖，向上伸直手臂）。

有一只鹰，没有人看它的时候，

偶尔会喔喔喔地叫（儿童喔喔喔叫三次）。

## 学习任务 2：同伴挑战

**课堂组织**：儿童两人一组分散在自我空间中。

引入以下内容。

- 正在学习飞行的小鸟叫雏鸟。
- 与同伴一起练习短距离的低空跳跃，同时像鸟拍打翅膀那样拍打手臂。
- 继续进行更长距离和更高的跳跃，直到两人一起绕着活动区域飞行。

## 学习任务 3：鹰巢

**课堂组织**：儿童按组分散开来。

- 将儿童分成 3 组。其中一组做出老鹰惯有的动作和行为。第二组建造一个鹰巢，用儿童的身体形成一个直径可达 9 英尺（约 2.7 米）的圆圈。第三组假装是鱼，这是老鹰最喜欢的食物。
- 你发出信号后，老鹰在整个空间中翱翔，标记尽可能多的鱼。一条鱼被标记后，标记它的老鹰就会把鱼护送到鹰巢中。所有的鱼都被捕获之后，各组儿童交换角色。

### 评估问题

1. 哪位同学最喜欢的鸟是我们今天没有提到的？这只鸟如何移动？
2. 鸡是一种有翅膀但不会飞的鸟。向我展示鸡是如何行走的。
3. 鹰能同时看到前方和侧面。谁能想到一项只有人类才拥有的特殊能力？

### 学术语言要求

- **语言的作用**：使用语言描述基本的农场鸟类和野生森林鸟类之间的一些差别。
- **词汇**：抓、啄、咯咯叫、拍打、跑动、飞、滑翔、翱翔、俯冲以及鹰巢。
- **句法或叙述**：在语言交流中确认所虚构的角色很强壮或速度很快有哪些优势。

# 蛛网的结构

## 满足的美国国家标准

- **标准 1** 有运动素养的人有能力使用各种运动技能和移动方式。
- **标准 2** 有运动素养的人能够应用与移动和表现有关的各种概念、原则、策略及战术的知识。

## 教材／教具

不同种类的蜘蛛及其蛛网的图片（可选）。

## 中心焦点

在激烈的追逐活动中区分宽和窄的形状。

## 目标

- **认知**：儿童能做出比较宽和窄的形状。
- **情感**：儿童能很高兴地把他的身体与同学的身体拼接起来，形成各种宽的形状。
- **心智**：儿童能保持宽的形状，并和一组人形成一个宽的结构，让一两个儿童可以安全地通过这个结构。

## 健身活动可实现的健康目标

心肺耐力。

### 学习任务 1：准备移动我们的身体

**课堂组织**：儿童在整个一般空间中分散开。

要求儿童进行以下活动。

- 你如何将身体伸展成一个宽的形状？一只手和另一只手之间的距离很远时，就形成了一个宽的形状。当我说物体是宽的时，就是在描述该物体从一边到另一边的距离较远。
- 向我展示一个较低高度的宽的形状。
- 你能在较低的高度形成一种又细又窄的形状吗？

### 学习任务 2：同伴挑战

**课堂组织**：儿童两人一组分散在自我空间中。

引入以下内容。

- 你能与同伴一同用两人的身体在较高的高度做出一种宽的形状吗？躺在地板上时，试着在较低的高度做出这种形状。
- 你和同伴能在较低的高度做出多少个宽的形状？

## 学习任务 3：形成一个巨大的蛛网

**课堂组织：** 儿童按组分散开来。

- 指定两名儿童成为追捕者，或者称为蜘蛛。其余的儿童都是苍蝇，他们要从这两只蜘蛛面前逃走。解释一下，每个儿童被标记后，他就要移动到蛛网（即活动区域）中指定的空间，并在地板上平躺后形成一个宽的形状。
- 其他被标记的儿童加入第一个被标记儿童的行列，将他们形成的宽的形状组合成一张巨大的蛛网。
- 鼓励儿童用不同的位置（如头对头、脚对膝盖、肘对手）连接身体。
- 所有苍蝇都被标记后，允许两只蜘蛛迈入儿童身体之间的空间，从而小心翼翼地穿过蛛网。每次进行此活动时，选择新的儿童担任蜘蛛。

### 评估问题

1. 谁能说出蜘蛛喜欢在哪些地方织网（如小树、门口、灌木丛、房子下面）？
2. 你能仅用腿给我展示一个宽的形状吗？形成蛛网时，为什么形成一个宽的形状很重要，而不是窄的形状？
3. 如果苍蝇形成窄的形状而不是宽的形状，会覆盖多少地面空间？

### 学术语言要求

- **语言的作用：** 使用语言区分宽和窄的形状。
- **词汇：** 宽、窄以及蛛网。
- **句法或叙述：** 在语言交流中强调，在小组学习任务中，当所有儿童被标记并形成宽的形状后，是最安全的时候，因为蜘蛛会在活动结束时穿过蛛网。

# 昆虫

## 满足的美国国家标准

**标准 5** 有运动素养的人能认识到体育活动对健康、娱乐、挑战、自我表达和社会互动的价值。

## 教材 / 教具

大型昆虫在其栖息地的图片（可选）、地垫或加垫的地板（可选）。

## 中心焦点

比较和演示人体与昆虫的身体之间的区别和关联。

## 目标

- **认知**：儿童将说出各种爬动、蠕动、扭动或爬行的昆虫，并了解具有独特特征的其他昆虫。
- **情感**：儿童称赞同伴在整个活动区域中行进时的跟随能力。
- **心智**：儿童与同学合作，使用身体创造出 3 只大昆虫并协同表现昆虫的动作，这样其他同学和老师就都能认出这些昆虫了。

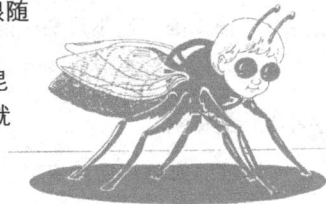

## 健身活动可实现的健康目标

柔韧性。

### 学习任务 1：准备移动我们的身体

**课堂组织**：儿童在整个一般空间中分散开。

要求儿童进行以下活动。

- 你能说出用爬动、蠕动、扭动或爬行方式来移动的生物吗？昆虫有数百万种，我们不可能一一命名，但我们可以通过参加一项体育活动来学习关于昆虫的更多知识。例如，蟋蟀用腿听声音。触摸我们用来听声音的身体部位，向我展示如何使用我们的腿。
- 昆虫也有感觉器官，叫作触角，它们能用触角来闻到食物。轻拍我们用来闻食物的身体部位，闻到烤箱中面包的香味时，你会怎么移动？
- 昆虫通过两侧的小孔来呼吸。深呼吸并指出我们用来呼吸的身体部位，你能在你的个人空间中跑动，直到呼吸速度非常快吗？
- 昆虫用它们身上的毛来品尝和感觉事物。摆动我们用来品尝食物的身体部位，摇动我们用来感觉物体的身体部位。
- 白蚁在土壤中筑巢，这些巢穴中有很多通道。你能将身体做成一个通道的形状吗？
- 假装你是一只躲避日光的萤火虫。让我们假设现在很暗，用你的光去寻找其他萤火虫。
- 昆虫的嘴叫作口针，形状像一根吸管，用来吸食植物和花卉中的液体。向我展示你是怎么喝一大杯牛奶的。

## 学习任务 2：同伴挑战

**课堂组织：** 儿童两人一组分散在自我空间中。

引入以下内容：行军蚁总是在移动和寻找食物，在炎热的地方，它们会成群结队地行进。鼓励每组同伴在活动区域内行进，一个同伴在另一个同伴的前面。在你发出信号后，同伴交换角色，然后加入其他小组一同行进。

## 学习任务 3：巨大的昆虫

**课堂组织：** 儿童按组分散开。

引入以下内容：你们可以小组的形式协同工作，用身体形成巨大的昆虫。

**蜻蜓：** 蜻蜓是一种飞行速度很快且飞行姿势优雅的昆虫，经常在溪流和池塘边飞翔。你可通过那对宝石般的眼睛认出它，它的眼睛占据一半以上的头部空间。蜻蜓有两对透明的翅膀，6 条腿和一个细长的身体。它还有两套下颚，牙齿锋利，可以吃掉蚊子和黑苍蝇。将儿童分成 3 人一组，让每一组的儿童前后排列，形成一只蜻蜓。排在队伍最前面的两名儿童在身体两侧伸直手臂，代表蜻蜓的翅膀。第三名儿童的手越过第二名儿童，抓住第一名儿童的肩膀。3 名儿童协调腿部动作向前移动和飞行。

**狼蛛：** 狼蛛是一种生活在地面上的蜘蛛，它能在地上挖很深的地洞。它以多毛的身体、咬人很疼、3 英寸（约 7.6 厘米）长的身体和 5 英寸（约 13 厘米）长的腿而闻名。与其他蜘蛛一样，狼蛛有 4 对腿。为了形成一个假想的狼蛛，4 名儿童彼此靠近，手臂搭在彼此的肩膀上，协调腿部运动并保持头部靠近来代表狼蛛的身体，然后在整个活动区域中移动。

**蜈蚣：** 蜈蚣是一种类似于蠕虫的昆虫，有一个头、三个嘴、一对触须、两只前爪以及一个可长到 12 英寸（约 30.5 厘米）的分节的身体。白天，它们生活在岩石下或树皮下。大多数蜈蚣有 10 对腿，有些蜈蚣最多可能有 177 条腿。为了形成蜈蚣，一组 5 名儿童要排成一个纵队，每个儿童微微前倾身体，抓住前面儿童的大腿，整个小组慢慢地向前移动。如果有垫子或加垫的地板，儿童可以排成一个纵队，跪下来，然后抓住前面儿童的脚踝。从这个姿势开始，各组用一种缓慢的动作向前移动。

### 评估问题

1. 能分成 3 人一组，然后形成一只想象中的昆虫吗？
2. 你能找到一种方法让想象中的昆虫从一个空间移到另一个空间吗？
3. 今天我们学习了很多类型的昆虫、虫子和蜘蛛，以及它们是如何移动的。谁能想起我们今天所学到的 3 个事实？

### 学术语言要求

- **语言的作用：** 使用语言识别这一年龄段儿童熟悉的 4 种大型昆虫或虫子的特征。
- **词汇：** 爬动、蠕动、扭动、爬行、卷曲、抓握、挤作一团、行进、触角、透明、地洞、分节的、昆虫以及虫子。
- **句法或叙述：** 在语言交流中把昆虫的身体部位与相应的人类身体部位进行比较。

# 大黄蜂

## 满足的美国国家标准

- **标准 1** 有运动素养的人有能力使用各种运动技能和移动方式。
- **标准 2** 有运动素养的人能够应用与移动和表现有关的各种概念、原则、策略及战术的知识。

## 教材 / 教具

六七个豆袋或可以抓住的类似小物件、欢快的背景音乐。

## 中心焦点

在参与各种体育学习任务的同时，儿童比较自己的身体部位与蜜蜂的解剖结构。

## 目标

- **认知**：儿童将会发现他的身体与大黄蜂的身体有何相似之处和不同之处。
- **情感**：儿童将欣赏同伴富有创意的舞蹈，并在互换角色之前模仿这些动作。
- **心智**：在互换角色之前，儿童会长时间快速摆动手臂，以中等速度在同学之间迅速移动。

## 健身活动可实现的健康目标

心肺耐力。

## 学习任务 1：准备移动我们的身体

**课堂组织**：儿童在整个一般空间中分散开来。

要求儿童进行以下活动。

- 我们可以了解大黄蜂的身体与我们的身体有何相似和不同之处。大黄蜂的头两侧各有两组眼睛。指着自己的眼睛问儿童：你有几双眼睛（一双）？
- 蜜蜂通过触角来听声音，触摸我们用来听声音的身体部位。蜜蜂的刺从腹部伸出。你会按摩腹部吗？
- 蜜蜂的骨架位于身体外面。我们的骨骼在我们的身体内部。伸直手指，五指展开，指出手上骨骼的位置。
- 我们用腿行走。蜜蜂用翅膀飞行，嗡嗡声就是由于翅膀快速扇动而发出的。你能把两个握紧的拳头放在胸前来形成蜜蜂的翅膀吗？谁能模拟蜜蜂的动作和嗡嗡声？

## 学习任务 2：同伴挑战

**课堂组织：** 儿童两人一组分散在自我空间中。

引入以下内容。

- 人们用嘴或手来说话或交流。蜜蜂通过跳舞进行交流，摆尾舞就是摆动尾部，告诉其他蜜蜂在哪里可以找到食物。
- 与同伴一同活动时，一名儿童表演他所认为的摆尾舞，另一名儿童模仿同伴的动作。双方交换角色。

## 学习任务 3：蜜蜂活动

**课堂组织：** 儿童按组分散开。

引入以下内容。

- 收集花粉：将儿童分成两组。第一组儿童手拉手形成一个大的圆形，代表蜂巢的开口。其余的儿童则展示蜜蜂在采集花粉（用豆袋或其他小物件表示）时的动作和声音。蜜蜂将花粉带回蜂巢，收集花粉后，儿童交换角色。
- 蜜蜂的十四行诗：将儿童分成两组。一半的儿童假装是散落在整个活动区域的花朵。其余的儿童扮演蜜蜂的角色，随着欢快的音乐飞向每一朵花。双方交换角色。
- 保持平衡的蜜蜂：鼓励儿童在整个一般空间中以不同的高度移动。你发出信号后，儿童停下并用单脚保持平衡。
- 飞行的大黄蜂：当你发出蜜蜂特有的有趣动作信号时，鼓励儿童随着欢快的音乐移动，如蜜蜂迅速飞、蜜蜂快飞、蜜蜂圆形飞（如小、快或轻，在高、中或低高度），同时在一般空间中移动。

### 评估问题

1. 蜜蜂需要非常快速地拍打翅膀才能保持身体处于空中。向我展示你的手臂运动速度能有多快。
2. 我们锻炼哪些身体部位后可以更快地运动（例如腿）？你能通过运动锻炼你的腿吗？
3. 哪些活动最具挑战性？为什么？

### 学术语言要求

- **语言的作用：** 使用语言识别蜜蜂的各个部分，以及这些部分是如何帮助蜜蜂生存的。
- **词汇：** 摆动、摇摆、分散、收集、小、快、轻、高度、停下、骨骼、花粉、蜂巢以及腹部。
- **句法或叙述：** 在语言交流中确定何时转换角色，并利用这一知识来进行另一项与蜜蜂有关的活动。

# 蝶的一生

## 满足的美国国家标准

**标准 1** 有运动素养的人有能力使用各种运动技能和移动方式。

## 教材 / 教具

每个儿童两个绉纸纸带、在整个活动区域中展示的鲜花图片。

## 中心焦点

发现蝴蝶一生中的 4 个阶段，并参与其一生中所经历的各种活动。

## 目标

- **认知**：儿童将记住蝴蝶一生的 4 个阶段。
- **情感**：儿童用身体展示蝴蝶一生中的主要阶段时，他们会对再现蝴蝶的一生产生兴趣。
- **心智**：儿童将使用道具来帮助做出有力的手臂动作，以模仿蝴蝶的翅膀，并展示他们在试图逃避追击者时能够使用飞奔、猛冲等技能并选择不同的路径。

## 健身活动可实现的健康目标

心肺耐力和柔韧性。

## 学习任务 1：准备移动我们的身体

**课堂组织**：儿童在整个一般空间中分散开来。

引入以下内容：蝴蝶这个词来自古英语单词"buter-fleoge"，意思是黄油和飞行的动物。蝴蝶的一生要经历 4 个阶段。要求儿童进行以下活动。

- 第一阶段是卵。卵很小，可以是圆形、椭圆形、圆柱形或其他形状。你能把身体蜷缩成蝴蝶卵的形状吗？
- 每个卵里面都有一条毛毛虫。毛毛虫有 16 条腿，毛茸茸的背部，小小的眼睛和嘴巴。向我展示你如何像毛毛虫那样扭动身体。
- 毛毛虫从卵中钻出来后会立即开始吃东西，并且长得很快。这就是幼虫期。毛毛虫的主要活动是吃东西，随着不断长大，身体相对于皮来说就太大了。毛毛虫会蜕去外皮，即外骨架，并长出新的皮。你能向我展示毛毛虫是怎样从卵中钻出来，吃东西，然后蜕皮的吗？
- 蝴蝶发育的第三个阶段是蛹阶段。毛毛虫成年后（通常是从卵中钻出两周后），它会找一根很高的树枝或叶子，然后通常是倒挂在上面，并用一种黏性液体覆盖全身。这种闪亮的液体硬化后会成为金色的外壳。下面向我展示处于蛹阶段的毛毛虫，方法是将身体塑造成字母 J 的形状，这是蛹挂在嫩枝或叶子上时的形状。
- 蝴蝶现在已经准备好从蛹中出来了，它的翅膀又湿又皱。试着让自己从蛹中解放出来，并展示如何练习拍打翅膀，直到翅膀完全展开并准备好飞行。

## 学习任务 2：同伴挑战

**课堂组织：** 儿童两人一组分散在自我空间中。

引入以下内容：儿童与同伴在院子（即活动区域）中蹦蹦跳跳并尝试抓住同伴，因为同伴正扮演一只蝴蝶，从一朵花飞到另一朵花。儿童触碰到蝴蝶（同伴）的肩膀或背部时，双方交换角色。

## 学习任务 3：蝴蝶活动

**课堂组织：** 儿童按组分散开。

**飞翔的蝴蝶：** 向儿童解释蝴蝶会扇动翅膀并飞向花朵，用它的喙（一根长长的吸管）吸食花蜜和其他液体。为每个儿童提供两条纸带，儿童在整个活动区域中飞翔时手拿纸带飘动。让儿童飞到在墙上展示的花朵处。

**蝴蝶追逐：** 告诉儿童蝴蝶也有要捕食它们的敌人，包括鸟类和其他昆虫。许多蝴蝶将自己融入周围色彩斑斓的环境中来保护自己。为每个儿童提供两条皱纹纸带作为翅膀。选择两名儿童，让他们扮演在活动区域内自由飞翔的鸟儿。其他儿童都是蝴蝶，他们在空中飞翔。蝴蝶感到鸟儿将要抓住（即被鸟儿触碰）它时，可以立即静止（即与周围环境融为一体）。如果蝴蝶被鸟儿抓住了，它要和鸟交换翅膀并飞走。

### 评估问题

1. 你认为人们为什么会喜欢看蝴蝶？
2. 蝴蝶从蛹中出来后，它的翅膀会发生什么变化？展示给我看。
3. 谁能说出我们的人生将经历哪些不同的阶段，从婴儿开始（例如，婴儿、儿童、青少年和成人）？

### 学术语言要求

- **语言的作用：** 使用语言描述蝴蝶的一生。
- **词汇：** 蜷缩、扭动、推动、蜕皮、拍打、扇动、幼虫期、外骨骼、蛹、蛹阶段、喙以及天敌。
- **句法或叙述：** 在语言交流中关注小组学习任务中的"天敌"一词。

# 马

## 满足的美国国家标准

- **标准 1** 有运动素养的人有能力使用各种运动技能和移动方式。
- **标准 2** 有运动素养的人能够应用与移动和表现有关的各种概念、原则、策略及战术的知识。

## 教材 / 教具

各类马的图片（可选）。

## 中心焦点

识别并练习与特定类型的马相关的各种动作。

## 目标

- **认知**：儿童将利用先前获得的有关马的知识，并利用有关不同马如何移动的新信息来形成相关的认知。
- **情感**：儿童将积极尝试给同伴贴上标记，因为同伴正扮演想象中的角色，需要被拯救。
- **心智**：儿童将急切参与一个鼓励儿童使用各种运动技能的有韵律的动作，以便了解不同的马是如何移动的。

## 健身活动可实现的健康目标

心肺耐力。

## 学习任务 1：准备移动我们的身体

**课堂组织**：儿童在整个一般空间中分散开来。
要求儿童进行以下活动。

- 假装你是一匹绕着一个大圆圈飞奔的小马。许多马就是这样训练出来的。
- 谁能像走秀的马那样迈着轻快的步子抬腿腾跃呢？
- 你能表现得像一匹疲惫的马，迈着沉重的步子缓慢地回到马舍吗？

## 学习任务 2：同伴挑战

**课堂组织**：儿童两人一组分散在自我空间中。
引入以下内容：在牧场上，牛仔们围拢或聚集那些跑散的牲畜。一名儿童扮演正在逃跑的奶牛，同伴假装骑着马追赶前者。在骑手标记了正在逃跑的奶牛后，双方交换角色。

## 学习任务 3：马的动作

**课堂组织**：儿童在整个一般空间中分散开。
引入以下内容：我们可以用我们的身体学习不同种类的马是如何移动的。你能用手拍打腿部来发出马蹄蹬地的声音吗？现在，让我们看看谁能像各种不同的马那样移动。

野马自由奔跑，
驰骋在辽阔的草原上。
你能一只脚放在身体前面，像马那样驰骋吗？
　　　野马会不停跳跃和踢腿，
　　　就像在弹簧高跷上跳跃一样。
　　　向我展示如何像野马那样上下跳跃。
漂亮的走秀马腾跃得很高。
有时其动作看起来像是花式舞蹈。
你如何像一匹骄傲的走秀马那样在活动区域中腾跃？
　　　小小的、爱跳跃的设得兰矮种马很小。
　　　庞大的、缓慢的工作马很高大。
　　　在小的时候尽情跳跃。现在已经长高了，就像工作马一样向上伸展。
牛仔们骑着马赶牛。
农场中干活的马要拉沉重的犁。
能像牛仔们那样骑着马四处移动吗？
　　　纯种马喜欢在赛马中飞奔。
　　　它们在椭圆形的赛道上飞奔，速度飞快。
　　　你能像赛马一样在椭圆形的赛道上以多快的速度飞奔？
旋转木马上的马会上下移动，
随着旋转木马转啊转。
谁能像旋转木马那样一边转动一边上下摆动身体？
　　　摇摆木马可以快也可以慢。
　　　你是它的骑士，喊着"驾"或"哇偶"。
　　　试着把你的重心从一只脚移到另一只脚，从而前后摇摆。
真实的马会跺脚，并用蹄子刨地。
然后会四处蹦蹦跳跳，然后扬起后蹄跳跃。
谁能向前跳跃？现在通过伸直你的身体来跳跃和抬起后蹄跳跃。
　　　马也会走、跑、小跑和上跳。
　　　然后从头到尾抖动全身。
　　　找到像马那样的最好行走方式，然后是跑动，最后是小跑。

## 评估问题

1. 你能说出另一种会飞奔的动物吗（例如狗、斑马、犀牛、水牛或母牛）？
2. 谁能告诉我为什么很多人认为马是一种特殊的动物？
3. 在你扮演的所有的马当中，你想在家里养哪种马？为什么？

## 学术语言要求

- **语言的作用**：使用语言来描述特定马的运动和行为方式的异同。
- **词汇**：猛打、飞奔、抬起后蹄跳跃、腾跃、踢、沉重、摇摆、牲畜、野马、臀部或小跑。
- **句法或叙述**：在语言交流中强调为什么马是与众不同的动物，以及马是如何为不同目的服务的。

# 了解大自然

## 满足的美国国家标准

**标准 1** 有运动素养的人有能力使用各种运动技能和移动方式。

## 教材 / 教具

动物在其自然环境中的图片（可选）。

## 中心焦点

用身体形成动物的家园和博物学家使用的各种物品。

## 目标

- **认知**：儿童将描述博物学家扮演的角色和户外环境。
- **情感**：儿童愿意用自己的身体形成动物家园的形状，并能按要求交换角色。
- **心智**：儿童将展示他们的身体是如何相互连接和相互缠绕的，从而形成自然界常见的昆虫和动物家园的形状。

## 健身活动可实现的健康目标

柔韧性。

### 学习任务 1：准备移动我们的身体

**课堂组织**：儿童在整个一般空间中分散开来。

要求儿童进行以下活动。

- 博物学家是对户外生活了如指掌，能够识别昆虫、动物、鸟类和其他动物的人。让人相信你正在收拾出门用的背包。让我们带着相机去拍大自然的照片，并将地图塞进口袋。
- 你能涂上防晒霜，戴上帽子和太阳镜吗？
- 跳上吉普车，系好安全带，我们出发去冒险。
- 我们的第一站是鸭子池塘。你能像鸭子那样嘎嘎叫、摇摇摆摆走路吗？用你的身体形成鸭子池塘的形状。
- 昆虫生活在草丛中。站直，假装你是草叶。

### 学习任务 2：同伴挑战

**课堂组织**：儿童两人一组分散在自我空间中。

引入以下内容：松鼠在高大的树上导找洞穴作为它的家。选择一个同伴，用你们的身体形成一棵树，并想办法为松鼠营造一个家。

## 学习任务 3: 在大自然中找到的家

**课堂组织**: 儿童在整个一般空间中分散开来。

**引入以下内容**: 你可以用身体和想象力为一些动物营造一个家。

**黄蜂的巢**: 指着树枝下挂着的一个想象中的灰色蜂巢,告诉儿童一些黄蜂用一种纸质材料筑巢,这种材料是将干燥的木质弄湿调成糊状。向儿童解释他们可以做一个纸质的黄蜂的巢,方法是形成一个大圆圈,并向上或向下伸直他们的手臂。让 3 到 4 只黄蜂在巢中飞来飞去。

**鸟巢**: 让儿童用想象中的双筒望远镜查看鸟巢,要求他们设法用身体做一个圆形的鸟巢。一两名儿童可以在巢的中央形成小鸟蛋的形状。

**睡莲**: 解释漂浮在池塘表面的某些植物叫作睡莲叶子,青蛙跳起后可落在睡莲叶子上。一半的儿童绕对面对面坐着,双腿伸成一个很宽的形状并且脚趾相互触碰,从而形成几个睡莲的叶子。其余的儿童假装成青蛙,在活动区域跳来跳去,每只青蛙应该至少落在两个睡莲叶子上。

以下是其他动物家园的名称。

- **兔子**: 地洞。
- **蜘蛛**: 蛛网。
- **蛇**: 蛇窝。
- **熊**: 洞穴。
- **蜜蜂**: 蜂巢。

## 评估问题

1. 你能与同伴一起努力,为你的宠物打造一个家吗?
2. 在森林中探险时,谁能想到我们还需要带些什么?
3. 你能说出我们在树林中散步时可能发现的另外 3 种动物吗? 你觉得它们的家会是什么样子的? 用你的身体展示给我看。

## 学术语言要求

- **语言的作用**: 使用语言和身体去探索想象中的环境和几种生活在森林中的动物。
- **词汇**: 打包、跳上、涂上、摇摇摆摆、跳跃、着陆、睡莲叶子以及黄蜂。
- **句法或叙述**: 在语言交流中提供如何最好地营造想象中的动物或昆虫家园的建议。

# 第 8 章

# 科学和数学

　　幼儿科学教育的目的是增进他们对社区、当地环境和本地区常见生物的了解。本章中的课程计划可帮助儿童带着好奇与兴趣来学习物体和生物是如何运动的。其中包括参与各种学习任务，重点关注如能源、水、森林、天气和岩层构造等领域。此外，这些课程还提供了与多姿多彩的自然物体、机器、太阳系和恐龙相关的科学学习任务。完成与科学相关的挑战后，我们还会用一系列的任务来提高儿童对数字、形状、测量方法、大小、关系和时间的学习兴趣。在运动素养方面，儿童将结合动作和运动技能与数学概念，从而获得有意义且有趣的体验。

## 科学

# 物质、表面和纹理

### 满足的美国国家标准

**标准 1** 有运动素养的人有能力使用各种运动技能和移动方式。

### 教材 / 教具

在整个课程计划中代表不同类型的物质、表面和纹理（如模糊、黏稠、尖锐、光滑、粗糙或光亮）的示例对象（可选）。

### 中心焦点

在模仿与特定表面和物质相关的运动时，区分不同的表面和物质。

### 目标

- **认知**：儿童将各种表面和物质与具有这些独特特征的特定物体联系起来。
- **情感**：轮到儿童回答问题时，他们将表现出积极参与的兴趣。
- **心智**：儿童将模仿与他所得到的质地纹理相一致的动作或移动方式。

### 健身活动可实现的健康目标

心肺耐力。

## 学习任务 1：准备移动我们的身体

**课堂组织**：儿童在整个一般空间中分散开。

导入以下内容：了解我们环境的一种方法是探索尽可能多的表面和物质。"表面"是指物体外表面的覆盖物，"物质"是指某物由什么构成，"纹理"则描述了你触摸物体时的感觉。

向儿童提出以下问题和挑战。

- 谁能描述一下自己最喜欢的玩具？你能描述它的形状和颜色以及如何用它玩耍吗？
- 你最喜欢的物体是毛茸茸且柔软的，还是坚硬而光滑的？
- 我会说一个词来描述当你触摸或使用某物时的感觉，例如，我在想毛茸茸的物体或事物。向我展示你是怎么抱泰迪熊的（儿童的反应应该是假装在抱紧一只毛绒熊）。
  - 谁能像小丑一样用一个假想的毛茸茸的棉球给自己的脸扑粉呢？
  - 戴上毛茸茸的手套，假装你在堆雪人。
  - 戴上毛茸茸的冬帽并在雪地中打滚。
  - 假设你正在抖动一张圆圆的、毛茸茸的地毯。
- 现在我正在想黏黏的东西。
  - 假装你的身体是正在被咀嚼的口香糖。

- 向我展示黏糊糊的手指。
- 如果你的双手被黏稠的胶水所覆盖，并且你要触摸你的脚踝，你会怎么做？
- 如果天气又热又闷又黏，你会如何行走？
- 现在我正在想尖锐的物体或东西。
  - 用一把假想的刀将香蕉切成薄片。
  - 将箭从弓上射向目标。
  - 穿针引线并假装在缝一条裤子。
  - 走路时假装你的一条腿很痛。

## 学习任务 2：同伴挑战

**课堂组织**：儿童两人一组分散在自我空间中。

引入以下内容：现在，我们将进行一个同伴挑战活动，你们将轮流表演如何响应我的指示。与同伴一起时，一个儿童执行第一个响应，然后第二个同伴执行第二个响应，以此类推。要求儿童在一组响应活动的末尾再想一个额外的对象，同伴彼此帮助确定这个额外的对象是什么。例如：现在我正在想光亮的物体和事物。同伴可做出以下响应。

- 同伴 1：挥棒击出一个本垒打。
- 同伴 2：感受脸和手臂上的皮肤。
- 同伴 1：假装拍拍猫的毛。
- 同伴 2：假装正在一个光亮的池塘冰面上滑冰。
- 针对每组两个儿童：你和同伴能想到其他光亮的物体吗？

下面是一些纹理和提示的例子。

- 我正在想粗糙的物体和事物。
  - 用砂纸擦亮木椅。
  - 让我看看推土机是如何把碎石推成一个石堆的。
  - 你能用铲子把桶装满泥土吗？
  - 假想你正在刮脸上的胡子。
  - 你和同伴能想到其他粗糙的物体吗？
- 我正在想光滑的物体和事物。
  - 想象你正在一条满是光滑岩石的小溪中游泳。
  - 如何在滑溜的人行道上行走？
  - 驾驶雪橇在光亮的冰上飞奔。
  - 向我展示滑下滑梯时如何调整身体的位置。
  - 你和同伴能想到其他光亮的物体吗？
- 我在想家中或附近发现的一些特殊物质。
  - 向我展示吃果冻时果冻是如何颤动的。
  - 将花生酱涂在两片面包上。
  - 能让你的身体像鲜奶油一样轻盈蓬松吗？
  - 假装你正在搅拌一大锅蔬菜汤。

- 向我展示沙滩上的沙子是如何从你的手指间流过的。
- 你能捏出并拍打一个泥饼吗？
- 你和同伴能想到其他特殊的物质吗？

## 学习任务 3：制作表面

**课堂组织**：儿童按组分散开。

将班级分成 4 组。当你说出一个词来描述一种表面时，每组中的儿童组合其身体来形成一个他们最喜欢的、具有这种表面（如模糊的、粗糙的、光滑的或尖锐的）的玩具。各组展示他们的作品，然后看看其他人是否能认出这种玩具。

### 评估问题

1. 模仿我们今天讨论过的，并且是你最喜欢的物体的移动方式。
2. 你能想到一个你可以在上面移动的木质表面的物体吗？
3. 看看你能不能找出家中有特殊表面的物体，与同学一起用身体来形成这个物体。

### 学术语言要求

- **语言的作用**：使用语言促成如何最好地移动以反映特定纹理或物质的想法。
- **词汇**：捏、拉、推、抖动、滚动、挥，以及物质、表面和纹理类型的名称。
- **句法或叙述**：在语言交流中关注如何用指定的表面类型打造出最好的玩具。

# 能源

## 满足的美国国家标准

- **标准 1** 有运动素养的人有能力使用各种运动技能和移动方式。
- **标准 3** 有运动素养的人具备了实现和保持可提高健康水平的身体活动和健身运动的知识与技能。

## 教材 / 教具

写着"赛车、飞机和火车"的海报（可选）。

## 中心焦点

模仿使用电池的小物件的移动方式，并参与一项高强度的学习任务。

## 目标

- **认知：** 儿童将说出使用电池的物体的名字，并重申我们为什么使用电池。
- **情感：** 儿童在积极行动 1 分钟后，会接受同伴的建设性评价，并根据同伴的观察请求获得反馈。
- **心智：** 儿童将重现 3 个物体的移动，这些物体会高强度地运动，直到没电，并想象物体在充电后继续前进的样子。

## 健身活动可实现的健康目标

心肺耐力。

## 学习任务 1：准备移动我们的身体

**课堂组织：** 儿童在整个一般空间中分散开来。

要求儿童进行以下活动。

- 谁能告诉我为什么要使用电池（如使物品运转）？
- 向我展示电池是什么样的。
- 你能用身体形成某个使用电池的玩具吗（如飞机、火车、机器人、卡车或遥控汽车）？
- 谁能说出家中使用电池的物品的名称？想办法让你的身体像该物品那样移动（如时钟的指针或手电筒）。
- 让我看看你的身体在感觉很强壮和充满活力时是如何移动的。
- 当你累了需要休息时，你的身体是怎样移动的？

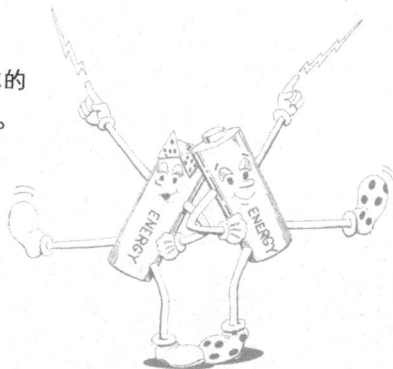

## 学习任务 2：同伴挑战

**课堂组织：**儿童两人一组分散在自我空间中。

在儿童选好同伴后，一名儿童尽可能快地原地跑步，另一名儿童观察同伴跑累时会发生什么（例如，速度变慢、呼吸频率增加）。一分钟后你示意儿童互换角色。儿童与同伴讨论他们的观察结果。

## 学习任务 3：增能器

**课堂组织：**儿童按组分散开。

- 选择几名儿童作为"充电器"。所有其他儿童分散在整个活动区域中，扮演一个电量耗尽的电池，必须由充电器进行"充电"。
- 充电器跑到或飞奔到每个静止不动的电池旁。充电器交叉双手，轻轻放在电池的头顶或电池的肩膀上。充电器数到三，然后大声说"能量充满"。此时充满电的电池假装自己在一辆赛车中，并在整个活动区域中移动。之后赛车会疲惫不堪，最后停下来。赛车保持静止不动，直到一个充电器靠近它并为它的电池重新充电。
- 第二次充电后，该儿童可以假装自己在一架飞机中，并在活动区域中自由移动。第三次耗尽电量并停下后，儿童再次充电，然后像一列火车那样在活动区域中嘎嘎作响地移动。
- 完成学习任务前，充电器应该先变回电池。

### 评估问题

1. 我们的身体需要健康的食品才能保持活力，谁能说出这些健康食品的名字？
2. 能用另一个词来形容精力充沛吗（例如，充电、振奋、有动力、活力四射）？
3. 你能向我展示 3 个动作，从而告诉我你的身体很强壮、很健康吗？

### 学术语言要求

- **语言的作用：**使用语言来讨论如何保有我们的能量，这样就不会很快感到疲劳。
- **词汇：**飞行、嘎嘎作响、充满能量以及重新充电。
- **句法或叙述：**在语言交流中关注 3 个物体以高强度方式移动时的动作和移动方式。

# 波浪动作

## 满足的美国国家标准

标准 4 有运动素养的人表现出尊重自己和他人的负责任的个人与社会行为。

## 教材／教具

海浪的照片（可选）。

## 中心焦点

通过描述单个波浪和一组波浪的运动来理解水的运动方式。

## 目标

- **认知**：儿童将解释海浪的基本运动和能量传递。
- **情感**：儿童将贴心地考虑同伴的跳跃能力，同时想象他们两个跳进各种海浪中。
- **心智**：整组人用身体营造 3 类波浪运动时，儿童将参与其中并帮助同学。这需要很好地把握时机，在某些情况下，还需要有些基本的力量。

## 健身活动可实现的健康目标

柔韧性。

## 学习任务 1：准备移动我们的身体

**课堂组织**：儿童在整个一般空间中分散开。

展示以下内容：今天我们将通过我们的身体来了解波浪，波浪是由水构成的。风一吹，从很远的海上就会开始出现波浪。波浪被推向陆地时，洋底阻挡了水的移动，波浪最终会拍打在陆地上。要求儿童进行以下活动。

- 让我们前后摆动双臂来做出波浪运动，尽量不要移动你的脚。
- 你能让整个身体前后摆动而让胳膊和脚保持不动吗？
- 用手臂在身体前面做一个翻滚动的作。你的手在做这个动作时应该做圆周运动。
- 向我展示如何躺下后滚动身体，就像波浪来到了岸边。
- 能再次以较低的高度滚动并在停下后打开身体，从而形成一个很宽的形状吗？躺着一动不动。

## 学习任务 2：同伴挑战

**课堂组织：**儿童两人一组分散在自我空间中。

引入以下内容：在海滩上，我们千万不要一个人下水。

要求儿童进行以下活动。

- 与同伴一起手拉手跳入波浪中。
- 找到与同伴一起跳入水中的新方法。

## 学习任务 3：特殊的波浪

**课堂组织：**儿童按组分散开。

引入以下内容。

波浪：向儿童解释他们可以一同形成一个大波浪。为了形成第一个波浪，儿童排成一行，所有人都握住旁边儿童的手。数到三后，队伍中第一名儿童举起手，接着下一名儿童也举起手，然后下一名儿童立即举起手，直到每个人都将手举起。

大波浪：让儿童站成一排向后弯腰。彼此的手依然紧握。数到三后，第一名儿童站起来，慢慢地向上拉动下一名儿童的手，然后下一名儿童站起来，接着再下一名儿童站起来，直到所有儿童都站起来。

碎浪：儿童形成这种波浪需要跪成一排，不拉手。队列中的第一名儿童向前倒下，并通过向前移动手来慢慢地降低身体。鼓励儿童在放低身体时弯曲肘部。第一名儿童开始向前倒下后，第二名儿童开始执行此动作，以此类推，直到所有儿童都向前倒下。

### 评估问题

1. 谁能想到我们能在哪些地方的波浪中玩耍（例如，大海、大洋、湖泊、海滩、池塘或游泳池）？
2. 你能向我展示如何用你的身体在波浪中游泳吗？
3. 为什么只有旁边有成年人时才能在大浪中玩耍这一点如此重要？

### 学术语言要求

- **语言的作用：**使用语言解释海浪的动作和移动。
- **词汇：**倒下、摆动、晃动、翻滚、跳跃、抓住、高的高度和低的高度、浪潮、碎浪以及碎。
- **句法或叙述：**语言交流旨在让同学知道在做动作任务时把握好时机很重要。

# 海底旅行

## 满足的美国国家标准

标准 2 有运动素养的人能够应用与移动和表现有关的各种概念、原则、策略及战术的知识。

## 教材/教具

潜艇的图片（可选）。

## 中心焦点

在整个活动区域中移动时调整自己的高度。

## 目标

- **认知**：儿童将认识到身体能以不同的水平面或高度移动。
- **情感**：儿童将积极参与一个大型结构的创建活动，并做到在整个活动区域中以不同的高度有效地移动时，愉快地与小组成员一起参与活动。
- **心智**：儿童会将自己的身体和一群朋友的身体结合起来，组装出一艘想象中的潜艇，并能在不同的高度穿越障碍物。

## 健身活动可实现的健康目标

肌肉力量和肌肉耐力。

### 学习任务 1：准备移动我们的身体

**课堂组织**：儿童在整个一般空间中分散开。

要求儿童进行以下活动。

- 潜艇是一种能在水下航行的船只，"潜"的意思就是在下面，潜艇有推进潜艇船体前进的螺旋桨。你能像螺旋桨那样旋转手臂，在整个活动区域中缓慢移动吗？
- 看看你能不能改变潜艇的深度，在靠近海底的不同层次上移动。
- 现在试着浮出水面。
- 潜望镜是帮助人们查看水面物体的工具。它是一根很长的管子，可以任何方式升高、降低或移动。像潜望镜那样举起手臂，使其处于较高的高度。从一边转到另一边，这样就能看到水面上的物体了。把潜望镜降到中等高度。

## 学习任务 2：同伴挑战

**课堂组织**：儿童两人一组分散在自我空间中。

引入以下内容：休闲潜艇是一种用于娱乐或研究水下生活的小型潜艇。让每个儿童都找到一个同伴，一些儿童形成潜艇，方法是抓住其同伴的肩膀并在水下旅行，其他儿童则将手臂放在背后，作为一群鱼一起游动，潜艇上的人可以观看这些鱼。鼓励潜艇在不接触鱼的情况下靠近这些鱼。双方交换角色。

## 学习任务 3：潜艇

**课堂组织**：儿童按组分散开。

将儿童分成两组。一组分散在整个活动区域中，通过前后摇晃身体假装自己是波浪。其余的儿童将胳膊当作螺旋桨，在波浪中移动。鼓励潜艇在不同的高度上移动。双方交换角色。

让一群儿童用一只手抓住前面人的肩膀，从而形成两到三艘潜艇；另一只手作为螺旋桨。每艘潜艇在整个活动区域中以不同的高度移动时，应尽量保持狭长的形状。

### 评估问题

1. 谁能说出我们在较低高度上所完成的活动？
2. 告诉我将身体伸展到较高高度的两种方法。
3. 如果在真正的潜艇中旅行，你可能会看到什么物体和事物？你能像这些物体或事物那样移动吗？

### 学术语言要求

- **语言的作用**：使用语言识别和描述潜艇的动作以及潜艇的各个部分。
- **词汇**：高、中、低高度；潜艇、螺旋桨、潜望镜、船体以及水面。
- **句法或叙述**：在语言交流中关注一个人的身体可以处于不同的高度（低、中或高），并且可在每个高度上进行大量的活动。

# 一棵树的一生

## 满足的美国国家标准

**标准 1** 有运动素养的人有能力使用各种运动技能和移动方式。

## 教材／教具

森林的照片（可选）。

## 中心焦点

用身体来模仿树的一生。

## 目标

- **认知**：儿童回忆一棵树的生长过程，以及个人可受益的树木制成的产品。
- **情感**：儿童与同伴互动并握住手，假装他们正在砍一棵假想中的树。
- **心智**：儿童将滚动并控制同学的身体，以便将他们从一个地方移到另一个地方。

## 健身活动可实现的健康目标

肌肉力量和肌肉耐力。

## 学习任务 1：准备移动我们的身体

**课堂组织**：儿童在整个一般空间中分散开。

要求儿童进行以下活动。

- 将自己变成一棵深深栽入土壤中的小树苗。向我展示你是如何开始成长的，直到你长成一棵大树，能够为人们遮阴。
- 季节变化时会发生什么？你能展示风是如何吹动树叶并摇动树枝的吗？
- 现在下雪了。谁能通过用力收紧肌肉来展示树枝是如何被冻住的？
- 伐木工人来了，把大树砍倒了。试着把胳膊伸到头顶，让自己变成一根长长的木头，能滚到河边并漂到锯木厂吗？
- 你能用身体向我展示你已经变成什么类型的产品吗（例如柴火、木桌、积木、木质玩具火车或折叠的报纸）？

## 学习任务 2：同伴挑战

**课堂组织**：儿童两人一组分散在自我空间中。

引入以下内容：伐木工人一起砍树。两个人用的横切锯在两端都有木柄，这样两个伐木工人来回拉动锯子时，锋利的齿锯就能锯倒一棵树，或把倒下的树锯成多段。与同伴一起活动，握住对方的手，假装你们是伐木工人，一起来回拉动锯子锯树吧。

## 学习任务 3：伐木

**课堂组织**：儿童按组分散开。

- 指定三分之一的儿童作为伐木工人。这些儿童扮演追逐者的角色，在森林中寻找合适的树木。
- 剩下的儿童都是树，需要逃离伐木工人。一棵树被标记后，伐木工人就会大声喊"树倒喽"，被标记的树以又长又窄的原木形状倒在地上。
- 当所有树都被标记并躺在地上变成原木之后，伐木工人弯腰将每根原木滚动到指定的河流区域。所有树都被滚到河中后，儿童假想他们正在种更多的树，这样就可以重新开始这个活动了。

### 评估问题

1. 谁能告诉我为什么在森林中伐木后立即植树很重要？使用哪些身体部位来演示伐木动作？
2. 当你被标记后，为什么安全地倒在地上很重要？
3. 还有哪些物体的形状是又长又细的？展示给我看。

### 学术语言要求

- **语言的作用**：使用语言描述伐木工人扮演的角色以及履行这些职责所需的力量。
- **词汇**：伸长、滚动、漂浮、推、拉、倒下、伐木工人、伐木、树苗、原木、锯木厂以及横切。
- **句法或叙述**：在语言交流中解释为什么在伐木后立即植树很重要。

# 洞穴结构

## 满足的美国国家标准

- **标准 1** 有运动素养的人有能力使用各种运动技能和移动方式。
- **标准 2** 有运动素养的人可应用与移动和表现有关的各种概念、原则、策略及战术知识。

## 教材 / 教具

洞穴的照片（可选）。

## 中心焦点

让身体两点落地，以形成洞穴结构。

## 目标

- **认知**：儿童将控制和弯曲自己的身体来形成相应的洞穴形状。
- **情感**：儿童将与同伴一起进行头脑风暴，想出 3 到 4 种身体可以形成的形状，从而为同伴创造一个洞穴让其通过。
- **心智**：儿童将依靠自己的力量并使用胳膊和腿通过由同学的身体形成的两个大型洞穴结构。

## 健身活动可实现的健康目标

肌肉力量和肌肉耐力。

## 学习任务 1：准备移动我们的身体

**课堂组织**：儿童在整个一般空间中分散开。
要求儿童进行以下活动。

- 谁能用他的身体向我展示一个圆的形状？
- 能把圆形放大并形成一个洞穴吗？
- 展示如何在手和脚触碰地板的情况下形成一个圆形。

## 学习任务 2：同伴挑战

**课堂组织**：儿童两人一组分散在自我空间中。
引入以下内容。

- 现在你已经用手和脚在地板上形成了一个圆形，选择一个同伴并轮流从洞中爬过去。
- 一个同伴从另一个同伴的腿之间爬动时，另一个同伴能站直身体吗？使用手臂和腿快速爬过

去。双方交换角色，探索身体形成洞穴形状的其他 3 种方式。

### 学习任务 3：洞穴

**课堂组织：**儿童按组分散开。

引入以下内容：当水侵蚀岩石并形成一个洞时，在山脉靠近水的一侧就形成了洞穴。

山脉洞穴：将班级分成两组。一组人排成一列并张开双腿，形成一个长长的洞穴。另一组爬过这个长长的洞穴结构。双方交换角色。

海边洞穴：一种更复杂的洞穴是由一组儿童左右排成一行来形成的。你发出信号后，儿童向前弯腰并且手触地，这样他们就能用手和脚支撑自己的体重。其余的儿童在这个长长的洞穴结构中爬行，洞穴可以是弯曲的。双方交换角色。

## 评估问题

1. 哪些身体部位对我们穿越想象中的洞穴帮助最大?
2. 今天我们创建的哪个洞穴是最难爬的?
3. 谁能说出生活在洞穴中的动物和生物的名字（如熊、蝙蝠、蝾螈、蜘蛛或蛇）?向我展示这些穴居生物是如何移动的。

## 学术语言要求

- **语言的作用：**使用语言来评估仅用胳膊和腿穿过洞穴有多难。
- **词汇：**爬动、爬行、弯曲、圆形、弯曲的形状以及洞穴。
- **句法或叙述：**在语言交流中辨认在洞穴中活动和生活的几种生物。

# 风的模式

## 满足的美国国家标准

- **标准 1** 有运动素养的人有能力使用各种运动技能和移动方式。
- **标准 4** 有运动素养的人表现出尊重自己和他人的负责任的个人与社会行为。

## 教材 / 教具

不需要。

## 中心焦点

通过执行各种与蒲福风级相关的中等到高强度的动作来理解风力的变化。

## 目标

- **认知**：儿童将比较风力和天气的剧烈变化如何影响环境和我们身体的移动方式。
- **情感**：儿童将借助同伴来演示如何在强风推动身体时安全地移动。
- **心智**：儿童将会重新体验危险风暴中常见的动作和各种元素。

## 健身活动可实现的健康目标

肌肉力量和肌肉耐力。

### 学习任务 1：准备移动我们的身体

**课堂组织**：儿童在整个一般空间中分散开。

要求儿童进行以下活动。

- 看看你能用多少种不同的方式行走。
- 强风如何影响一个人的行走方式？展示给我看。

### 学习任务 2：同伴挑战

**课堂组织**：儿童两人一组分散在自我空间中。

引入以下内容。

- 当强风吹向你的脸并试图将你向后推时，你能和同伴牵手吗？
- 你和同伴手牵手时，如果强风吹向你的后背，将你向前推，向我展示你将如何移动。

### 学习任务 3：风力

**课堂组织**：儿童按组分散开。

引入以下内容。

**活动 A：不断移动的风。** 天气预报员会告诉大家天气信息，如果一场大风暴即将来

临，天气预报员还会警告人们。形成天气变化的最大原因是风，在地球表面，大量的空气在不断地移动，有些空气是热的，有些是冷的。蒲福风级对风力进行了分类。让全班同学一同用身体做出与蒲福风级相关的各种动作。

级别：0

**在陆地上的影响**：空气平静，炊烟直上天空。

**学习任务**：你能慢慢地向上抬起身体吗？

级别：1

**在陆地上的影响**：风向标不动，炊烟轻柔地飘散。

**学习任务**：你能在整个活动区域中平稳地移动吗？

级别：2

**在陆地上的影响**：在脸上能感觉到风，树叶沙沙作响。

**学习任务**：看看你能不能跑起来，感受风吹在你的脸上。

级别：3

**在陆地上的影响**：树叶和嫩枝开始摇动，小旗开始展开。

**学习任务**：用手指和手臂做一个振翅的动作。

级别：4

**在陆地上的影响**：小树枝开始摇摆，灰尘和纸到处飞扬。

**学习任务**：试着在身前紧握双手，前后来回摆动。

级别：5

**在陆地上的影响**：小树摇摆。

**学习任务**：找到一种方法平稳地前后摆动上半身。

级别：6

**在陆地上的影响**：大树枝开始摇动。

**学习任务**：找到有力地摆动手臂和腿的最佳方式。

级别：7

**在陆地上的影响**：整棵树开始摇动，行走变得很困难。

**学习任务**：假装在大风中行走时前倾身体。

级别：8

**在陆地上的影响**：嫩枝折断。

**学习任务**：谁能用胳膊做一个弯曲的动作？

级别：9

**在陆地上的影响**：屋顶上的烟囱被吹掉。

**学习任务**：向我展示你可以跳到空中，然后假装摔到地上。

级别：10

**在陆地上的影响**：树木被连根拔起。

**学习任务**：你能从站姿向前跌倒吗？跌倒时用手辅助进行安全缓冲。

级别：11 到 12

**在陆地上的影响**：造成大量的毁坏和破坏。

**学习任务**：假装你们正处于热带风暴中，所以在活动区域中剧烈地摇晃。

**活动 B：想象的雷暴**。为了营造想象中的雷暴，将班级分成 7 个小组并将其分散在活动区域的周边。解释你将为每个小组分配一个天气元素，他们必须在你讲故事时模仿这个元素。当一个小组听到故事中提到其所分配的元素时，该组儿童必须移动到活动区域的中间并展示相应的动作。首先用耳语的方式为每个小组分配元素，然后分享下面的故事。

从前，有两个儿童住在一座大城堡中。他们喜欢在户外活动和玩耍。一天早晨，阳光照在他们家的大后院，他们为了锻炼身体，正在跑步（假装成太阳的儿童走到场地中间，然后用手臂在头顶形成一个圆圈）。

但是到了下午，天开始下起了小雨（假装是雨的儿童进入圆圈，手指从高到低移动时不停抖动。）

让人吃惊的是，乌云滚滚而来，太阳也不见了（假装是云的儿童进场地，不停摇动胳膊，扮演太阳的儿童退出）。

不久儿童听到隆隆的雷声（假装是雷的儿童进入时不停地跺脚）。

然后，冰雹从天而降（假装是冰雹的儿童进入，用拳头向空中猛砸，就好像在扔石头）。

一道闪电划过天空，儿童非常害怕，因此他们跑入室内（假装成闪电的儿童沿着一条锯齿形的路线跑入活动区域）。

更糟糕的是，一个巨大的龙卷风正在后院盘旋（假装成龙卷风的儿童握住双手，并以圆周运动形式旋转）。

正当两个儿童向窗外张望时，他们看到了让人高兴的景象。太阳进入院子，把所有的雨、云、雹、雷、闪电和龙卷风都带走了（假装成太阳的儿童重新进入，其他儿童都退出）。

儿童和所有同学一起进入院子，蹦蹦跳跳地走着（整个班级在活动区域中欢快地跳跃）。

## 评估问题

1. 在我们的城堡故事中，每个天气元素都在等着轮到自己上场，这一点有多重要？
2. 蒲福风级中的 12 级风被称为飓风，你能像飓风那样旋转你的身体吗？
3. 动物和海洋生物可以感受到即将来临的天气变化。当 7 级强风接近时，谁能演示鸟儿会做什么（例如，飞走）？

## 学术语言要求

- **语言的作用**：使用语言识别在危险天气中可能出现的后果。
- **词汇**：不停抖动、来回摆动、跳跃、摇摆、锯齿形的路线、白斑、沙沙声、连根拔起、嫩枝以及烟囱。
- **句法或叙述**：在语言交流中说明如何才能最好地模拟出在不同天气情况（从一般天气状况到恶劣的天气状况）下的移动。

# 在丛林中发现藤蔓

## 满足的美国国家标准

- **标准 1** 有运动素养的人有能力使用各种运动技能和移动方式。
- **标准 5** 有运动素养的人能认识到体育活动对健康、娱乐、挑战、自我表达和社会互动的价值。

## 教材 / 教具

粉笔或胶带，两根 10 到 16 英尺（3 到 5 米）长的跳绳。

## 中心焦点

提高敏捷性和协作精神，同时参与健身丛林主题的各种活动。

## 目标

- **认知：**儿童将区分跳高和跳远，以及如何使用特定的身体部位完成这些跳跃动作。
- **情感：**儿童将支持同伴尝试跳得更远，从而不会掉入一个假想的沼泽。
- **心智：**儿童将全身心投入一系列有创意且从简单到复杂的跳绳学习任务。

## 健身活动可实现的健康目标

心肺耐力。

### 学习任务 1：准备移动我们的身体

**课堂组织：**儿童在整个一般空间中分散开。

要求儿童进行以下活动。

- 你能跳到空中并抓住一棵想象中的丛林藤蔓吗？
- 向我展示如何才能向前跳得更远。试着向前摆动双臂并屈膝着地，就像在藤蔓上摇摆一样。
- 从你现在站的地方到活动区域中你最喜欢的地方，你需要跳几次？

### 学习任务 2：同伴挑战

**课堂组织：**儿童两人一组分散在自我空间中。

引入以下内容。

- 发明一种和同伴一起跳的方法，然后和同伴击掌。
- 你和同伴能跳过沼泽（地板上有两条平行线，间距约为 60 厘米）而不会弄湿运动鞋吗？根据儿童的体质能力改变沼泽的宽度。

## 学习任务 3：丛林跳跃挑战

**课堂组织**：儿童按组分散开。

引入以下内容。

**跳过藤蔓**：向儿童解释，通过玩一系列的跳绳活动可让他们更健康，在这些活动中，跳绳距离地面较近。指定两名儿童做摇绳人。摇绳人将绳子静止放在地板上，所有其他儿童在距离绳子几十厘米远的地方面对绳子站成一列，然后轮流跳过绳子而不碰到绳子。第一个跳过的儿童绕过摇绳人，然后站到队尾。当第一个儿童再次轮到队伍的最前面时，摇绳人可将绳子拿起几厘米。对于大一点的儿童，可从更高的绳子高度开始。经常更换摇绳人。

**超级蛇**：摇绳人跪下，在地板上来回抖动绳子。儿童试图跳过那条蛇（绳子）而不碰到它。随着儿童不断跳过绳子后回到队尾，他们可形成一个连续的人流。经常更换摇绳人。

**丛林河水正在上涨**：摇绳人跪下后摇动手腕，从而上下移动绳子，这样就在绳子上形成了小的波浪。开始时波浪的高度较低，然后逐渐加高。跳跃者试图跳过绳子形成的波浪。经常更换摇绳人。

**藤蔓**：摇绳人把绳子在靠近地面的高度上左右荡来荡去。跳跃者在两名摇绳人中间，绳子靠近时就跳起来。成功跳过藤蔓的儿童可以增加跳跃次数（例如，首次尝试时每个儿童跳一次；第二次时每个儿童跳两次，以此类推）。经常更换摇绳人。

**穿越丛林**：摇绳人连续顺时针旋转绳子一整圈，跳跃者在绳子下面跑动而不碰到绳子。经常更换摇绳人。

## 评估问题

1. 你使用哪个身体部位来帮助你从更高的地方跳过绳子？
2. 跳过绳子时，哪个身体部位变得更强壮了？
3. 今天我们玩了跳绳丛林游戏。其他人还有自己最喜欢的跳绳游戏吗，我们能一起玩吗？向我们展示一下。

## 学术语言要求

- **语言的作用**：使用语言强调我们在完成一个成熟的跳跃时要使用哪些身体部位。
- **词汇**：跳跃、摆动、转动、丛林、藤蔓、沼泽以及摇绳人。
- **句法或叙述**：在语言交流中讨论，成功完成一系列挑战所需的技能有何差别。

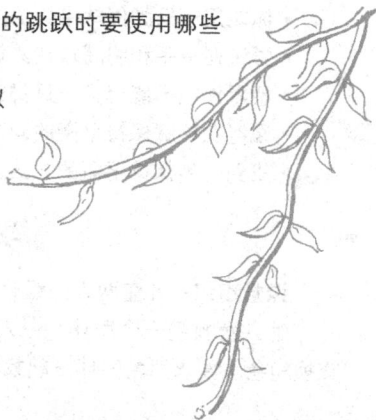

# 岩层与水

## 满足的美国国家标准

- **标准 1** 有运动素养的人有能力使用各种运动技能和移动方式。
- **标准 4** 有运动素养的人表现出尊重自己和他人的负责任的个人与社会行为。

## 教材 / 教具

防滑地垫或地毯、带背胶的移动点状物或彩纸以及欢快的音乐。

## 中心焦点

提高平衡技能的同时展现对空间意识的理解。

## 目标

- **认知**：儿童将评估跳远、跳过、跳上和平衡等挑战项目，并调整为每项技能挑战所使用的动作。
- **情感**：儿童将与同伴一起进行头脑风暴，找出不同于老师建议的两种平衡方法。
- **心智**：儿童将假装正在游泳，看到信号后，他会和一名同学分享一个较小的空间。

## 健身活动可实现的健康目标

肌肉力量和肌肉耐力。

### 学习任务 1：准备移动我们的身体

**课堂组织**：儿童在整个一般空间中分散开。

要求儿童进行以下活动。

- 假装你正在跳过小石块。
- 向我展示你如何从一块石头跳到另一块石头上，从而通过一条想象中的小溪的。
- 谁能不停地单脚蹦跳？
- 每次一只脚着地时你能拍掌吗？
- 你能用一只脚保持平衡的同时双臂在身体两侧伸直吗？
- 尝试在将手和胳膊放在其他地方的时候保持平衡。
- 看看你能不能用另一只脚站着保持平衡。
- 谁能在单脚保持平衡的同时弯曲膝部？
- 找到一种保持平衡的方法，让身体的 3 个部位能同时接触地板。

### 学习任务 2：同伴挑战

**课堂组织**：儿童两人一组分散在自我空间中。

让儿童找到一个同伴，一人单腿保持平衡，另一人帮助此人维持平衡，然后与同伴交换角色。要求两名同伴一起找出另外两种保持平衡的方式。

## 学习任务 3：韵律岩石

**课堂组织**：儿童在整个一般空间中分散开。

引入以下内容：水藻是生活在水中或潮湿土壤中的生物体。有些水藻很小，我们需要显微镜才能看到它们。水藻可帮助我们净化空气和水。蓝藻可以覆盖在岩石上，使岩石变得很光滑或黏滑。

在一般空间中散布河流岩石（如果可能，使用不同大小和形状的岩石），可用方块地毯块或粘在地板上的纸来形成这些岩石。告诉儿童为了凉爽一些，他们可以在河中游泳，但是他们必须小心，因为河中漂着很多水藻。音乐响起时，在河中岩石的四周游泳是安全的。

音乐停止时，所有儿童必须转移到一块岩石上，并且他们的任何身体部位都不能接触到水。河上的岩石大小不一，可以容纳一名或多名儿童。如果身体的任何部位（包括鞋子）落入河水中，漂浮的蓝藻就会覆盖它们，所以儿童要用一根想象中的软管来冲洗水藻。随着学习任务的继续，可以一次移走一块石头，或者通过移走一些方块地毯或纸、让石头更小来实现更大的挑战。

计算河中岩石：问儿童一道简单的数学题（如 $2 + 1 = 3$；$5 - 3 = 2$），将同等数目的儿童身体放在河中的岩石上就正确回答了问题。如果没有足够多的儿童形成足够多的小组来提供答案，可将举起的手和举到空中的其他身体部位也计算在内。

### 评估问题

1. 你在岩石上用哪些身体部位来保持平衡？
2. 向我展示你如何用一只脚快速跑动、停下和保持平衡。
3. 数学游戏很有趣，我们可以在课上玩这些游戏。如果我问你们其他的数学题，有人能想出有关的运动吗？（如摆动 $1 + 2$ 个身体部位）。

### 学术语言要求

- **语言的作用**：使用语言说服同学，即使所处空间有限，两个身体也可以形成一种平衡的形状。
- **词汇**：水藻、河中岩石、生物体、显微镜、净化、滑以及黏。
- **句法或叙述**：在语言交流中确定一个简单数学题的正确答案，然后在身体挑战中使用符合该数目的儿童作为对这一道题的解答。

## 数学

# 按照韵律在词语和数字的帮助下跳跃

### 满足的美国国家标准

**标准 1** 有运动素养的人有能力使用各种运动技能和移动方式。

### 教材 / 教具

不需要。

### 中心焦点

运用听觉技巧识别与跳跃次数相一致且押韵的词语（此游戏适合英文语境下，中文语境需自行调整相关内容）。

### 目标

- **认知**：教师要求儿童说出相应的数字，为了能够正确地移动且符合韵律的要求，儿童需要找到符合韵律的词语并做出反应。
- **情感**：儿童将兴奋地和同伴一同进行一分钟的高强度运动。
- **心智**：儿童将参加一个 12 节的韵律活动，这需要他们积极倾听，使用基本的数学技能，并按照预定的次数展示成熟的跳跃动作。

### 健身活动可实现的健康目标

心肺耐力。

## 学习任务 1：准备移动我们的身体

**课堂组织**：儿童在整个一般空间中分散开。

要求儿童进行以下活动。

- 假设你是操场上的一个球，你能反弹到几种不同的高度？
- 当我向前跳跃并形成一个很大的数字 1 时，请跟着我做。

## 学习任务 2：同伴挑战

**课堂组织**：儿童两人一组分散在自我空间中。

引入以下内容：想象你和同伴是一颗正在被加热的玉米粒，向我展示你们如何握住手，并像爆米花那样跳上整整一分钟。

## 学习任务 3：跳跃相应的次数

**课堂组织**：儿童在整个一般空间中分散开。

引入以下内容：我要慢慢地读一首富有韵律的诗，在每一节的结尾，我将指向房间的一边（或一群儿童），这些儿童将大声说出韵脚，然后所有儿童都跳跃正确的次数，之后停下来仔细听下一个押韵的内容。

这是一个古老的游戏，但我们让它有了新意，下面是你需要做的。

你在学习时会感觉很有乐趣，所以每次都要注意词语和数字。

要玩这个游戏，你需要跳的次数与某个词语是押韵的。

例如，听到"树"这个词时，你要跳 3 次。

如果你划着独木舟顺流而下，或者跳入旁边的动物园，

你要跳_____（2次）（儿童喊出正确的数字，然后都跳2次）。

与他人握手时，或者"感受"骨架中的骨头时，你只需跳_____（1次）。

如果你喜欢和朋友埃文一起扔球，或者想象正在用巨大的烤箱做饭，你要跳_____（7次）。

你能像蜜蜂那样嗡嗡叫吗，

或者像猴子那样在树枝上荡来荡去？你要跳_____（3次）。

谁能指出一个活着的物体，

或者假装从飞机上跳伞并在空中做出各种造型？你要跳___（5次）。

你能假装用扫帚扫地，或者像一只笨重的恐龙那样踩脚吗？

你要跳_____（4次）。

如果你看到蚂蚁在野餐时急匆匆，

或者假装你是一位表演魔术的魔术师，你要跳_____（6次）。

如果你的身体很强壮，感觉很好，

或者屈膝并举起重物，你要跳_____（8次）。

如果你能在一条很细的线上行走并保持平衡，或者伸直脊柱，让自己变得更高，

你要跳_____（9次）。

如果你深吸一口气，或者在家中看看熊窝中的熊，你要跳_____（10次）。

这就是全部内容，这是你要做的事情。

是的，这个游戏既简单又有趣，

噢，你需要跳_____（1次）。

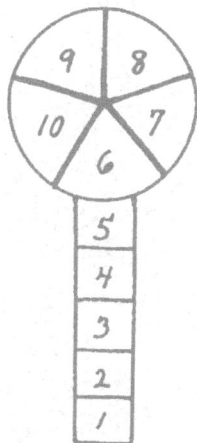

## 评估问题

1. 谁能想出两个押韵的词?

2. 如果我说藤蔓和金矿会怎么样。谁能跳出相应的次数?

3. 你能想出另一个动作来代替我们的数学韵律跳跃活动吗? 我再读一遍,你们尝试使用新的动作。

## 学术语言要求

- **语言的作用:** 使用语言识别与数学韵律词语相对应的特定数字。
- **词汇:** 跳跃、跳上、划桨、摇摆、指向、跳、匆匆以及抬起。
- **句法或叙述:** 语言交流旨在寻找特定的数字,因为它与数学单元中的单词押韵。

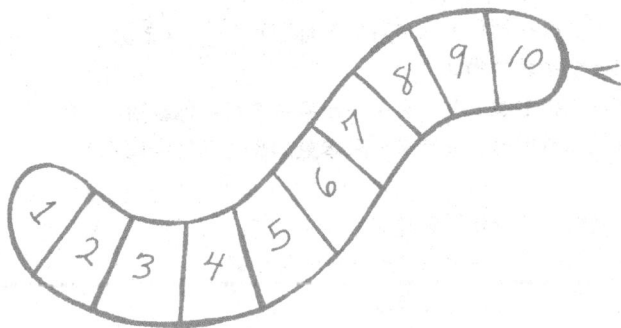

# 按照韵律在词语和数字的帮助下蹦跳

## 满足的美国国家标准

**标准 1** 有运动素养的人有能力使用各种运动技能和移动方式。

## 教材 / 教具

不需要。

## 中心焦点

运用听觉技巧识别与蹦跳次数相一致且有韵律的词语（此游戏适合英文语境下，中文语境需自行调整相关内容）。

## 目标

- **认知**：教师要求儿童说出相应的数字，为了正确地移动且符合韵律的要求，儿童需要找到符合韵律的词语并做出反应。
- **情感**：儿童将兴奋地和同伴一同进行一分钟的高强度运动。
- **心智**：儿童将参加一个 12 节的运动押韵活动，要求他们积极倾听，使用基本的数学技能，并按照预定的次数展示成熟的蹦跳动作。

## 健身活动可实现的健康目标

心肺耐力。

### 学习任务 1：准备移动我们的身体

**课堂组织**：儿童在整个一般空间中分散开。

要求儿童进行以下活动。

- 如果你的脚能在地板上画画会怎样？你能用蹦跳的方式画出你名字的首个字母吗？
- 跟着我做：向前、向后、向侧面和沿着 Z 字形路线蹦跳。
- 跟着我做：单脚蹦跳，然后换另一只脚。

### 学习任务 2：同伴挑战

**课堂组织**：儿童两人一组分散在自我空间中。

引入以下内容。

- 跟着同伴在整个活动区域中蹦跳。双方交换角色。
- 握住对方的手蹦跳会更容易吗？

## 学习任务 3：嘻哈数字

**课堂组织**：儿童在整个一般空间中分散开。

引入以下内容：我要慢慢地读一首数学韵律诗。在每一节的结尾，我将指向房间的一边（或一群儿童），这些儿童将大声说出韵脚，然后所有儿童都蹦跳正确的次数，之后停下来仔细听下一个押韵的内容。

这是一个古老的游戏，但我们让它有了新意，下面是你需要做的。

你在学习时会感觉很有乐趣，所以以每次都要注意词语和数字。

要玩这个游戏，你需要蹦跳的次数与某个词语是押韵的。

例如，听到"胶水"这个词时，你要蹦跳 2 次。

当你早上起来，看到太阳，你会很开心，然后带着狗去跑步，

继续玩游戏，直到你赢得游戏，

你只需蹦跳＿＿＿＿（1 次）（儿童喊出正确的数字，然后蹦跳 1 次）。

如果你挤压一个很大的黄色柠檬，

或者与一个叫凯文的男孩一起喝一杯，

在运动课上真正努力学习。你要蹦跳＿＿＿＿＿（7 次）。

你不需要记录分数，如果你穿过一扇门，用桨划船，

你要蹦跳＿＿＿＿＿（4 次）。

如果你能用绳子打个结，或者画一条线，

做一个设计，

你要蹦跳＿＿＿＿＿（9 次）。

用你的眼睛你可以看到，你和我变成了我们，

我们在一起可以完成一个重要的发现，你要蹦跳＿＿＿＿（3 次）。

你进入一辆车，去兜风，观看游泳运动员跳入水中，

或者一群蜜蜂在蜂房中嗡嗡叫，你要蹦跳＿＿＿＿＿＿（5 次）。

如果你能像农场中的母鸡那样咯咯叫和啄食，或者像婴儿一样在玩具围栏中爬行，

给朋友写封信，你要蹦跳＿＿＿＿＿（10 次）。

如果你能指出蓝色，用洗发水洗头，或者玩躲猫猫，

你要蹦跳＿＿＿＿＿（2 次）。

如果你看到一座砖砌的建筑，

看足球运动员踢球，

看到儿童在弹簧上蹦蹦跳跳，你要蹦跳＿＿＿＿（6 次）。

如果你喜欢滑冰，

吃掉盘子中的食物，

冷得发抖，直到你开始颤抖，你要蹦跳＿＿＿＿（8 次）。

这就是全部内容，这是你要做的事情。

是的，这个游戏既简单又有趣，哦，你需要蹦跳＿＿＿＿（1 次）。

**评估问题**

1. 你用哪些身体部位帮助你蹦跳？
2. 你能在蹦跳时改变高度吗，从一般到高，再到低？
3. 你能为一个不知道如何蹦跳的同学描述一下蹦跳技能吗？现在就告诉这位同学。

**学术语言要求**

- **语言的作用**：使用语言识别与数学韵律词语相对应的特定数字。
- **词汇**：蹦跳、跑、挤压、行走、划、绑、爬行、发抖以及振动。
- **句法或叙述**：语言交流旨在寻找特定的数字，因为它与数学单元中的单词押韵。

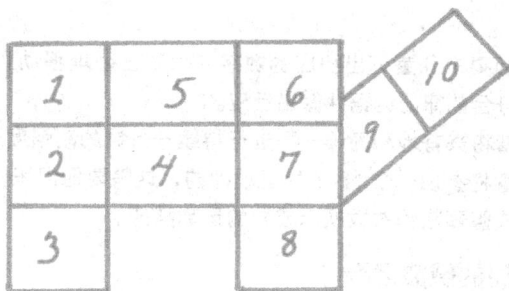

# 按照韵律在词语和数字的帮助下移动

## 满足的美国国家标准

**标准 1** 有运动素养的人有能力使用各种运动技能和移动方式。

## 教材／教具

不需要。

## 中心焦点

运用听觉技巧识别出那些与用各种方式移动次数押韵的词语（此游戏适合英文语境下，中文语境需自行调整相关内容）。

## 目标

- **认知**：教师要求儿童说出相应的数字，为了正确地移动且符合韵律的要求，儿童需要找到符合韵律的词语并做出反应。
- **情感**：儿童将兴奋地和同伴一同进行持续一分钟的高强度运动。
- **心智**：儿童将参加一个 12 节的运动押韵，这需要他们积极倾听，使用基本的数学技能，并按照预定的次数展示成熟的运动技能。

## 健身活动可实现的健康目标

心肺耐力。

### 学习任务 1：准备移动我们的身体

**课堂组织**：儿童在整个一般空间中分散开。

要求儿童进行以下活动。

- 你能快速跳跃吗？
- 谁能一边在活动区域跳跃，一边挥手并微笑着拥抱同学？

### 学习任务 2：同伴挑战

**课堂组织**：儿童两人一组分散在自我空间中。

引入以下内容。

- 你能与同伴面对面地滑动，然后背靠背地滑动吗？
- 在我们的活动区域中，向我展示你们如何面对面地滑动 1 分钟。

## 学习任务 3：机智数字

**课堂组织：** 儿童在整个一般空间中分散开。

导入以下内容：我要慢慢地读一首数学韵律诗。在每一节的结尾，我将指向房间的一边（或一群儿童），这些儿童将大声说出韵脚，然后所有儿童都移动正确的次数，之后停下来仔细听下一个押韵的内容。

这是一个古老的游戏，但我们让它有了新意，下面是你需要做的。

你会在学习的过程中很开心，

每一轮都有单词和数字。

要玩这个游戏，你需要移动的次数与某个词语是押韵的。

例如，听到"膝盖"这个词的时候，你拖步走 3 次。

如果你喜欢在滑溜溜的表面上滑行，并且能像黑猩猩一样爬高，

你要跳跃＿＿＿＿（3 次）（儿童喊出正确的数字，然后跳跃 3 次）。

如果你读过小红母鸡，摸过毛茸茸的桃皮，

你要跺脚＿＿＿＿（10 次）。

如果你在海边见过贝壳，或者能像恐龙一样重踩，你要踮脚走＿＿＿＿＿＿（4 次）。

如果猴子在藤蔓上荡秋千，

人们会问，"你是我们一方的吗？"你要昂首阔步地走＿＿＿＿（9 次）。

如果你对每个人都很友好，

你开心时会微笑和大笑，你要滑动＿＿＿＿＿＿（1 次）。

如果你用码尺测量某样东西，听到一窝小鸡发出的叽叽声，你要行进＿＿＿＿（6 次）。

如果你能数到 11，

你要跳跃＿＿＿＿（7 次）。

如果你想乘潜艇去深海潜水，或者开跑车去试驾，

你要飞奔＿＿＿＿（5 次）。

如果你努力学习，集中精力，停止正在做的事情并且犹豫不决，你要行走＿＿＿（8 次）。

如果有人说"Boo"时你跳起来，

或者可以用胶水把东西粘在一起，你要爬行＿＿＿＿＿＿（2 次）。

这就是全部内容，这是你要做的事情。

是的，这个游戏既简单又有趣。

好了，我们从数字＿＿＿＿（1）开始。

## 评估问题

1. 你能说出一种需要良好平衡能力的移动方式吗？
2. 当我读押韵的内容时仔细倾听有多重要？为什么？
3. 谁能组合使用 3 种移动方式前行？

## 学术语言要求

- **语言的作用**：使用语言识别与数学韵律词语相对应的特定数字。
- **词汇**：滑动、爬行、跳跃、重踩、踢、行进、跳以及跺脚。
- **句法或叙述**：语言交流旨在寻找特定的数字，因为它与数学单元中的单词押韵。

# 几何形状

## 满足的美国国家标准

标准 1 有运动素养的人有能力使用各种运动技能和移动方式。

## 教材 / 教具

画图纸（用于在上面画出各种形状），记号笔或蜡笔。

## 中心焦点

增加儿童对形状的理解，并执行与特定形状相关的移动。

## 目标

- **认知**：儿童能认识到各种特定几何形状的相似性和差异性。
- **情感**：儿童会对环境中呈现的许多形状表示欣赏，并且能够演示这些物体或模拟其移动方式。
- **心智**：儿童将成功地参与适度的体育活动，从而积极地去识别不同的形状以及与这些形状相关的行为词。

## 健身活动可实现的健康目标

柔韧性。

### 学习任务 1：准备移动我们的身体

**课堂组织**：儿童在整个一般空间中分散开。

要求儿童进行以下活动。

- 按照不同的形状行走：圆形、正方形、三角形以及数字 8 的形状。
- 跟着我按照矩形的形状跳跃。

### 学习任务 2：同伴挑战

**课堂组织**：儿童两人一组分散在自我空间中。

引入以下内容。

- 我们的世界充满了各种形状，所有的物体都有某种外形或形状。指出你的身体中圆形的部分，你能移动这些圆形的身体部位吗？
- 人们的脸可以是方形、圆形、椭圆形或心形。嘴的形状可以让人看起来很高兴，或者很悲伤。向我展示如何形成一张快乐的嘴、一张悲伤的嘴和一张惊讶的嘴。
- 人们可以形成各种形状。让自己形成飞机的形状，盒子的形状，桥梁的形状。
- 动物身上的各种形状可帮助它们移动。现在假设你是一只在水中游动的海豚。你能展示在天空中飞翔的翅膀的形状吗？

- 又长又窄的形状可以竖得很高，也可以平放在地上。看看你能不能像电线杆那样站得又高又直。现在像根木头一样躺在地上。摇动你身上最长的两个部位。
- 大自然中有一些巨大的形状。你和同伴能形成一座尖峰吗？
- 你和同伴还能一同形成哪些形状？

## 学习任务 3：超级形状

**课堂组织：**儿童以小组为单位分散在活动区域的不同位置。

- 将儿童分成 4 人一组或 5 人一组。
- 向儿童解释你将命名一个具体的形状。把这个形状画在图画纸上，让全班同学都能看到。
- 要求儿童执行与特定形状相关的动作。例如，"这是一个圆形，让我们像球一样反弹起来。"所有小组都参与你所建议的形状活动，在结束时鼓励每个小组想出一个额外的对象，然后让全班学生作为一个整体来执行该对象的动作。

下面是一些例子。

**三角形：**三角形有三条边和三个角。

- 舞动横幅呈波浪状。
- 把馅饼切成几块。
- 吃一个蛋卷冰激凌。
- 在屋顶上钉上瓦片。
- 用铲子在花园中挖土。

**正方形：**正方形的 4 条边等长。

- 打开一份礼物。
- 堆叠 5 块积木。
- 折叠一块手帕。
- 像冰块一样融化。
- 投掷并抓住豆袋。

**圆圈：**圆圈是一种圆形的形状。

- 形成一个圆形，就像字母"O"。
- 像车轮一样滚动。
- 像太阳一样升起。
- 缠绕一个毛线球。
- 扔棒球。
- 像溜溜球那样移动。
- 爬过一个铁环。
- 握住方向盘。
- 像一个泡泡一样爆裂。

**长方形：**长方形有 4 条边和 4 个角。

- 打开并阅读一本书。

- 驾驶一辆卡车。
- 关上一扇门。
- 打开一扇窗。

**星形**：星形是一种有 5 个或 6 个角的形状。

- 挥动一根魔杖。
- 擦亮警徽。

**椭圆形**：椭圆形也就是卵形。

- 吃掉一串葡萄。
- 捡起鸡蛋。
- 挤压柠檬。
- 照镜子。

**菱形**：菱形看起来像是两个重叠的三角形。

- 放飞风筝。
- 跑过棒球场上的各个垒。

## 评估问题

1. 哪个形状的物体最多？
2. 你最喜欢的玩具是什么形状的？你能用身体形成该形状吗？
3. 如果你能发明一种新的形状，它看起来会像什么？它如何移动？你能给它起个名字吗？

## 学术语言要求

- **语言的作用**：使用语言识别不同物体和事物的常见（也许是不常见）形状。
- **词汇**：三角形、正方形、圆形、长方形、星形、椭圆形、菱形、瓦片以及铲子。
- **句法或叙述**：在语言交流中帮助学生根据物体的形状对其进行分类。

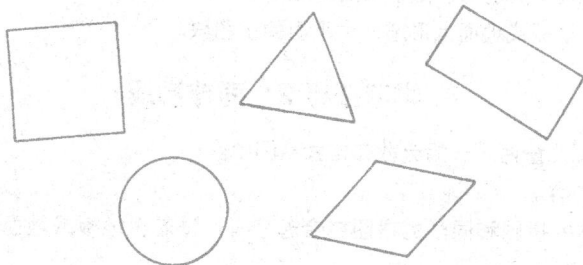

# 拼图形状

## 满足的美国国家标准

- **标准 1** 有运动素养的人有能力使用各种运动技能和移动方式。
- **标准 4** 有运动素养的人表现出尊重自己和他人的负责任的个人与社会行为。

## 教材 / 教具

一个简单拼图的两个或更多副本，该拼图要包含 25 到 40 个纸板拼图块（建议为学龄前儿童准备块数较少但每块都较大的拼图）；放置每个拼图的容器。

## 中心焦点

学生一同在一个充满活力的运动活动中构建一个拼图。

## 目标

- **认知**：儿童能指出有凸起和圆角的身体部位，与一些拼图块类似。
- **情感**：儿童将努力让他的身体与同伴的身体搭配在一起，以展示拼图块是如何组合在一起的。
- **心智**：儿童在参加一项需要所有组员彼此合作才能完成的高强度体育活动时，将展示各种运动技能。

## 健身活动可实现的健康目标

心肺耐力以及柔韧性。

### 学习任务 1：准备移动我们的身体

**课堂组织**：儿童在整个一般空间中分散开。

要求儿童进行以下活动。

- 拼图块的形状和大小各不相同，有些拼图块有圆角形的凸起。指出身体上有凸起的任何部位（如肘部、膝盖或脚后跟）。
- 用身体在地板或地面上形成一个平面的拼图块。

### 学习任务 2：同伴挑战

**课堂组织**：儿童两人一组分散在自我空间中。

引入以下内容。

- 你能把你的拼图和同学的拼图结合起来吗？试着在地板或地面上将这些拼图块组装起来。
- 试着与同伴形成一个不同的拼图形状。
- 能和另外一组人一起形成一个 4 人拼图吗？

## 学习任务 3：很令人费解的拼图

**课堂组织**：儿童按组分散开。

- 根据可用拼图的数量将儿童分成 2 到 4 组。
- 让各小组站成一列，面对其中有拼图块的容器。每列人距离其容器的距离相同，即 15 到 40 英尺（约 4.6 到 12 米）不等，具体取决于小组学生的年龄和体力。
- 你发出信号后，每列中的第一个儿童移动（例如，跑、跳跃、蹦跳、飞奔或跳动）到拼图块容器处。
- 每个儿童从其小组的拼图中拿出一块拼图，然后回到队尾。
- 小组成员合作完成拼图工作。
- 各组拼图全部完成后，要求每组学生用他们的身体形成一个巨大的小组拼图。

### 评估问题

1. 谁能说出一件必须非常合身的服装（例如，袜子、手套、帽子或鞋子）？
2. 向我展示你的手指如何像拼图块那样活动的。
3. 许多物体都是由大小不同形状各异的零件组合而成的，它们是如何连接在一起的（例如，胶水、胶带、螺丝或钉子）？

### 学术语言要求

- **语言的作用**：使用语言将人体上的独特凸起与拼图块上发现的凸起进行比较，并讨论完成简单拼图的最佳方法。
- **词汇**：平坦的形状、低高度、跑、跳跃、蹦跳、飞奔以及跳动。
- **句法或叙述**：语言交流旨在以最佳的方式完成拼图或其他简单的结构。

# 身体三角形

## 满足的美国国家标准

- **标准 1** 有运动素养的人有能力使用各种运动技能和移动方式。
- **标准 4** 有运动素养的人表现出尊重自己和他人的负责任的个人与社会行为。

## 教材 / 教具

欢快的音乐（如果可能），用胶带或粉笔在地板上画出 5 到 7 个大三角形。

## 中心焦点

参与高强度的运动活动时回忆与三角形相关的概念。

## 目标

- **认知**：儿童将确定哪些身体部位是三角形的，并用不同的姿势创建三角形。
- **情感**：儿童渴望将其身体与同伴的身体组合起来，在不同的高度上创建 3 个不同的三角形。
- **心智**：儿童将参加小组挑战，这将激励他们进行高强度的跳跃、跑动和爬行，并将他对三角形的理解作为每个任务的主要关注点。

## 健身活动可实现的健康目标

心肺耐力。

### 学习任务 1：准备移动我们的身体

**课堂组织**：儿童在整个一般空间中分散开。

引入以下内容：许多年前，一群希腊人对被称为三角形的形状产生了兴趣。三角形是指有三条边的形状。三条边在三个点会合。我们将要了解的第一种三角形有着三条长度相等的边（等边）。要求儿童进行以下活动。

- 让我们找出藏在我们身体中的一些三角形。可以用手做出第一个三角形。你能让两手的食指碰在一起吗？现在让大拇指碰在一起。你看到了什么形状？
- 你能在脸上画一条线将两个耳朵连起来吗？现在向下画到下巴，然后从下巴移到另一只耳朵。你的脸上有三个可形成三角形的点。
- 向我展示如何通过向前弯腰并用一只手触地来形成一个三角形。

### 学习任务 2：同伴挑战

**课堂组织**：儿童两人一组分散在自我空间中。

导入以下内容。

- 与同伴一起看看有多少种方法可以让我们的身体形成三角形。
- 试着改变身体的高度，在低、中和高这 3 种高度上形成三角形。

## 学习任务 3：三角形活动

**课堂组织**：儿童按组分散开。

引入以下内容。

**三角形跳跃**：用胶带或粉笔在地板上画出 5 到 7 个大三角形。在三角形之间留出足够的空间，播放欢快的音乐，儿童执行各种移动技能，直到你发出信号（例如，音乐停止）。儿童冲到最近的三角形旁边，然后跳入并跳出三角形三次。继续完成学习任务。

**三角形地道**：将儿童分成两组。一个组的人全部分为 2 人小组，且彼此握着对方的一只手。他们并排站立，内侧脚触碰在一起，外侧脚外伸，在它们之间形成一个巨大的三角形。剩下的儿童要么通过巨大的中间三角形，要么从两个儿童的腿组成的三角形下面爬过去。

**三次触碰**：复习三角形有三条边的概念。播放欢快的音乐，儿童则以中等到高强度的方式跳舞或进行活动。音乐停止时，儿童轻敲 3 个不同的身体部位。音乐继续后，儿童恢复高强度的移动活动，音乐再次停止时，他们要再次敲打 3 个不同的身体部位。

### 评估问题

1.  提到三角形的形状时，大脑中会想到什么物体（例如屋顶、旗子或切好的馅饼块）？

2.  你能用一只脚在地板上画三角形而不失去平衡吗？

3.  看看你能不能把一个三角形和另一个三角形组合起来形成不同的形状。你得到了哪些图形？

### 学术语言要求

- **语言的作用**：使用语言获取关于三角形的起源、形状和三角形形状的物体的信息。

- **词汇**：高、中和低高度；爬行、轻敲、跳跃、平衡、倾斜、三角形以及等边。

- **句法或叙述**：在语言交流中关注三角形的唯一性以及存在多种三角形的事实。

# 测量马

## 满足的美国国家标准

- **标准 1** 有运动素养的人有能力使用各种运动技能和移动方式。
- **标准 4** 有运动素养的人表现出尊重自己和他人的负责任的个人与社会行为。

## 教材 / 教具

马的照片（可选）。

## 中心焦点

比较马的身体部位和动作与儿童自己的身体部位和动作。

## 目标

- **认知**：儿童开始熟悉马的解剖结构、高度和马的护理等方面的知识，以及这种动物特有的运动技能。
- **情感**：儿童将给予和接受关于他为同伴创造的旋转木马的反馈，并在同伴进行测量时积极合作。
- **心智**：儿童将与另外两名儿童一起使用身体来形成一个想象中的马车，它可以安全地在整个活动区域中移动，同时展示出可控性和飞快的速度。

## 健身活动可实现的健康目标

心肺耐力。

### 学习任务 1：准备移动我们的身体

**课堂组织**：儿童在整个一般空间中分散开来。

提出下列问题，并要求儿童执行下列动作。

- 马头的两侧有两个椭圆形的眼睛。让儿童说说他们的眼睛在哪里（如在脸的正面、眉毛下面或脸颊上面）。
- 马没有脚。它们有一个很大的脚趾，称为马蹄；因此马总是踮着脚尖走路。你能踮着脚尖在活动区域走动吗？
- 需要用刷子刷去马身上的泥土，用手指进行操作并假装你有一把毛刷。用手指梳理头发。
- 马向前走时先用右腿迈一步，然后用左腿迈一步，再用左腿迈一步，最后用右腿迈一步。看看你能不能试几次这种动作。
- 腾跃是马在行走时将两个前腿向上抬起的一种动作。你在一个想象的马戏团中蹦蹦跳跳时，你能高高抬起膝盖吗？
- 疾驰与人类的滑动动作类似。向我展示你如何将一只脚从身体处滑开，然后将另一只脚移过来。

## 学习任务 2：同伴挑战

**课堂组织**：儿童两人一组分散在自我空间中。

引入以下内容。

- 谁能与同伴组成旋转木马？一人站立，前后摇摆身体，同伴站在此人身后，轻轻将双手放在他的肩上。
- 告诉儿童，马的高度是指从地面到马肩部最高点的距离。长久以来，养马人都用手的宽度来测量马的高度。让儿童选择一个同伴。儿童轮流用手测量彼此从地板到肩膀的高度。

## 学习任务 3：马和马车

**课堂组织**：儿童按组分散开。

引入以下内容：摩根马以其拉车能力闻名。让儿童迅速形成 3 人一组。两名儿童肩并肩站立，紧握双手。这两名儿童代表摩根马。第三名儿童站在两匹马的后面，向前伸出手去握住他们处于外侧的手。这名儿童代表马车。3 名儿童在整个活动区域中向前移动，并且不能撞到其他马车。

### 评估问题

1. 谁能说出比你高的动物的名称？你能向我展示该动物是如何移动的吗？
2. 马的移动方式有哪些（如飞奔、腾跃、跳跃或小跑）？向我展示你如何与朋友一起飞奔的。
3. 马和人各自拥有其特殊的能力。如果你能同一匹马交换角色一天，你想做些什么？展示给我看。

### 学术语言要求

- **语言的作用**：使用语言识别我们身体的部位与马的身体部位的相似之处，并指出为什么马是一种特殊的动物。
- **词汇**：滑动、抬起、腾跃、小跑、飞奔、刷子、马蹄、马车以及宽度。
- **句法或叙述**：在语言交流中说明过去使用的简单测量马高度的方法。

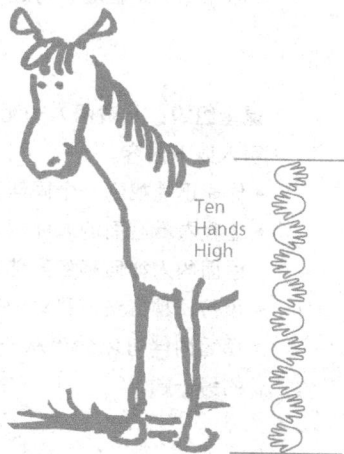

Ten Hands High

# 第一个和最后一个

## 满足的美国国家标准

- **标准 1** 有运动素养的人有能力使用各种运动技能和移动方式。
- **标准 4** 有运动素养的人表现出尊重自己和他人的负责任的个人与社会行为。

## 教材 / 教具

不需要。

## 中心焦点

改变空间位置，从后向前连续移动。

## 目标

- **认知**：在改变速度、高度和距离时，儿童将评论自己的蹦跳方法。
- **情感**：儿童将保持高度注意力，同时与同伴用合作和有创意的方式前进。
- **心智**：儿童持续地从队伍的后面移到前面时，他们将使用各种运动技能。

## 健身活动可实现的健康目标

心肺耐力。

### 学习任务 1：准备移动我们的身体

**课堂组织**：儿童在整个一般空间中分散开。

要求儿童进行以下活动。

- 向我展示你以多快的速度蹦跳，你能以多慢的速度蹦跳？
- 看看你能蹦跳多远。
- 你能蹦跳多高？
- 你能每次试着蹦跳得越来越高吗？试 5 次，看看你能跳多高。

### 学习任务 2：同伴挑战

**课堂组织**：儿童两人一组分散在自我空间中。

引入以下内容。

- 你能迅速找到一个同伴，然后两人前后站立吗？
- 让我看看后面的人能以多快的速度走到同伴的前面。
- 后面的人如何移到同伴的前面呢（如蹦跳、跳跃）？
- 用另一种方法再移动一次。
- 哪组同伴可以轮流从一人的后面移到前面，直至他们到达对面的墙（或活动区域的另一端）？

## 学习任务 3：向前进！

**课堂组织**：儿童按组分散开。

**引入以下内容**：今天你们要用身体来进行一个小组队列活动。

- 将儿童分成 5 人一组或 6 人一组。
- 让每个小组列成纵队。
- 每队中的儿童必须将手放在前面人的肩膀上或腰上。
- 你发出信号后，队尾的儿童选择用何种方式移动到队首（如跳跃、旋转、行进、侧身走或后退）。活动继续，每名儿童都用一种新的方式移动到队首，直至整个队列移动到活动区域的另一端。
- 如需更大的挑战，可使用跳动、跳跃、蹦跳、某种自己喜爱的动物行走方式或翻滚（如果有地板垫）等技能来代替跑动技能。
- 给每名儿童留出足够的空间，让他们从队尾移动到队首。

### 评估问题

1. 你用什么动作移动到队首？
2. 你能说出其他移动到队首的方式吗？
3. 在学校任务"向前进！"中你是站在队首还是队尾有什么区别吗？为什么（即每个人都有机会移动）？一个人从队尾移到队首时，这叫循环。

### 学术语言要求

- **语言的作用**：使用语言反映一个人在队尾时的感觉，以及为什么只要每个人都有机会移动，站在哪个位置并不重要。
- **词汇**：蹦跳、跑动、跳动、跳跃、翻滚、纵队、后面、前面以及循环。
- **句法或叙述**：在语言交流中解释某种本质上的循环形式，以及这种形式为什么这么多年来一直有效。

# 创建形状

## 满足的美国国家标准

- 标准 1 有运动素养的人有能力使用各种运动技能和移动方式。
- 标准 2 有运动素养的人能够应用与移动和表现有关的各种概念、原则、策略及战术的知识。

## 教材 / 教具

用于同伴学习任务的航天器图片和整组学习任务中列出的大型物品的图片（可选）。

## 中心焦点

与同学协作创建大的形状，并评论同学完成的所有形状。

## 目标

- **认知**：儿童将运用他的数学感知并与同学协作，用他们的身体创建大型结构。
- **情感**：儿童将运用想象力和头脑风暴与同伴一起用身体创建一艘火箭船。
- **心智**：为了避免被标记，儿童将以一种高强度的方式进行移动；如果已经被标记，将帮助创建一个其他同学已经同意的大型物品。

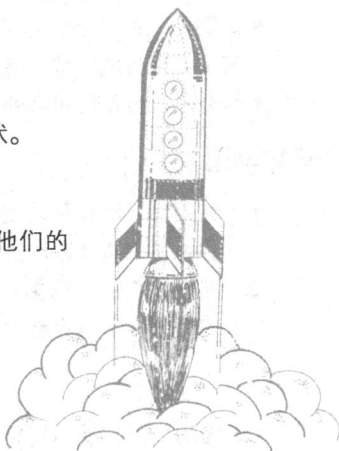

## 健身活动可实现的健康目标

心肺耐力。

## 学习任务 1：准备移动我们的身体

**课堂组织**：儿童在整个一般空间中分散开。

要求儿童进行以下活动。

- 表现出你跑步时非常兴奋和快乐的样子。
- 你能跑到（在活动区域中指定的一个点）那个地方并回到你原来的位置吗？
- 看看你能不能绕着圈走。现在试着一边绕圈行走一边慢慢地转动（旋转）你的身体。
- 向我展示火箭的形状。

## 学习任务 2：同伴挑战

**课堂组织**：儿童两人一组分散在自我空间中。

引入以下内容。

- 尝试用朋友的身体创建一个大火箭。
- 能作为宇航员并将宇宙飞船从活动区域的一个地方移动到另一个地方吗（一人站在同伴的身后，将手放在同伴的肩上）？
- 让我们结束太空之旅，用我们的身体创建一个我们能看到的在天上的物体（如月亮、太阳或星星）。

### 学习任务 3：班级创建形状

**课堂组织：** 儿童按组分散开。

引入以下内容。

- 告诉儿童今天的任务重点是他们使用身体创造大型形状的能力，活动中需要加强协作并利用每个人的身体。
- 选择两个或三个儿童作为追逐者。活动开始前，追逐者必须一致同意他们希望看到哪种大型物体（学龄前儿童可能需要一些建议，如火车或隧道等）。然后将指定的物体通知整个班级（如我们想要建一个城堡）。
- 剩余的儿童分散在活动区域中。一个儿童被标记后，他要撤退到指定区域，并帮助其他人创建该物体。
- 所有儿童都被标记后，追逐者通过从物体中穿过、在上面观察或绕着物体观察来检查该物体。
- 其他的形状包括冰屋、堡垒、校车、桥梁、赛车和房子。

## 评估问题

1. 在"班级创建形状"活动中，当同学加入创建活动时，你需要通过什么方式来改变原定的形状？
2. 哪种物体最难制作？为什么？
3. 如果你能用魔法把小物体变大，你会选择什么？我们能创建这个大形状吗？

## 学术语言要求

- **语言的作用：** 使用语言识别儿童可用身体形成的各种大型物体或事物。
- **词汇：** 标记、追逐、旋转、形状、宇航员、宇宙飞船、检查、冰屋以及堡垒。
- **句法或叙述：** 在语言交流中关注用哪种检查方式来确定所创建的物体是否合适。

# 第9章

# 语言艺术

与众多通过运动活动来强化学术概念的资源不同，本书使用课堂内容来提高儿童的运动素养。这种利用学术概念来提高儿童运动素养的做法应该能够吸引那些希望采用全新的方法来达到学习标准的课堂教师。对于那些因缺乏资源而不得不弱化体育教育的教师来说尤其如此。使用学术概念也有助于扩大儿童的运动词汇量。从儿童的角度看，他只是利用课堂上讨论的信息来参加有趣的体育活动。

本章的第一组学习任务正是以字母表为中心的课堂概念。这些任务可用一种让人兴奋的方式提高儿童对每个字母的理解（例如"字母表拉伸"任务）。儿童还知道他们可以用自己的身体形成各种形状，并且这些形状与字母表中的特定字母相符（例如"我可以用身体形成字母"任务）。本节中的其他学习任务可以激发儿童对各种押韵的单词产生兴趣并主动学习相关知识。

## 用儿童的身体可以形成的形状

| | |
|---|---|
| – 角度 | – 长方形 |
| – 大的 | – 圆形 |
| – 方形 | – 尖的 |
| – 圆圈 | – 短的 |
| – 歪扭的 | – 极瘦的 |
| – 弯曲 | – 小的 |
| – 弧形 | – 正方形 |
| – 菱形 | – 直线 |
| – 平的 | – 伸直的 |
| – 庞大的 | – 高的 |
| – 小的 | – 薄的 |
| – 长的 | – 小的 |
| – 窄的 | – 三角形 |
| – 椭圆形 | – 扭转的 |
| – 凸起 | – 宽的 |

# 运动叙述

　　本章的第二组学习任务主要通过运动叙述来提高儿童的语言艺术技能。运动叙述是一种通过引入虚构的人物、场景和事件来提高儿童的想象力和创造力、对故事的热爱，以及最终提高其语言艺术技能的手段。在认知（或智力）领域，故事可增加儿童的运动词汇量、语言技能，并让他们喜欢上能使其想起各种声音的单词。

　　在情感（或社会）领域，运动叙事有开始、中间和结束的内容，并且包含各种可表达的情感。这可帮助儿童了解家庭成员和其他人如何应对各种情况，以及如何相互影响。还可证明人们喜欢不同的事物，以及可以持有不同的观点。运动叙事也为儿童提供了用简单方式描绘他人的机会，例如表现得非常勇敢或感到恐惧。这些动作是培养儿童理解他人有何感受以及试验成人权力与控制角色的最早期步骤之一。

　　最后，在精神（或身体）领域，故事为儿童提供了更多的机会，让他们在一个鼓励积极进行响应的环境中展示各种运动素养技能。简而言之，运动叙事涉及所有3个学习领域的内容。

　　我们试着用循序渐进的方式呈现故事，首先是最简单的，然后逐渐变得很复杂。所表现的主题可能对一些幼儿来说是熟悉的，而对其他儿童来说则是完全陌生的，这取决于他们住在何处。我们还鼓励你通读这些故事，同时注意儿童身体挑战是否过于复杂。选择一个适合班级学生年龄和阶段的故事，然后从那里开始。可使用以下信息来实施运动叙事任务，从而提高儿童的运动素养和语言艺术技能。

▪ 慢速但充满热情地阅读故事，以培养儿童对故事和场景的想象力。一些教师和家长错误地认为，需要复杂的玩具和精致的服装才能激发儿童的想象力。他们忽视了一个事实，即想象力来源于儿童进行创造性思维和简单解决问题的能力。给儿童一点时间来设想他们所需的运动素养反应。

▪ 帮助儿童学会与同伴进行社交互动。讨论他们需要的人际交往技巧：轮流活动、带领和跟随、分享、与他人合作，甚至是在家中与兄弟姐妹合作。

▪ 对于那些可能觉得很难解读所有行为词的幼儿，可以使用模仿的方法。为此你可以示范正确的身体技能执行方法，每次将儿童的注意力集中在一个动作或表情上。在继续执行下一个句子中的动作之前，让每个儿童运用这个技能或完成该动作。

▪ 调整或改变你的声音，为故事中的人物配备一种独特的声音。

▪ 识别并表扬那些自由表达自己的情感并积极参与活动的儿童。

▪ 在整个故事中谈论不同的运动技能和非运动技能：哪些运动帮助角色实现了故事中的目标？什么动作展示了身体的运动方式？

▪ 建议用其他方式结束故事，并要求儿童用身体演示每个人最终可能的样子。

▪ 儿童成功完成运动叙事时，一定要表扬他们的努力和创造力。

▪ 评估儿童对行为词和身体演示的理解，确定他们是否真正学到了知识。

▪ 要微笑。

## 何时使用运动叙述

根据行为词的长度和数量，你可以将运动叙述作为一项初始活动，让身体为更大的挑战做好准备，或者作为一项整组学习任务。如果故事涉及多个方面的内容，包含多个角色和情节变化，一些教师可创建一个课程计划，其中要确定更复杂的身体技能并在拉伸或追逐活动的初始活动期间使用这些技能，或者与同伴一起跟着音乐练习各种高级技能，然后完成故事中的动作。

富有创造力的教师会在回顾一个故事时加入 3 个目标，一个适当的初始学习任务，以及一个同伴学习任务，然后花些时间实施运动叙述，目的是增加儿童的运动词汇和语言艺术技能。本章提供的 3 个示例故事中包含了所有这些元素，然后是 15 个额外的故事，你可使用它们来提高儿童的所有技能。

## 字母表

# 字母表拉伸从 A 到 Z

## 满足的美国国家标准

**标准 1** 有运动素养的人有能力使用各种运动技能和移动方式。

## 教材 / 教具

展示字母表中的字母（可选）。

## 中心焦点

识别字母表中的具体字母，并将高强度动作的词汇与这些字母联系起来。

## 目标

- **认知：** 儿童将回忆起哪些移动技能的名字是以字母表中的哪些字母开头的。
- **情感：** 儿童参与"字母表拉伸"活动时，他们会表现出倾听教师讲课和积极回应教师的态度。
- **心智：** 儿童将在"字母表拉伸从 A 到 Z"活动中针对字母表中的每个字母演示正确的移动技能。

## 健身活动可实现的健康目标

心肺耐力和柔韧性。

## 学习任务 1：准备移动我们的身体

**课堂组织：** 儿童完全分散开。

引入以下内容：如果你能在地板上移动身体来形成字母的形状会怎样？要求儿童进行以下活动。

- 你能在跳跃时形成字母 J 的形状吗？
- 看看你沿着 Z 字形路线前后快速移动时能否形成字母 Z。
- 像企鹅那样摇摇摆摆地行走时形成字母 W 的形状。
- 向我展示如何蹦跳着形成字母 H。

## 学习任务 2：同伴挑战

**课堂组织：** 两人一组在整个一般空间中分散开。

要求同伴轮流指向不同的身体部位，识别每个身体部位名字的首字母是字母表中的哪个字母，然后移动该身体部位。例如 A：胳膊和脚踝；C：胸；E：肘、眼睛、睫毛和耳朵；H：头和臀部；F：脚和手指；K：膝盖；W：手腕和腰；L：腿和嘴唇；N：脖子。

## 学习任务 3：字母表拉伸 A 到 Z

**课堂组织：** 儿童在整个一般空间中分散开。

导入以下内容：让我们针对字母表中的每个字母执行令人兴奋的动作。

A 代表空气。谁能深呼吸 3 次？

B 代表反弹。你能像橡皮球那样反弹吗？

C 代表卷曲。看看你能将身体蜷曲成一个圆形吗？

D 代表躲避。你能闪到一边，然后再闪到另一边吗？

E 代表探索。假装你在探索一个又长又黑的洞穴。

F 代表乐趣。当你玩得开心的时候，让我看看你的身体是怎么移动的。

G 代表紧握。你能把手指卷起来并紧握吗？

H 代表拥抱。给自己一个大大的拥抱。

I 代表膨胀。让我们假装在吹一个巨大的气球并让它膨胀起来。

J 代表跳跃。试着向上跳并触摸天花板。

K 代表踢球。向我展示你如何用脚去踢想象中的球。

L 代表更低。你能以多慢的速度将身体放到地板上？

M 代表肌肉。试着伸展手臂上的肌肉，让它们变长。

N 代表窄的。向我展示一个又高又窄的形状。

O 代表上方。你假装跨过地上的一个大洞。

P 代表沉重的步伐。在大雪中沉重缓慢地前进时，你如何行走？

Q 代表快速。你能快速地在身体两侧移动你的手吗？

R 代表滚动。你能形成一个长的形状，并沿着地板滚动吗？

S 代表游泳。向我展示你如何用胳膊假装游泳。

T 代表脚尖。踮起脚尖，向上伸展身体。

U 代表向上。假装你是一只向上飞翔的风筝。

V 代表振动。你能像一台巨大的机器一样摇动、抖动和振动吗？

W 代表摆动。你能用什么方法摆动手指？

X 代表 X 光。用你的手指指向手上的一根骨头。

Y 代表猛拉。向我展示你如何猛拉一根想象中的绳子。

Z 代表 Z 字形。你能沿着 Z 字形跳跃吗？

## 评估问题

1. 哪些字母用动作模仿起来最有趣？能为我展示一下吗？

2. 谁能向我展示如何用你名字的第一个字母所代表的动作移动？

3. 你能看出哪个字母对应的动作很难模仿吗？我们做些什么能让动作执行起来更容易（例如，T 代表脚尖：在身体两侧伸直手臂可保持平衡）。

## 学术语言要求

• **语言的作用**：使用语言口头评判自己行为词的表现情况。

• **词汇**：之字形、卷曲、紧握、沉重的步伐、振动以及猛拉。

• **句法或叙述**：在语言交流中介绍新的词汇以及如何执行该词汇所代表的动作。

# 字母表字母

## 满足的美国国家标准

**标准 3** 有运动素养的人具备了实现和保持可提高健康水平的身体活动和健身运动的知识与技能。

## 教材 / 教具

可移动的物体或生物的照片（可选）、展示字母表中的字母（可选）、盒子以及帽子或容器（可选）。

## 中心焦点

控制身体，使其像以特定字母开头的物体那样移动。

## 目标

- **认知**：儿童将以字母表中特定的字母为开头来命名物体，并采用该物体的移动方式。
- **情感**：儿童将保持高度的注意力并愿意，执行以特定字母开头的每个物体的动作。
- **心智**：儿童将与同伴以适当和有目的的方式模仿以特定字母开头的物体或事物的动作和移动方式。

## 健身活动可实现的健康目标

心肺耐力。

## 学习任务 1：准备移动我们的身体

**课堂组织**：儿童在整个一般空间中分散开。

让儿童执行农场池塘中以 A、B、C 和 D 开头的单词对应的 4 种动物的动作：蚂蚁四处跑动，蜜蜂在花丛中嗡嗡叫，乌鸦在头顶飞过，鸭子摇摇摆摆地走过。

## 学习任务 2：同伴挑战

**课堂组织**：两人一组在整个一般空间中分散开。

给同伴一张移动物体或生物的图片。如果没有图片，你也可以用耳语的方式告诉同伴该物体或生物的名字。每组同学轮流表演该物体或生物的动作，其他儿童猜测它是什么。建议的图片包括飞机翱翔、球反弹、赛车、击鼓、大象跺脚、青蛙跳跃、山羊踢腿、拍手、水母漂浮、风筝翱翔、狮子猛扑。儿童可以通过语言线索帮助同学识别该物体或生物（例如，我们的字母是 F）。

## 学习任务 3：字母盒

**课堂组织：** 儿童按组分散开来。

对于非常小的儿童，要强调字母表中的每个字母都可以代表各种物品或事物。鼓励儿童用身体来形成其名称以某字母开头的物体的动作。只要可能，就使用物体或事物的照片或图画，因为一些 ELL（英语为非母语的英语学习者）儿童可能不知道物品的英语名称。对于稍大一点的儿童，可以把字母表中的每个字母写在一张小纸片或索引卡上，然后将卡片放在信封、帽子或塑料容器中。这个容器就变成了字母盒。将儿童分成 4 组或 5 组。每组中的一名儿童从容器中挑选一张卡片，并向全班同学大声读出卡片上的字母。大声朗读与该字母相关的物品列表，并让儿童执行相应的动作。

A
宇航员在太空中漂浮
猿猴荡来荡去
B
气球膨胀
蝴蝶振翅
泡沫爆裂
鸟儿飞翔
挥动棒球棒
水牛逃窜
C
时钟滴答滴答
猫拱背
小鸡鸣叫
螃蟹行走
骆驼缓慢移动
鳄鱼沿着沼泽爬行
D
舞蹈演员不停旋转 海豚跳跃
鹿奔跑
毛驴缓慢移动
E
肘部弯曲
鹰翱翔
F
风扇不停转动 鱼游动
跺脚
G
沙鼠疾走

大雁飞翔
金鱼游动
囊地鼠挖洞
H
用锤子重击
河马溅起水花
直升机盘旋
I
用溜冰鞋滑冰
冰在融化
J
喷气式飞机咆哮
不断转动跳绳
美洲豹昂首阔步
K
小猫伸腰
转动钥匙
扭转绳结
L
豹子猛扑
羔羊跳跃
肺部扩张
M
老鼠惊惶奔跑
拖把发出沙沙声
摩托车飞驰
机器震动
有力的肌肉拉伸

N
霓虹灯闪烁
夜莺飞翔
O
猫头鹰呜呜叫
橡树摇摆
P
猪在地上打滚
纸风车迎风转动
企鹅摇摇摆摆地行走
人们拥抱
爆米花爆裂
Q
鹌鹑咕咕叫
四头肌拉伸
R
兔子蹦跳
公鸡趾高气昂地走
犀牛穿过丛林
驯鹿腾跃
S
蜗牛爬行
雪橇猛冲
海员擦洗甲板
松鼠蹦蹦跳跳
蜘蛛爬行
海豹拍打鳍
蝎子蜇人

T
老虎穿过丛林
尾巴摆动
火车长途跋涉
大树摇摆
火鸡碎步跑
鲑鱼游动
U
张开雨伞
四弦琴的琴弦振动
V
车辆快速移动
藤蔓蔓延
秃鹰盘旋
W
水滴下
鲸鱼深潜
伐木者锯断木头
狼嚎叫
啄木鸟啄木
蠕虫蠕动
车轮转动
XYZ
溜溜球不断上升和下降
帆船扬帆
斑马驰骋
拉链上下开合

## 评估问题

1. 你能伸出手比划出你最喜欢的字母吗?
2. 向我展示如何像以该字母开头的物体或生物那样移动。
3. 如果可以带一个想象的物体到学校,你会带什么? 你的物体名字以哪个字母开头? 向我展示如何像这个物体那样移动。

## 学术语言要求

- **语言的作用**:使用语言描述如何像某些物体或事物那样移动。
- **词汇**:逃窜、盘旋、趾高气昂、摇摆、咕咕叫、昂首阔步地走、滑行以及蹦蹦跳跳。
- **句法或叙述**:在语言交流中关注儿童与特定物体或生物有关的经历。

# 字母表宝藏

## 满足的美国国家标准

**标准 2** 有运动素养的人能够应用与移动和表现有关的各种概念、原则、策略及战术的知识。

## 教材 / 教具

展示字母表中的字母（可选）以及字母表宝藏图片（可选）。

## 中心焦点

模仿以字母表中每个字母开头的物体和事物的常见动作。

## 目标

- **认知**：儿童能够区分不同的方向、高度和速度，准备去寻找想象中的字母表宝藏。
- **情感**：儿童将努力跟随同伴并模仿他们寻找想象中的宝藏时的动作。
- **心智**：在每个字母表字母的挑战中，儿童将展示相关字母的正确移动方式和动作。

## 健身活动可实现的健康目标

肌肉力量和肌肉耐力。

## 学习任务 1：准备移动我们的身体

**课堂组织**：儿童在整个一般空间中分散开。

要求儿童进行以下活动。

- 你能在走路时改变方向吗？改变高度呢？改变速度呢？
- 你能在身体离地面很近的情况下跑动，然后伸直身体，让身体处于最高的位置吗？

## 学习任务 2：同伴挑战

**课堂组织**：两人一组在整个一般空间中分散开。

同伴轮流成为寻找神秘宝藏的领导者，另一个则紧随其后。鼓励同伴在穿越各种想象的地形（例如，高山、低谷、狭窄的小路和石头台阶）时改变方向、高度和速度，直到你喊出"我看到了那里的字母表宝藏"，并指向活动区域中的一处空间。继续进行学习任务，直到双方都作为领导者完成任务。

## 学习任务 3：寻找字母表宝藏

**课堂组织**：儿童分散在自我空间中。

引入以下内容：今天是我们寻找字母表宝藏的日子。每年的秋天（冬天、春天或夏天）都要进行这种搜索工作。你的任务是运用想象力，和字母表中的每个字母同时进行移动。有些物体很大，有些很小。必须将每一个想象的物体都放进魔术袋中。这个魔术袋可让你同时携带所有物品。

A 代表苹果。因为苹果树很高，所以你需要尽可能往上爬。现在踮起脚尖去够苹果。够到苹果时，把它摘下来，并放到你的口袋中。

B 代表自行车。需要蹬踏踏板才能让自行车移动。仰卧并用你的腿蹬踏自行车，然后将它放入魔术袋。

C 代表母牛。要想引起母牛的注意，你的声音必须像母牛一样。你能做到吗？

D 代表恐龙。恐龙是一种非常大且非常重的动物。要想抓住恐龙，试着悄悄地、慢慢地靠近它，给它一个突然袭击。

E 代表鸡蛋。鸡蛋非常容易碎。你需要小心地从鸡窝中拿出鸡蛋，这样才不会打碎它。假装用手臂保护鸡蛋。

F 代表青蛙。青蛙生活在池塘中，会从一片睡莲叶子跳到另一片睡莲叶子上。要想抓住一只青蛙，可以想象你正跟着它穿过池塘。

G 代表吉他。吉他有多根琴弦，可用来演奏音乐。你能弹奏出某个曲调吗？我们可以一起弹奏。准备好了吗？一，二，三，开始。

H 代表马。马跑得飞快时，我们称之为飞奔。看看你能不能绕着圈子飞奔。

I 代表冰激凌。冰激凌很凉，但它会融化。你能让你的身体颤抖吗？因为它像冰激凌一样冷？慢慢融化到地板上了。

J 代表果冻。果冻会摇摆不定。向我展示你能不能摆动和摇动。

K 代表袋鼠。袋鼠把它们的宝宝装在育儿袋中，并用后腿跳跃。你能跳多高？

L 代表套索。套索是牛仔们使用的特殊绳索，他们会在身体一侧的头顶上方旋转套索。你会用套索做什么事情？

M 代表猴子。猴子会爬树，在藤蔓上荡秋千，从一棵树跳到另一棵树上。如果你是一只猴子，你会怎么做？

N 代表面条。面条在煮之前很硬，煮熟后，它们变得很柔软。谁能向我展示煮面条时面条会怎么样？

O 代表章鱼。章鱼生活在水中，有 8 只触手，触手就像我们的胳膊和腿一样。假装你的腿和胳膊就是触手。

P 代表降落伞。人们从飞机上跳下时要使用降落伞，降落伞帮助他们安全降落到地面上。向我展示你是如何跳下的，然后降落到地面上。

Q 代表嘎嘎叫。鸭子摇摇摆摆地走路时会嘎嘎叫。向我展示你是如何嘎嘎叫和摇摇摆摆地走路的。

R 代表机器人。机器人由金属制成，走路时会表现出僵硬和呆萌的动作。谁能向我展示机器人如何走路的？

S 代表蛇。蛇没有胳膊或腿，所以它们必须靠摆动身体在地上滑行。假装你是一条蛇并在地上滑行。

T 代表陀螺。陀螺能不停地旋转。让我们像陀螺一样旋转而不会停下来。

U 代表雨伞。下雨时，雨伞让我们不会被雨水打湿。请拿起一把伞，打开后再合上它，然后将它放到魔术袋中。

V 代表火山。火山是含有极热液体的山，当这种液体变得太热时，它会突然从火山的顶部喷出。能像火山一样喷发吗？

W 代表蠕虫。蠕虫看起来像很小的蛇，它们生活在泥土中。为了找到蠕虫，先向我展示如何挖洞。

X 代表木琴。木琴是一种乐器，人们用两根棍子敲击木琴来演奏音乐。在将它放入魔术袋之前，让我们试着用它演奏一首歌曲吧。

Y 代表溜溜球。溜溜球在绳子上不停地上下移动。想象你是一个溜溜球，向上立正，然后蹲下。

Z 代表拉链。拉链帮助我们系好外套、裤子和衬衫，拉链也可以上下移动。向我展示你如何系上一件想象中的外套。

太棒了！你已经完成了字母表宝藏的寻宝工作。

## 评估问题

1. 谁能像他们最喜欢的物体或生物那样移动？
2. 我希望你记得把这些物体放进你的魔术袋。明年，字母表宝藏的寻宝工作将从寻找新的物体开始。离开前，请将魔术袋中的物体倒入活动区域中央的盒子，这样别人在寻找字母表宝藏时就能找到这些特别的物体了。
3. 在活动结束之前，谁能模仿一个不在我们魔术袋中的物体的移动呢？分享你的想法。

## 学术语言要求

- **语言的作用**：使用语言解释如何成功地搜寻想象中的宝藏。
- **词汇**：伸展、踏板、弹奏、颤抖、旋转、摇摆、爆炸、保护以及宝藏。
- **句法或叙述**：儿童之间的语言交流要关注如何对每个句子中动作任务的第二部分做出反应。

# 字母表韵律

## 满足的美国国家标准

- **标准 2** 有运动素养的人能够应用与移动和表现有关的各种概念、原则、策略和战术的知识。
- **标准 4** 有运动素养的人表现出尊重自己和他人的负责任的个人与社会行为。

## 教材 / 教具

欢快的音乐。

## 中心焦点

执行与字母表中每个字母所代表的单词相一致的动作。

## 目标

- **认知**：儿童将讨论字母表中字母所代表的物体，以及这些物体的移动方式。
- **情感**：即使在同伴任务中感到疲劳，儿童也将继续积极参与活动。
- **心智**：教师针对字母表中的每个字母背诵诗歌时，儿童将演示诗歌中的行为词并进行适当的移动。

## 健身活动可实现的健康目标

心肺耐力。

### 学习任务 1：准备移动我们的身体

**课堂组织**：儿童在整个一般空间中分散开。

要求儿童进行以下活动：开始播放音乐，所有儿童跳舞并开始移动。音乐停止时，儿童应该静止不动。说出一个字母以及与该字母对应的一个行为词，例如 J 代表跳跃。音乐再次响起时，儿童跳跃。继续学习任务，每次音乐停止时应改变所使用的运动技能或非运动技能（例如，M 代表行进，W 代表扭动，S 代表抖动）。

### 学习任务 2：同伴挑战

**课堂组织**：两人一组在整个一般空间中分散开。

播放欢快的音乐，并要求同伴相互握住手，然后抖动、扭动和四处移动，同时两人要继续握住一只或两只手。

### 学习任务 3：字母表摇滚

**课堂组织**：儿童分散在自我空间中。

先向儿童解释许多欢快的歌曲中都使用了字母表，然后展示下面的韵律，让儿童用富有创意的音乐方式做出反应。

我们要从 A 移到 Z，

拍拍你的手，跺跺你的脚。

我们要从 A 移到 Z，

来和我一起动起来吧。

A 代表短吻鳄，咬牙切齿，咬牙切齿，咬牙切齿，

B 代表熊，重重地跺脚。

C 代表猫，追逐老鼠，

D 代表狗，惊惶地跑进狗窝。

E 代表大象，跺着并吃着我手里的花生，

F 代表鱼，向沙滩游去。

G 代表会让我们战栗和发抖的鬼魂，

H 代表我们可以做出的笑脸。

I（我）是一只小虫，顺着我的胳膊爬行，

J 代表农场中快乐打滚的小猪。

K 代表风筝，在天空中飞翔，

L 代表蜥蜴，跳得很高。

M 代表老鼠，安静地坐着，

N 代表鸟，在树上的鸟巢中鸣叫。

O 代表章鱼，裹在一个球中，

P 代表孔雀，昂首阔步，高傲而高大。

Q 代表跳跃的袋鼠在快速移动，

R 代表公鸡，喔喔地叫着。

S 代表一条长长的，正在滑行的蛇，

T 代表乌龟，在湖边散步。

U 代表抬头寻找，寻找流星，

V 代表高速赛车的轰鸣声。

W 代表飓风中的旋转风，

X 代表马戏团的马，跟随着音乐跳动。

Y 代表牦牛，两个两个地拖着沉重的步子移动，

Z 代表斑马，在野生动物园驰骋。

## 评估问题

1. 模仿哪个物体或事物的移动对你来说最难？

2. 你能想到另一种方法来执行最喜欢的字母所代表的动作吗？

3. 让我们创建另一个关于物体的字母表句子。它以哪个字母开头？这个物体如何移动？

## 学术语言要求

- **语言的作用：**使用语言解释用身体可以执行的模拟物体或事物的动作。

- **词汇：**跺脚、跳水、战栗、爬行、昂首阔步、散步、旋转以及沉重的步伐。

- **句法或叙述：**在语言交流中关注有韵律的字母对象和每个对象的移动方式。

# 我们的身体也能形成字母形状

## 满足的美国国家标准

- **标准 1** 有运动素养的人有能力使用各种运动技能和移动方式。
- **标准 4** 有运动素养的人表现出尊重自己和他人的负责任的个人与社会行为。

## 教材 / 教具

一幅包含字母表中所有字母的大海报，其高度让所有儿童都能清晰地看到这些字母。字母上的点表示儿童的头可以放在此处。

## 中心焦点

要求儿童用身体形成线条和半圆，从而形成各种字母表中各个字母的形状。

## 目标

- **认知**：儿童将比较字母表中的字母与他们用身体形成的字母的形状。
- **情感**：形成字母表中各个字母的形状时，儿童会听取同伴的建议。
- **心智**：儿童将探索身体可以形成的各种圆形和线条，以创造出海报上所示的几个字母的形状。

## 健身活动可实现的健康目标

柔韧性。

### 学习任务 1：准备移动我们的身体

**课堂组织**：儿童在整个一般空间中分散开。

引入以下内容：首先让我们探索不用钢笔或铅笔也能书写字母的几种方法。

要求儿童进行以下活动。

- 假装你是一把巨大的油漆刷，当你的脚在地板上滑动时，刷出字母 L。
- 找出 3 种用身体写出字母"S"的方法。
- 你能在空中画出一个巨大的字母"O"吗？向我展示如何在这个大圆中添加眼睛、鼻子和微笑，从而形成一个笑脸。

### 学习任务 2：同伴挑战

**课堂组织**：两人一组在整个一般空间中分散开。

引入以下内容：人们通过画直线和半圆来学习如何形成字母表中的字母。

要求儿童进行以下活动。

- 谁能在较低的高度演示一个又长又细又窄的形状？看看你能不能将身体弯成一个曲线的形状。我们需要用这些形状来形成字母中的各种线条。
- 选择一个同伴或伙伴，并在较低的高度上形成 3 个字母。

## 学习任务 3：本周词汇

**课堂组织：**儿童按组分散开。

- 将儿童分成 3 人一组。要求每组 3 人形成两个字母。
- 将儿童重新分成 4 人一组。要求每组 4 人选择并形成字母表中的一个字母。
- 要求全班同学作为一个整体，用他们的身体拼出本周的词汇（例如：有趣、欢喜、眼睛、腿、耳朵、头、鼻子、食物、脸、移动、微笑、字母表、肌肉以及健康），从而完成学习任务。用较大的字母写出这个单词，让所有人都能看到，并复习这个单词的含义。

同伴

3 人一组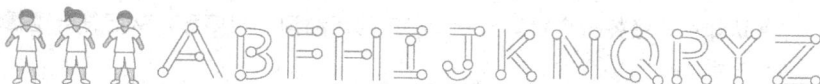

4 人一组

### 评估问题

1. 谁能回忆起为了形成字母表中的字母，我们的身体能形成哪些形状（例如，长、细、窄的形状；曲线）？
2. 哪些字母是最难用身体形成的？为什么？
3. 你能想出一个有三个字母的单词，用 3 个人形成这个单词并且其含义是快乐["joy"（喜悦）或"fun"（乐趣）]的吗？

### 学术语言要求

- **语言的作用：**使用语言描述某个单词所需的字母并确定如何形成它。
- **词汇：**肌肉、健康以及本周词汇中包含的任何单词。
- **句法或叙述：**在语言交流中关注如何组合每个人的身体，从而在地板上形成一个很大的单词。

# 脑体结合

## 满足的美国国家标准

- **标准 1** 有运动素养的人有能力使用各种运动技能和移动方式。
- **标准 3** 有运动素养的人具备了实现和保持可提高健康水平的身体活动和健身运动的知识与技能。

## 教材 / 教具

不需要。

## 中心焦点

使用逻辑上合理的答案来完成一个口头挑战句,然后用肢体动作来回应挑战。

## 目标

- **认知**:儿童将一个物体与一个特定的运动词汇相匹配,从而符合逻辑地完成一个句子。
- **情感**:儿童将倾听同伴的创意词汇,并以支持的方式进行回应。
- **心智**:儿童将在动作句中做出正确的反应,并用在一系列挑战中都可识别的方式进行移动。

## 健身活动可实现的健康目标

心肺耐力。

### 学习任务 1:准备移动我们的身体

**课堂组织**:儿童在整个一般空间中分散开。

要求儿童进行以下活动。

- 确定你能做的最小幅度跳跃,现在试试最大幅度的跳跃。
- 向我展示你如何才能跳得尽可能高。
- 试着跳过一堆想象中的树叶。

### 学习任务 2:同伴挑战

**课堂组织**:两人一组在整个一般空间中分散开。

引入以下内容。

- 与同伴一起创造一个疯狂的单词,然后根据这个单词移动。
- 根据这个单词你能想出用另一种移动方式吗?

### 学习任务 3:思考并移动

**课堂组织**:儿童在整个一般空间中分散开。

引入以下内容:物体和动作的名称就是单词。在这个主动猜词游戏中,你将读到一个缺少一个单词的句子,填入该单词并演示这个句子所描述的动作。

使用以下例子：我能扔一个 _____（例如，球）。在这个例子中，儿童应该口头回答"球"，然后简单展示扔的动作（注意：你也可以指定一名儿童或要求一名儿童喊出答案，然后让所有儿童都示范这个动作）。

我能躲在_____（例如，床或桌子）下。

我能爬上很高的_____（例如，树、小山或高山）。

我能走下_____（例如，楼梯或台阶）。

我能打开一个_____（例如，礼物或门）。

我睡在_____（例如，床或小床）上。

我坐在_____（例如，椅子或长沙发椅）上。

我乘坐一辆_____（例如，汽车、公共汽车或卡车）。

我能堆起_____（例如，积木、书或盒子）。

我能拉出_____（例如，马车或玩具）。

我能跳过一个_____（例如，水坑）。

我能腾跃，就像_____（例如，马）那样。

我能滑动，例如在_____（例如，冰）上。

我能行进，就像_____（例如，机器人或士兵）那样。

我能滑行，就像_____（例如，蛇）那样。

我能旋转，就像_____（例如，直升机）那样。

我能摇摇摆摆地走，就像_____（例如，鸭子或企鹅）那样。

我能蠕动，就像_____（例如，蠕虫）那样。

我能破裂，就像_____（例如，泡泡）那样。

我能融化，就像_____（例如，冰激凌、雪或冰）那样。

我能跳_____（例如，跳绳）。

我能艰难地穿过_____（例如，雪地或泥地）。

我能摇摆，就像_____（例如，花朵或树）那样。

我能飘动，就像_____（例如，蝴蝶或树叶）那样。

我能漂浮，就像_____（例如，泡泡或船）那样。

我能唱歌，就像_____（例如，小鸟、麻雀、知更鸟或长尾小鹦鹉）。

## 评估问题

1. 谁能告诉全班同学自己最喜欢的猜词游戏？

2. 猜测一个答案时，我们必须运用我们的思考技巧。向我展示你在思考时是如何移动身体的。

3. 你和同伴能想出另一种有创意的移动方式吗？

## 学术语言要求

• **语言的作用**：要求做某个动作时，使用语言给出理由。

• **词汇**：爬、堆起、跳跃、腾跃、滑冰、爆裂、跋涉、摇摆、飘动以及漂浮。

• **句法或叙述**：在语言交流中介绍需要选择哪个物体或事物。

# 肢体语言

## 满足的美国国家标准

标准 4 有运动素养的人表现出尊重自己和他人的负责任的个人与社会行为。

## 教材 / 教具

欢快的音乐。

## 中心焦点

使用各个身体部位和各种姿势，并通过动作进行交流。

## 目标

- **认知**：儿童将回忆起肢体语言和面部表情是一种交流形式，他可以将这些与口头表达的具体动作相匹配。
- **情感**：儿童渴望参与无声的同伴活动。
- **心智**：儿童将展示各种面部表情，并用相关的姿势来督促同学跟着做和重复某些动作。

## 健身活动可实现的健康目标

柔韧性。

### 学习任务 1：准备移动我们的身体

**课堂组织**：儿童在整个一般空间中分散开。

要求儿童进行以下活动。

- 在活动区域踮脚跑，小心不要撞到同学。
- 当我用不同的步伐（例如，短的、长的、轻的、重的或交叉的）跑动时，跟着我一起做。

### 学习任务 2：同伴挑战

**课堂组织**：两人一组在整个一般空间中分散开。

让儿童选择一个同伴，然后导入以下内容：我们可用自己的身体部位告诉人们一些事情，或者说不用说话就能表达我们的感受。向我展示你如何用手与同伴打招呼（例如，挥手、握手）。

要求儿童进行以下活动。

- 在空中挥舞双臂，引起同伴的注意。
- 你的肩膀能告诉同伴你很累吗？
- 你如何展示你非常强壮？
- 用你的手说干得好（例如，竖起大拇指、拍手）。

- 你如何用手告诉同伴跟着你做?
- 想办法让同伴知道你的腿很僵硬、你现在很放松、你现在很快乐。

## 学习任务 3: 跟着领导者使用肢体语言

**课堂组织**: 儿童在整个一般空间中分散开。

**引入以下内容**: 执行特定任务时, 用身体姿势和各种动作来"交谈"或交流。根据以下例子。

- 第一个儿童弯腰形成一个小的形状, 然后挥手示意第二个儿童从他的身上过去。
- 第二个儿童按照第一个儿童的指示采取行动, 然后跳到第一个儿童所指示的房间某一侧的空间中。
- 鼓励一小组儿童在不说话的情况下跟着领导者做动作。

### 评估问题

1. 我们最常使用哪个身体部位进行交流?
2. 你认为最好的沟通方式是什么?
3. 谁能告诉我什么是手语, 谁在使用它?

### 学术语言要求

- **语言的作用**: 必要时使用语言对动作进行排序。
- **词汇**: 交流以及肢体语言。
- **句法或叙述**: 语言交流的要点应该是跟随领导者执行的具体动作。

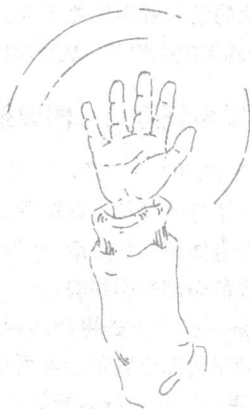

# 扭转和旋转动作

## 满足的美国国家标准

**标准 2** 有运动素养的人能够应用与移动和表现有关的各种概念、原则、策略及战术的知识。

## 教材 / 教具

4 到 6 个豆袋、地板上使用的点状物或类似的小物件。

## 中心焦点

执行个人和团体动作任务时，区分扭转动作和旋转动作。

## 目标

- **认知**：儿童将指出在一般空间中安全导航的重要性。
- **情感**：儿童将表现出一种责任感，协助小组努力绕着一个圆形旋转。
- **心智**：作为 4 人小组的一员，儿童要相互抓住手或手腕，以可控的方式沿着圆形旋转。

## 健身活动可实现的健康目标

肌肉力量和肌肉耐力。

### 学习任务 1：准备移动我们的身体

**课堂组织**：儿童在整个一般空间中分散开来。

要求儿童进行以下活动。

- 看你能不能快跑时听到我的信号就突然停下来。
- 在地板上挑选一个远离你的想象中的点。现在跑向这个点，回来时不要碰到任何人。

### 学习任务 2：同伴挑战

**课堂组织**：儿童在整个一般空间中分散开，与同伴合作解决你提出的如下挑战。

- 向同伴展示你可以扭转几个身体部位（如脚踝、手腕和臀部）。
- 能向同伴展示如何将整个身体扭转后形成一个新的形状吗？
- 看看你和同伴能否扭转你的臀部来回跳舞。
- 与同伴一起找到一种方法，在不失去平衡的情况下不停地旋转你的身体。再试一次，这次在开始时让你的手臂靠近胸部，然后慢慢地旋转，同时向外伸直手臂。
- 你和同伴要找到一种方法，让你的身体旋转几圈，最终停下时形成一种扭曲的窄的形状。
- 看看能不能握住同伴的手同时安全地各自按照圆形轨迹旋转？

## 学习任务 3：飞行的宇宙飞船

**课堂组织：**儿童按组分散开。

- 儿童分成 4 人一组。要求各小组成员相互握住手或手腕，并按圆形轨迹旋转。
- 鼓励小组成员在旋转时从中等高度变为较低的高度，同时慢慢地把手举高。
- 要求小组成员像飞行的宇宙飞船那样旋转并向前移动。
- 解释你在活动区域中分散放置的几个小物体，这几个地点称为着陆区。
- 要求 4 人一组一边旋转，一边移到每个着陆区。
- 各小组应在标志物上盘旋 3 秒，然后移到第二个标志物上。

### 评估问题

1. 哪些身体部位可以很轻松地扭转而不会让身体受伤（如脚踝、手腕和臀部）？转动这些身体部位。
2. 沿着一个圆形旋转时，最常使用哪些身体部位来保持平衡？
3. 为什么你认为所有小组成员以小组为单位沿圆形旋转时必须进行合作？

### 学术语言要求

- **语言的作用：**使用语言对组员发出开始旋转动作的信号，从而能够控制旋转动作。
- **词汇：**旋转以及扭转。
- **句法或叙述：**在语言交流中关注为什么所有小组成员必须精诚合作才能沿着一个圆形旋转。

# 万圣节物品

## 满足的美国国家标准

**标准 2** 有运动素养的人能够应用与移动和表现有关的各种概念、原则、策略及战术的知识。

## 教材 / 教具

与万圣节有关的图片或物品（可选）。

## 中心焦点

使用不同的身体部位营造与万圣节有关的假想物品。

## 目标

- **认知**：儿童将描述与万圣节有关的物体如何移动。
- **情感**：要求儿童创造更大的万圣节物品时，他们会积极配合地更换同伴和组合身体。
- **心智**：儿童将用各种万圣节物品的相关方式进行移动，并识别与这些物品相吻合的表情和姿势。

## 健身活动可实现的健康目标

心肺耐力和柔韧性。

### 学习任务 1：准备移动我们的身体

**课堂组织**：儿童在整个一般空间中分散开。

要求儿童进行以下活动。

- 想象你正戴着万圣节面具，向我展示它会是什么样的。
- 你可以用多少种不同的方法拉伸你的大型肌肉？
- 像骷髅那样移动时，摇动瘦骨嶙峋的胳膊和腿。
- 向我展示如何踮起脚尖走路，就像黑猫在狭窄的篱笆上保持平衡那样。
- 摇动你的长尾巴、咆哮，并像龙那样在用力跺脚的时候喷火。
- 你能变成一个大的圆形南瓜灯或南瓜的形状吗？
- 和你的朋友们一起跳跃，并假装你带着一大袋万圣节零食。

### 学习任务 2：同伴挑战

**课堂组织**：儿童两人一组分散在自我空间中。

引入以下内容。

- 如果一个同伴假装是扫帚，另一个假装是女巫，你会如何移动他们？
- 蜘蛛有许多条腿。你和同伴能像蜘蛛那样移动吗？

- 你能加入另一组同伴并创造一个由 4 人组成的怪物吗？

## 学习任务 3：鬼屋

**课堂组织**：儿童按组分散开。

- 将儿童分成两组。一组人面对面站成两排，形成一座房屋的墙壁。第二组儿童假装自己是"不招待就使坏"的捣蛋者，在整个活动区域中欢快地跳跃。
- 当你发出夜幕降临的信号时，房子的墙壁会伸出手臂，并在其自我空间中移动和抖动，以此来吓唬儿童。提醒儿童，墙壁不能抓住那些"不给糖就捣蛋"的捣蛋者，而应在原地不动的情况下伸出手臂吓唬儿童。之后双方交换角色。

### 评估问题

1. 万圣节时儿童可以装扮成各种各样的东西、动物、卡通人物、角色和人。南瓜灯会有什么样的面孔呢？展示给我看。
2. 用你的想象力向我展示幽灵是如何在鬼屋中移动的。
3. 说出我们在万圣节应该安全地去做的 3 件事。

### 学术语言要求

- **语言的作用**：使用语言讨论与万圣节有关的不同物体或事物的移动方式。
- **词汇**：抖动、伸出、踮起脚尖走路、可怕以及夜幕降临。
- **句法或叙述**：在语言交流中介绍根据个人的理解，万圣节物品和事物通常如何移动。

## 运动叙事

# 社区中的各种地方

## 满足的美国国家标准

- **标准 1** 有运动素养的人有能力使用各种运动技能和移动方式。
- **标准 4** 有运动素养的人表现出尊重自己和他人的负责任的个人与社会行为。

## 教材 / 教具

不同类型社区的图片（例如，位于水边的、沙漠中的、山顶上的、城市中的或小镇上的）（可选）。

## 中心焦点

儿童假装在一个社区内旅行以及去遥远目的地的同时探索一系列身体技能。

## 目标

- **认知**：儿童将使用身体和想象中的交通工具来区分在当地旅行和社区外旅行时相关的身体活动。
- **情感**：儿童在模仿同伴设定的动作和不同的移动速度时会表现出很享受的样子。
- **心智**：将每个行为词口头传达给全班同学时，儿童将执行多种运动技能，同时表现出与故事中的关键人物相吻合的恰当的行为和情感。

## 健身活动可实现的健康目标

心肺耐力。

### 学习任务 1：准备移动我们的身体

**课堂组织**：儿童在整个一般空间中分散开。

要求儿童进行以下活动。

- 我们的脚上有很多肌肉，让我们能在许多表面上移动。向我展示你是如何爬上一座小山的，现在想象这座小山已经变成了一座陡峭的山峰，你必须用脚趾着地并伸直身体向上爬。
- 你能想象你光着脚走在很烫的沙子上吗？单脚跳三下并说："哎哟！哎哟！哎哟！"然后用另一只脚跳动，并说："烫、烫、烫。"尝试完成这个动作 3 次。

### 学习任务 2：同伴挑战

**课堂组织**：儿童两人一组分散在自我空间中。

引入以下内容。

- 你能与同伴用相同的速度（如快、慢和中等）并排跑步吗？

• 一名儿童示范如何跨过或绕过大石头，其他人跟着做，沿着同伴的路线移动。双方交换角色。

## 学习任务 3：运输方式

**课堂组织**：儿童在整个一般空间中分散开。

引入以下内容：我将给全班同学朗读一个故事，你们的任务是模仿故事中的行为词和行为。

艾莎向上踮起脚尖并看向窗外。她喜欢上学，她喜欢乘坐长长的黄色校车。等校车时，艾莎开始想象她……

走到电影院，

慢跑到公园，

跑向操场，

在农场纵马驰骋，

骑着自行车去杂货店，然后在溜冰场滑旱冰或滑水冰。"总有一天我会远行，"艾莎想。她想象着……

骑着摩托车在弯弯曲曲的路上行驶，在丛林中长长的藤蔓上荡来荡去，沿着铁轨小心前行，

驾着快艇在湖上疾驰，驾着一辆大坦克艰难地爬上一座小山，在帆船上前后摇晃，

骑着高高的骆驼艰难地穿越沙漠，

乘坐一飞冲天的火箭前往月球，从飞机上跳伞下来。

就在这时，校车到达艾莎的家。"今天，我要乘电梯下来，快乐地乘坐校车去上学，"她说。

## 评估问题

1. 谁能说出你想去的某个地方？
2. 你会在那里做什么？展示给我看。
3. 能向我展示你父母或祖父母最喜欢的旅行方式吗？

## 学术语言要求

• **语言的作用**：使用语言来识别我们可以用身体进行的不同移动方式，以及描述不同的交通方式。

• **词汇**：嘎嘎作响、跋涉、石头、踏板以及降落伞。

• **句法或叙述**：在语言交流中关注如何最佳地演示一些更先进的交通方式，以及使用这些交通方式时所伴随的不同的情感。

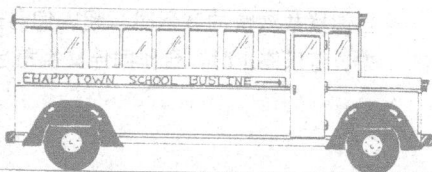

# 超人

## 满足的美国国家标准

- **标准 1** 有运动素养的人有能力使用各种运动技能和移动方式。
- **标准 4** 有运动素养的人表现出尊重自己和他人的负责任的个人与社会行为。

## 教材 / 教具

欢快的音乐、超级英雄的照片或海报（可选）以及超级英雄披风的围巾（可选）。

## 中心焦点

提高儿童的语言艺术技能，同时模仿虚构叙事中人物的动作和表达出的情感。

## 目标

- **认知：** 儿童将对与虚构和真正超级英雄有关的口头指示做出响应。
- **情感：** 儿童将兴致盎然地以活泼的方式移动以及模仿超级英雄的动作和行为。
- **心智：** 在有关超级英雄的任务中，儿童在阅读虚构的故事角色以及有秩序地回应相应的问题后，将直接展示这些角色的动作和移动方式。

## 健身活动可实现的健康目标

心肺耐力。

### 学习任务 1：准备移动我们的身体

**课堂组织：** 儿童分散在自我空间中。

要求儿童进行以下活动。

- 超人有很多特殊的能力。要成为跑得最快的超人之一，请站在你的自我空间中并向我展示如何在身体两侧挥舞手臂，从而快速地奔跑。
- 看看你能不能跳到空中，然后轻轻地且安静地落地。尝试完成这个动作 3 次。

### 学习任务 2：同伴挑战

**课堂组织：** 两人一组在整个一般空间中分散开。

引入以下内容：虚构的超人帮助我们城市中的人们。

将儿童分成两人一组。

- 一人扮作超人，然后与其他超人一起移到房间角落的某一区域中。
- 另一人与同学合作，形成分散在整个活动区域中的城市建筑。
- 当你播放欢快的音乐时，超人们离开他们所在的区域，在各个建筑物之间飞来飞去。音乐停止时，合作同伴交换角色，原先扮演建筑物的人变成新的超人。

## 学习任务 3：移动中的英雄

**课堂组织：** 儿童在整个一般空间中分散开。

**引入以下内容：** 我将给全班同学朗读一个故事，你们的任务是模仿故事中的行为词和行为。

克利福德离开电影院时感觉很兴奋，这部电影展示勇敢的男女做了许多勇敢的事。"如果我是一个超人，我会用很多不同的方式移动，"克利福德想。"我能……

奔跑并跳到空中，

跳过很高的建筑，

在一匹大白马的旁边飞奔，

从建筑物的侧面爬上去，

抓住藤蔓并在大树之间荡来荡去，

冲破墙壁并且不会被擦伤，

把身体变成橡胶并像球那样反弹，

拉伸我的身体，好像它是一个巨大的橡皮筋，

像雄鹰那样在空中翱翔，

用胳膊和腿在很低的高度爬行，

俯身并提起又大又重的东西，

像隐形人那样踮起脚尖走动，

静静地在地上融化成液态，

像鲨鱼那样游动，

扑灭森林大火而不会烧伤脚，

将我的身体变成一个巨大的推土机，在地上推土并且跑得比蒸汽机车还快，

在同一天中这些都能完成。"

### 评估问题

1. 谁能展示他们最喜欢的超人的动作？
2. 我们的社区中也有不戴面具的英雄，他们每天都在做勇敢的事情。你能说出一些吗？
3. 如果你能选择拥有某种超能力，你会选哪个？为什么？

### 学术语言要求

- **语言的作用：** 使用语言来回忆他们最喜欢的超人动作和移动方式。
- **词汇：** 飞行、打破、反弹、翱翔、融化、扑灭以及转变。
- **句法或叙述：** 在语言交流中确定常见的超人行为和移动方式。

# 童话中的动作

## 满足的美国国家标准

- **标准 1** 有运动素养的人有能力使用各种运动技能和移动方式。
- **标准 4** 有运动素养的人表现出尊重自己和他人的负责任的个人与社会行为。

## 教材 / 教具

欢快的音乐（可选）以及童话人物的照片（可选）。

## 中心焦点

提高儿童的语言艺术技能，同时模仿虚构叙事中人物的动作和所表达出的情感。

## 目标

- **认知**：儿童将认识到他所扮演的角色会使用独特的移动方式和动作，与原来童话故事中的不同。
- **情感**：儿童将与同伴合作，不中断地一同跳跃。
- **心智**：儿童将在不同于原始童话的场景中使用著名童话人物富有创意和想象力的身体技能，并将仔细聆听，以展示相应的表情或演示故事中所要求的各种动作。

## 健身活动可实现的健康目标

心肺耐力。

### 学习任务 1：准备移动我们的身体

**课堂组织**：儿童分散在自我空间中。
要求儿童进行以下活动。

- 想象你正在黏糊糊的泥中、在滑溜溜的冰上、在月亮上行走。
- 用不同的方法跳过水坑而不被弄湿。
- 假设你是一只青蛙。向我展示你如何像青蛙那样从一个睡莲叶子跳到另一个睡莲叶子上。记住要四肢着地。
- 假设你正在茂密的森林中奔跑，左右摇摆着猛冲，以避开低矮的树枝。

### 学习任务 2：同伴挑战

**课堂组织**：两人一组在整个一般空间中分散开。
要求同伴间紧握双手，沿着一条想象中的长长的、蜿蜒的森林小路跳着下山。尽可能地使用音乐。

## 学习任务 3：无所畏惧的童话

**课堂组织：**儿童在整个一般空间中分散开。

**引入以下内容：**我将给全班同学朗读一个故事，你们的任务是模仿故事中的行为词和行为。

每天晚上，阿琳的父亲都会问她同样的问题："今晚你想听哪个童话故事？"

每天晚上，阿琳都回答说："爸爸，所有的都想听。"一天晚上，阿琳的父亲决定答应女儿的请求，他一开始就让她假装自己是童话中的一个角色。当阿琳的父亲开始讲述这个故事时，她感到自己无所畏惧，并将身体伸直，显出很强壮的样子。

从前，一位叫格蕾特的小女孩开始寻找她的哥哥汉斯。她沿着一条狭窄曲折的路飞跑到鞋匠的家。"你看见我哥哥了吗，小精灵先生？"格蕾特问道。

"没有，但是请帮我们把这皮革拉伸一下，并锤一双鞋子。"精灵们说。格蕾特帮着拉伸并锤了锤皮革，然后溜过去看那只大坏狼。

"帮我吹气，吹气，把这座房子吹倒，我就能知道汉斯是否在里面。"狼说。格蕾特试了 3 次，最后瘫倒在地上。汉斯不在里面。狼说："如果你跑得快，就能在森林中找到小红帽。"格蕾特在密林中跋涉。

她爬上一棵大树去找小红帽。小红帽说："来和我一起跳，我们可能会看到汉斯。"

沿着一条黑暗的小路跳过去之后，格蕾特决定停下来问问灰姑娘。"我肯定汉斯会出现在舞会上，"灰姑娘说。格蕾特加入了灰姑娘和其他人所在的舞池。她迅速地拖着脚跳了一支舞，又转了一圈跳了第二支舞，跳第三支舞时她又拍手又踢腿。

"太好了，"格蕾特想，"但现在已经 12 点了，我必须离开，因为汉斯不在这里。"

格蕾特越来越伤心。当灰姑娘说："我知道汉斯可能在哪里。"格蕾特身体前倾着很高兴。"他一定是来拜访白雪公主的。"

格蕾特吃力地爬上山，来到城堡门口。她踮着脚尖从邪恶的王后身前走过。"也许7 个小矮人中的一个可以帮助我，"格蕾特想。爱生气的 Grumpy 跺着两只脚，根本没有提供什么帮助。困倦的她将身体蜷缩成一个小球，并闭上了眼睛。害羞鬼 Bashful 在和格蕾特说话时捂住了脸，喷嚏精 Sneezy 则不停地打喷嚏。开心果 Happy 快乐地蹦蹦跳跳，昂首阔步地向前走着，但他没有看见汉斯。

夜幕开始降临，格蕾特感到自己的身体非常沉重，她慢慢地溜达到了姜饼屋。就在这时，汉斯从一块大石头后面跳了出来。"你上哪儿去了，哥哥？"格蕾特问道。

"一开始，"汉斯说，"我用我强壮的手臂和杰克一起爬上了一根大豆茎，然后，我帮助 3 只熊混合并搅拌一大锅粥。最后，我把一个又老又坏的巫婆推进炉子，并且拧上了炉门。"

"哦，汉斯，"格蕾特说，"你确实让我担心得浑身发抖。我很高兴你度过了平静的一天。"

"爸爸！"阿琳大声说，"这是不明智的童话故事结局。"

"是的，"阿琳的父亲说，"我应该加上一句，汉斯和格蕾特从此幸福地生活着。"说完，阿琳把手放在脸的一侧，很快就睡着了。

**评估问题**

1. 哪些动作最难执行，为什么？
2. 你和你的同伴能想出我们故事的另外一种结局吗？
3. 你还想和朋友在家里表演什么故事？说出这些故事的名字。

**学术语言要求**

- **语言的作用**：使用语言证明整组运动任务的新结局是合理的。
- **词汇**：伸展、锤击、吹气、吹、跳跃、拖着脚、跺脚、躲藏以及蜷曲。
- **句法或叙述**：在语言交流中确定著名故事中各个人物的特定动作。

# 那么小

## 满足的美国国家标准

- **标准 1** 有运动素养的人有能力使用各种运动技能和移动方式。
- **标准 4** 有运动素养的人表现出尊重自己和他人的负责任的个人与社会行为。

## 中心焦点

通过模仿虚构叙事中人物的动作和表达的情感来提高儿童的语言艺术技能。

## 学习任务

**课堂组织**：儿童在整个一般空间中分散开。

引入以下内容：我将给全班同学朗读一个故事，你们的任务是模仿其中的行为词和具体行为。

罗恩看着这只小昆虫把身体蜷成一个球形。"个子小可能很有趣，"罗恩想。"如果我很小，我可以……

从我的卧室枕头上滑下来，

坐在一个花生壳中，然后划着这个花生壳独木舟，

在一个茶杯游泳池中游泳，

用鞋带跳绳，

用牙签做个本垒打，

驾驶一辆玩具车，

在厨房的海绵块上跳跃，

从墙上的裂缝中挤过去，

爬上一个梳子，

在冰块上滑冰，

藏在一个瓶盖中，永远不会被人发现，

滚动一个大理石保龄球，

用纸巾降落伞飘落到地面上，

在防烫布垫上触碰我的脚趾三次，

骑在嗡嗡作响的蜜蜂背上飞行，

或者，我可以像小昆虫一样蜷缩成一个小球，然后在拖鞋中睡觉。"

# 字母S

## 满足的美国国家标准

- **标准 1** 有运动素养的人有能力使用各种运动技能和移动方式。
- **标准 4** 有运动素养的人表现出尊重自己和他人的负责任的个人与社会行为。

## 中心焦点

通过联想和执行与字母 S 有关的动作来提高儿童的语言艺术技能。

## 学习任务

**课堂组织：** 儿童在整个一般空间中分散开。

引入以下内容。

在一天中可以用分钟和小时来衡量时间，时间这个词也可表示应该开始或完成某件事情的时刻。下面听听一个关于小男孩学习时间的故事，你的任务是模仿我朗读时出现的行为词和行为。

"现在几点了，妈妈？"塞尔吉奥从卧室的门内问道。塞尔吉奥没有等妈妈回答他。

塞尔吉奥狡猾地咧嘴一笑，决定是时候像字母 S 那样移动了……

单脚上下跺脚，

在房间中漫步，

他放低身体后平躺在地板上，然后从头到脚摇动身体。

"也许，"塞尔吉奥想，"是该……

缩成一个很小的形状，

伸展成一个很长的形状，

将身体从一侧着地转到另一侧着地，

绕着圈旋转。"

"当然，"塞尔吉奥想，"是该……

昂首阔步地在我的房间里走来走去，感觉非常自豪，像一条蛇一样在地板上爬行，走动时拖着一只脚，或者

在我的浴缸中游泳。"

塞尔吉奥的妈妈决定偷偷上楼给他一个惊喜。"我想是时候收拾你的房间了。"塞尔吉奥的妈妈说。听到这个建议，塞尔吉奥笑了笑，捏了捏他的玩具，知道是时候打扫他的房间了。

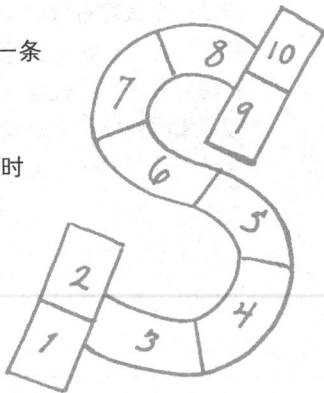

# 从矮到高

## 满足的美国国家标准

- **标准 1** 有运动素养的人有能力使用各种运动技能和移动方式。
- **标准 4** 有运动素养的人表现出尊重自己和他人的负责任的个人与社会行为。

## 中心焦点

提高儿童识别并展示与几种职业相符的动作的能力。

## 学习任务

**课堂组织：** 儿童在整个一般空间中分散开。

引入以下内容：我将给全班同学朗读一个故事，你们的任务是模仿其中的行为词和行为。

伊莎贝拉测量索菲亚的身高时，她一动不动地站着。她身高不到 1 米。索菲娅把下巴垂到胸前，眉头一皱。她最大的梦想是长得又高又壮，成为一个非常特别的人。"我长大后会成为什么样的人？"她不知道。

也许有一天，我将成为一名面包师，混合面包、饼干和蛋糕原料。我要摇动、搅拌并称量，直到可以烘烤面糊了！也许有一天，我将成为一名宇航员，在星际间飞翔。

我将放大所有行星，土星、木星，甚至是火星！也许有一天，我会成为一名园丁。

我要用力拔出眼前的每一棵杂草，高兴地为植物浇水，这样我的豌豆和豆子才会向上生长。或许有一天，我将成为一名舞者，不停地旋转和转动。

欢快的音乐会让我很激动，我向前一跳，然后无声无息地落地！

索菲亚继续做白日梦，这时她听到祖母的汽车声。她决定，"也许今天我就是不到 1 米的索菲亚，我将跳到门口迎接我的祖母，因为我可以享受这个小小的乐趣！"

# 屋中的物品

## 满足的美国国家标准

- **标准 1** 有运动素养的人有能力使用各种运动技能和移动方式。
- **标准 4** 有运动素养的人表现出尊重自己和他人的负责任的个人与社会行为。

## 中心焦点

通过模仿这个有关屋中设备的虚构叙事中人物角色的动作和表达的情感来提高儿童的语言艺术技能。

## 学习任务

**课堂组织**：儿童在整个一般空间中分散开。

**展示以下内容**：我将给全班同学朗读一个故事，你们的任务是模仿其中的行为词和行为。

艾拉踮着脚尖悄悄地走下楼梯，以免吵醒她的父母。她刚要打开冰箱门找点零食，这时冰箱对她说："你好，艾拉。你想参加厨房聚会吗？" "想，我该做什么？"艾拉问道。

煎锅让艾拉假装她正在打两个鸡蛋，然后用叉子将蛋液打散。

炉子让艾拉展示一下她能跑多快，以及能变得有多热。

烤面包机要艾拉弯下腰，然后像一片吐司一样向上射出。

手摇搅拌器告诉艾拉用她的手臂搅拌煎饼面糊。

榨汁机让艾拉榨 3 个橙子来做橙汁。

艾拉开始觉得累了，这时搅拌机喊道："艾拉，我们可以做水果奶昔了！"

她伸了个懒腰，伸手去拿冰箱中的牛奶，并小心翼翼地将牛奶倒入搅拌机。

然后她在搅拌机中加入了蓝莓和草莓。搅拌机说："现在，在酸奶盒中深挖并舀出又大又圆的一球冷冻酸奶。"艾拉拧上搅拌机的盖子，这样水果奶昔就不会洒出来了。按下搅拌机上的按钮后，她开始绕着圈跑，同时挥舞着手臂将所有配料混合在一起。

"该打扫厨房了，"冰箱说。冰箱的话音刚落，洗碗机要求艾拉挥舞她的手，做出溅起水花的动作。

真空吸尘器要求艾拉向前推，再向后拉，然后向侧面推拉，走出一条 Z 字形的路线。

"等等，看来这次聚会的所有工作都是我在做，"艾拉说着并一屁股坐进椅子中。

"醒醒吧，瞌睡虫，"妈妈小声说，"你该帮我准备一顿丰盛健康的早餐了。"

"谢谢你，妈妈。一小碗麦片和一杯牛奶就够了。"艾拉一边说一边从厨房的白日梦中醒来。

# 游乐园

## 满足的美国国家标准

- **标准 1** 有运动素养的人有能力使用各种运动技能和移动方式。
- **标准 4** 有运动素养的人表现出尊重自己和他人的负责任的个人与社会行为。

## 中心焦点

通过模仿与游乐园相关的虚构动作叙事中各种角色的动作和表达的情感来提高儿童的语言艺术技能。

## 学习任务

**课堂组织：** 儿童在整个一般空间中分散开来。

引入以下内容：我将给全班同学朗读一个故事，你们的任务是模仿其中的行为词和行为。

约西和叔叔一起走进游乐园时，他的心跳加快了。在摩天轮上，约西沿着一个巨大的圆形移动。

他在旋转木马上上下颠簸，然后在巨大的云霄飞车上急速上升到一座钢铁山的山顶。

游乐园中的哈哈镜让约西看起来又高又瘦，或者又矮又胖，甚至有点弯。

他的身体在旋转飞车上不停地快速转动。

他在驾驶碰碰车时左右摇晃。

鬼屋把约西吓得瑟瑟发抖。

他乘坐气球在云中飘浮。

他在冒险骑行时悬在悬崖上，

最后，他滑下了一条又长又陡的水滑道，结束了一天的游玩。

"真是太棒了，我的心脏一整天都在快速跳动，"约西说。

"你的心脏很健康，"叔叔回答说。"让我们看看它能不能跳得更快，"约西的叔叔向约西发出挑战，要求他一直跑回家。

# 溜冰场

## 满足的美国国家标准

- 标准 1 有运动素养的人有能力使用各种运动技能和移动方式。
- 标准 4 有运动素养的人表现出尊重自己和他人的负责任的个人与社会行为。

## 中心焦点

通过关注字母 W、S 和 P 并模仿滑冰场中虚构人物的动作和表达的情感来提高儿童的语言艺术技能。

## 学习任务

课堂组织：儿童在整个一般空间中分散开。

引入以下内容：我将给全班同学朗读一个故事，你们的任务是模仿其中的行为词和行为。

威尔伸手去拿他的溜冰鞋。他跑到学校的冰球场"霜冻场地"。他及时赶到了，为球队的日常活动找到了自己的空间。

他拉伸自己的身体，形成一个很宽的形状和一个扭曲的形状，然后是窄的形状，最后将身体弯曲成一个小雪球的形状。教练沃利·沃如斯告诉队员腿部肌肉保暖很重要。

每个人都开始在自己的空间中奔跑和挥舞手臂，威尔可以感觉到心跳速度加快了。

威尔弯下腰并系紧溜冰鞋。在冰上，他滑得越来越快，小脚迈着大步。很快威尔就发现了他的两个队友北极熊彼得和海豹萨沙。3 名队友在整个溜冰场中猛冲和飞奔，没有互相碰触。

"我知道！"威尔说，"我们在冰上的滑行路线可以形成各种形状！"3 个朋友按照三角形、长方形、圆形和 8 字形溜冰。

"让我们试着按照名字首个字母的形状来滑冰，"海豹萨沙说。威尔摇摇晃晃地在冰上滑出了一个字母 W，萨沙在滑字母 S 时滑得很平稳，而北极熊彼得在滑字母 P 的形状时则很缓慢。

教练沃利·沃如斯吹哨召集他的队员。威尔感到非常高兴，他知道这会是一个很好赛季。

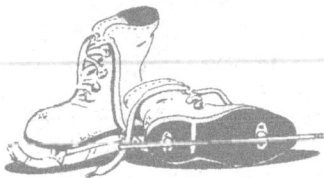

# 体育馆

## 满足的美国国家标准

- **标准 1** 有运动素养的人有能力使用各种运动技能和移动方式。
- **标准 4** 有运动素养的人表现出尊重自己和他人的负责任的个人与社会行为。

## 中心焦点

通过模仿这个关于体育馆中各种体育活动的虚构叙事中人物角色的动作和表达的情感来提高儿童的语言艺术技能。

## 学习任务

**课堂组织：**儿童在整个一般空间中分散开。

**引入以下内容：**我将给全班同学朗读一个故事，你们的任务是模仿其中的行为词和行为。

安德烈和亚历克斯安静地排队等候买体育赛事的票。体育馆呈一个巨大的圆形，有许多座位。人们来到体育馆观看运动员比赛。

蹦跳得很高并投篮，

踢地上的足球，

在身体两侧挥动网球拍，

优雅地滑出一个 8 字形，

奔跑并用伸出的手抓住空中的橄榄球，

跳到空中，翻滚后落到体操垫上，

田径比赛时在椭圆形的赛道上冲刺。

安德烈和亚历克斯喜欢看着比赛结束时球员们跳起来，拍着手并相互握手。

今天，这两名儿童挥舞手臂，为他们最喜欢的队伍鼓掌加油。

明天，他们将在他们最喜欢的运动中练习跑动、蹦跳和跳跃以及其他身体技能，这样总有一天人们会到体育馆观看他们参加的比赛。

GO TEAM!!

# 五金店

## 满足的美国国家标准

- **标准 1** 有运动素养的人有能力使用各种运动技能和移动方式。
- **标准 4** 有运动素养的人表现出尊重自己和他人的负责任的个人与社会行为。

## 中心焦点

通过模仿与五金店中的工具相关的动作来提高儿童的语言艺术技能。

## 学习任务

**课堂组织：**儿童在整个一般空间中分散开。

引入以下内容：我将给全班同学朗读一个故事，你们的任务是模仿其中的行为词和行为。

扎克对工具很着迷。扎克和他的父亲走进五金店，他的父亲转向扎克说："我们来玩一个游戏，帮助你了解每一种工具。"

扎克的父亲伸手去拿手锯。手锯有锋利的锯齿，用来锯断木材。"向我展示你锋利的牙齿，"他说。

"现在我们假装锯木材，方法是将一只手臂推到身体前面，然后再拉回到后面。重复这个动作 5 次。"

"钻头是用来钻孔的。转动你的身体 3 次，就像钻头那样转动。"

"假装你的手臂是钳子，把它们并到一起夹住木头。"

"你能把全身扭转过来，假装自己是螺丝刀吗？"

"如果你正使用锤子，你的手臂会做什么动作？"扎克的父亲问（重击）。

"能用扳手拧紧螺母和螺栓吗？继续把螺母扭向你的方向。"

"现在我们需要用砂纸来回打磨，让木头更光滑。"

"如果你能做一个钩子的形状，我就买一个回家，"扎克的父亲说。

说完，扎克弯起双臂，形成一个钩子的形状。"我们为什么需要一个钩子？"扎克问道。

"把这个特殊的鸟窝挂在后院，"扎克的父亲回答说。

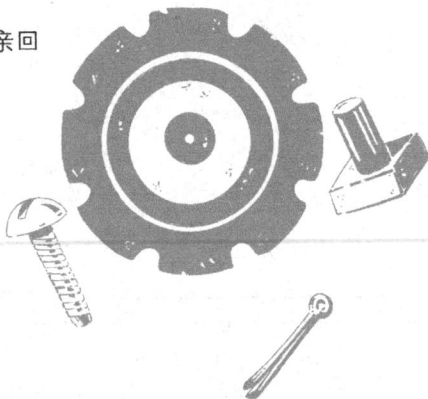

# 赛车场

## 满足的美国国家标准

- **标准 1** 有运动素养的人有能力使用各种运动技能和移动方式。
- **标准 4** 有运动素养的人表现出尊重自己和他人的负责任的个人与社会行为。

## 中心焦点

通过模仿与赛车场赛车相关的虚构动作叙事中各种角色的动作和表达的情感来提高儿童的语言艺术技能。

## 学习任务

**课堂组织**：儿童在整个一般空间中分散开。

**引入以下内容**：我将给全班同学朗读一个故事，你们的任务是模仿其中的行为词和行为。

藤原浩拿起原本包裹冰激凌蛋卷的白色餐巾纸，用手将其揉成一团，这将是一块完美的擦洗布，可擦去鲜红色赛车挡风玻璃上的水。"我长大后想成为一名赛车手，"藤原浩想。

藤原浩的妹妹阳子兴奋地挥舞着手臂，并跳了起来。她喊道："快点，藤原浩，我们得在露天座席中找个座位。"

藤原浩躲闪着冲过人群。他爬上 10 级台阶和妹妹坐在一起。当他看着汽车驶近起跑线时，他闭上了眼睛，想象成为世界著名赛车手会是什么样子。

他想象着自己系上头盔和安全带，转动钥匙，听到发动机的轰鸣声。汽车的震动使他的手在不停振动的方向盘上抖动。突然，绿灯亮了，发车人挥舞着出发旗。藤原浩伸了伸腿，猛踩油门踏板，汽车速度快速提升。

他在车流中迂回行进，开始超过其他赛车手。当他接近排名第一的汽车时，他听到人群的欢呼声和鼓掌声。他想获得比赛的第一名，所以他紧握方向盘，急转弯，并且没有碰到其他任何一辆车。当他用一只手抓住把并向前移动时，汽车的轮胎飞速旋转起来。他越接近终点线，车就越颠动，但还是快速向前超过了所有其他赛车。"我赢了！我赢了！"藤原浩一边向空中挥舞着一只手，一边喊道。

"你在喊什么？"阳子问，"比赛还没开始呢。"两个儿童一动不动地坐着，等待比赛开始。阳子觉得很逍遥自在，她闭上眼睛，想知道成为一名著名赛车手会是什么样子。

# 鞋店

## 满足的美国国家标准

- 标准 1 有运动素养的人有能力使用各种运动技能和移动方式。
- 标准 4 有运动素养的人表现出尊重自己和他人的负责任的个人与社会行为。

## 中心焦点

通过模仿在社区鞋店中试穿各种鞋子时的种种动作和表达的情感米提高儿童的语言艺术技能。

## 学习任务

**课堂组织**：儿童在整个一般空间中分散开。

**引入以下内容**：我将给全班同学朗读一个故事，你们的任务是模仿其中的行为词和行为。

去社区鞋店是一个特别的活动，玛丽卡和拉希德的母亲向他们承诺，他们每人可以得到一双新鞋。玛丽卡考虑买一双芭蕾舞鞋，这样她就可以不停旋转和转动了。

"也许我会试穿一双跑鞋，"玛丽卡说。售货员迅速地将胳膊伸过头顶并爬上 10 级高的梯子，找到了鞋子，他给每个儿童递来一双鞋子。两个儿童注意到这双鞋子让他们感觉轻如羽毛，能让他们在商店的过道中向前飞奔。

"我们可以试穿一双篮球鞋吗？"玛丽卡问。售货员爬上 9 级梯子。拉希德开始把想象中的篮球呈之字形运球，并在头顶进行花式投篮。玛丽卡向销售人员展示了如何在适当的位置跑动和提起膝盖以保持最佳的篮球运动状态。

拉希德说："我更有兴趣买网球鞋。"于是售货员爬上 8 级梯子。玛丽卡和拉希德假装在身体旁边挥动网球拍，用力把网球打过网。

售货员建议买足球鞋，因为附近的男孩和女孩开始组织球队了。两个儿童想象自己用每只脚的内侧带球。

"我们能试穿一下橄榄球鞋吗？"拉希德问。于是售货员爬上 7 级梯子。"往后跑，传一个长球，"玛丽卡喊道，"再跑，再跑，停下来，接住球。"两个儿童上下跳跃，因为他们触地得分了！

"你能让我们看看登山鞋吗？"售货员爬上 6 级梯子时，玛丽卡甜甜地问道。玛丽卡和拉希德穿上厚厚的靴子。两个儿童假装扔出安全绳，沿着树木繁茂的小径爬上参差不齐的岩石。

"这双鞋让我觉得很重，"玛丽卡说，"我想试试游泳脚蹼。"售货员看着儿童坐在地板上，迅速地上下摆动双腿，试着他们的脚蹼。

突然，拉希德指着一双软拖鞋，上面有兔耳朵和毛茸茸的尾巴。"好的，好的，如果这是你想要的，但是你必须保证离开时要像兔子那样跳起来，"售货员一边说一边爬上 5 级梯子，这是他最后一次爬梯子。

两个儿童在脚凳上扭打着，手脚并用地蹦跳着并跳向空中，最后当他们同意买这双毛茸茸而且又暖和的拖鞋时，他们假装像兔子那样蹦蹦跳跳。

儿童跳了 7 次才离开商店。售货员看着一大堆打开的鞋盒说："我想知道那双松软的拖鞋是否适合我？"他带着微笑长叹一声问道。

# 神奇的力量

## 满足的美国国家标准

- **标准 1** 有运动素养的人有能力使用各种运动技能和移动方式。
- **标准 4** 有运动素养的人表现出尊重自己和他人的负责任的个人与社会行为。

## 中心焦点

通过模仿虚构叙事中人物的动作和表达的情感来提高儿童的语言艺术技能。

## 学习任务

**课堂组织**：儿童在整个一般空间中分散开。

**引入以下内容**：我将给全班同学朗读一个故事，你们的任务是模仿其中的行为词和行为。

很久以前，在一个很远的地方住着一个叫提利尔的小男孩。提利尔的梦想是成为一个无畏的骑士，用他的剑杀死恶龙。每天提利尔都会踮着脚尖来到花园，观看骑士们为这项工作而进行的训练。提利尔喜欢抓住一根长棍子，假装它是一把威力巨大的剑。他向前冲过去，把剑插向空中。

他知道骑士必须身强力壮，行动敏捷。他练习绕着圈子走、脚步非常快而有力地行走、蹲下来并藏在岩石后面。他学会了如何弹跳起来，将棍子指向天空。

一天，最高的骑士发现提利尔前后跳来跳去使他的腿部肌肉更强壮了。"你愿意和其他骑士一起去猎龙吗？"高大的骑士问道。提利尔兴奋得跳了 3 次。他跑过去抓起他的棍子，然后用力向前一跳，落在骑士的白马上。

两位骑士骑马疾驰而去，与其他骑士一起在密林中寻找和搜索。最后，一位骑士开始挥舞一面大旗，所有骑士都跳下马，而提利尔重重地摔在地上！

突然，提利尔开始感到胆怯和渺小。他把身体蜷成一个很小的形状。他吓得双肩发抖，"我在这里干什么？"他想。

提利尔感到有人轻拍他的肩膀。他双手捂着头，生怕是一条喷火的龙在森林中跺脚。他慢慢地抬起头来，那个伟大的巫师正俯视着他。"提利尔，你真的想去屠龙吗？"巫师问道。

"不，"提利尔回答道。"我想回到城堡里去，在那里我可以远离恶龙和刀剑。""很好，"巫师说到，然后在提利尔的头上挥了挥魔杖。

提利尔感到身体在不停地旋转和转动，直至听到呼的一声巨响。他静静地坐在在他母亲的大木椅上。"这是我勇敢的儿子，"提利尔的母亲说。"你手里拿着什么，一把假剑？"

"哦，不，"提利尔说，"这可能很危险，我的手杖是一根假魔杖，这样我就能像那个从恶龙手中救出小孩的伟大巫师那样练习在天空中飞行。"

"很好，"提利尔的妈妈说，"但是你必须先洗手才能吃饭。""好的，"提利尔说着把棍子扔进壁炉并笑了。

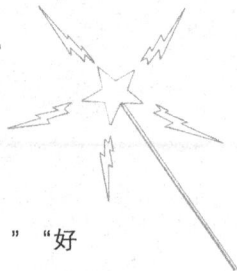

# 彩虹魔法

## 满足的美国国家标准

- **标准 1** 有运动素养的人有能力使用各种运动技能和移动方式。
- **标准 4** 有运动素养的人表现出尊重自己和他人的负责任的个人与社会行为。

## 中心焦点

通过模仿虚构动作叙事中人物、自然物体和户外生物的动作来提高儿童的语言艺术技能。

## 学习任务

**课堂组织：**儿童在整个一般空间中分散开。

**引入以下内容：**我将给全班同学朗读一个故事，你们的任务是模仿其中的行为词和行为。

汉斯跳到窗边，发现外面雨停了。他说："看，朱尔斯，一道彩虹在天空中形成了，并且彩虹的一端就在我们的后院！"两个儿童冲到外面，他们开始搜寻每一道彩虹尽头都会有的那罐金子。在灌木丛中爬了一圈，跳过泥坑，并将每一块岩石都找遍了以后，他们重重地倒在地上。"我不明白，"汉斯说，"应该有一罐金子的。"

突然一个很小的绿色人出现了。他只有 6 英寸（约 15 厘米）高。"也许我能帮你们找到金子。"两个儿童兴奋得跳了起来。他们看着这个小个子男人拿起一根棍子并指着草地。小矮人说："向我展示如何让身体像一棵又高又绿的草那样又长又窄。"然后他指着一只绿色的蚱蜢和一只绿色的青蛙。"你能像蚱蜢那样摩擦双腿，然后从一朵花跳到另一朵花上吗？""俯身，用手脚以及所有肌肉像青蛙那样跳动。"

小绿人用他的手杖指着果蔬园中五颜六色的宝物。他说："看看你们能不能形成一个巨大橙色南瓜的形状。小心地弯腰，将橙色的胡萝卜从地里拔出来。谁能向上踮起脚尖朝向蓝天并摘下红苹果？尝试变得像挂在树上的红樱桃那样小。你们能把身体组合成一串紫葡萄吗？"

那个小矮人示意两个儿童飞奔到橡树旁。"太好了，"汉斯想，"也许金子就藏在树上。"

小矮人让两个儿童把手放在头上，然后弯腰。"哈哈，你变成了帽子，并且很像一个棕色的橡子！"小矮人笑着说。两个儿童假装是黑蚂蚁，手脚并用地继续前行。"你现在可以站起来了。"小矮人说。"我该走了。"

两个儿童刚要把身子伸直形成很高的形状，他们大喊道："不，等等！我们没有找到金子！"

"哦，有的，你度过了快乐的儿童时光，"小矮人一边说着一边开始飞远。"当你第一次走进后院时，你就发现了金子。伸伸懒腰，看看天空。"

"哦，"儿童一边抬头向上看一边说。金色的光线照进他们的眼睛。

# 机器

## 满足的美国国家标准

- **标准 1** 有运动素养的人有能力使用各种运动技能和移动方式。
- **标准 4** 有运动素养的人表现出尊重自己和他人的负责任的个人与社会行为。

## 中心焦点

通过模仿虚构动作叙事中物体和机器的动作来提高儿童的语言艺术技能。

## 学习任务

**课堂组织：** 儿童在整个一般空间中分散开。

引入以下内容：我将给全班同学朗读一个故事，你们的任务是模仿其中的行为词和行为。

陈和陶兴奋地参观机械厂。他们知道工厂中的每件物品都要求参观者以一种特殊的方式移动。当这两个儿童找到了世界上最伟大的机器时，他们的工厂之旅就结束了。

第一个学习中心被称为奇迹之轮。在这里，鼓励儿童形成一个轮子的形状，然后向前滚动，有些儿童甚至能向后滚动。

巴氏摆中心要求儿童将手臂举过头顶，身体先尽量向一侧摆动，然后再向相反的方向摆动。之后的摆动幅度要稍小一些，然后要更小，直到身体静止不动。

电梯上的标牌写着："走向星空。"为了完成这个挑战，儿童假装向上走楼梯一分钟。

电梯练习鼓励儿童弯腰形成一个小的形状，然后慢慢地上升并形成一个伸展的形状。陶喜欢向上旅行的感觉。

下一个学习中心是古怪的风车。在这个中心，儿童假装他们的胳膊就是被风转动的巨大风车轮叶。陈说："这就是我们使用扇子在家中降温的方式！"

机械厂的导游说："现在我们的旅程将要结束了，谁想猜猜世界上最大的机器是什么？"陈举起手说道："是超音速飞机，"同时在活动区域中快速移动。陶说："是巨大的潜艇，"同时假装潜入水中并在水中快速移动。其他儿童猜测的是点燃后可向上移动的火箭、叶片正在旋转的直升机、在海洋中游弋的巨大游轮，以及一条沿着弯曲隧道延伸的地下铁路。

"这些都是奇妙的机器，"导游说，"不过世界上最伟大的机器是你身体中的心脏。"心脏肌肉不断地将血液泵到全身。她告诉儿童，他们能够让这种机器（心脏）运转得更快，方法是更快地跑动、跳起来、绕着圈飞奔、跳过假想的物体，以及做其他有趣的动作。

"你也能让这台机器慢下来，方法是静静地躺在地面上。"根据这个建议，陈和陶决定让世界上最伟大的机器休息一下。

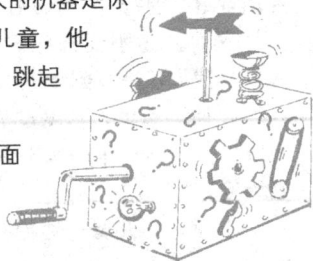

# 太空旅行

## 满足的美国国家标准

- **标准 1** 有运动素养的人有能力使用各种运动技能和移动方式。
- **标准 4** 有运动素养的人表现出尊重自己和他人的负责任的个人与社会行为。

## 中心焦点

通过模仿太阳系旅行这一动作叙事中的人物动作来提高儿童的语言艺术技能。

## 学习任务

**课堂组织**：儿童在整个一般空间中分散开。

引入以下内容：我将给全班同学朗读一个故事，你们的任务是模仿其中的行为词和行为。

在一个阳光明媚的下午，亚伦和希拉决定去太空旅行。他们的冒险始于"月球漫步"，在那里他们要跨过 5 座巨大的月球环形山，真正的环形山是由散落的岩石与月球撞击而形成的。这次令人兴奋的散步让儿童来到了"太空迷宫"，在那里他们沿着狭窄的小路猛冲和飞奔，然后爬进了一个黑洞。

当儿童抬起他们的身体时，他们看到了"神奇流星"的标志。流星或流星陨石在划过地球大气层时会燃烧起来。这个空间站的地面很热，所以两个儿童踮着脚尖走路。在"神秘的银河"，儿童伸直身体去触摸天空中闪烁的 10 颗明亮的星星。

在"行星游戏"中，儿童穿过太阳系时……

绕着水星走了一圈，

来回振动，使用摇摆的动作去拜访金星，

沿着椭圆形的轨道跳跃到达土星，

用两脚向高处跳跃并到达木星，

然后他们左右摇摆着躲避流星雨，勇敢地向前推进。

他们还……

跳过火星上炽热的熔岩坑，

缓慢地走到冥王星，

飞到太阳，

昂首阔步地走到海王星，

然后他们冲过了彗星长长的尾巴。

最后一个空间站最具挑战性。它叫作"拯救我们的星球"。在这个空间站，儿童收集了一袋子的罐子和瓶子，把报纸堆成一堆，油漆了垃圾桶，并明白了保持地球清洁和安全的重要性。

带着这些重要的信息，亚伦和希拉弯下腰，起飞并全速前进，最终安全到家。

# 科学博物馆

## 满足的美国国家标准

- **标准 1** 有运动素养的人有能力使用各种运动技能和移动方式。
- **标准 4** 有运动素养的人表现出尊重自己和他人的负责任的个人与社会行为。

## 中心焦点

通过模仿和比较史前到现代的几种生物的动作和移动方式来提高儿童的语言艺术技能。

## 学习任务

**课堂组织：**儿童在整个一般空间中分散开。

**引入以下内容：**我将给全班同学朗读一个故事，你们的任务是模仿其中的行为词和行为。

"想想看，一切生命都从水开始！"拉斯一边说，一边伸直胳膊将塑料玻璃容器放入水池。"我希望我是在巨型恐龙在地球上游荡的时候出生的。"

"我可不希望这样，"伊娃说。"早期的鱼中有一些是长着尖的鼻子、吓人的下颚和锋利牙齿的鲨鱼。我喜欢我的金鱼。"两名儿童抓起他们的恐龙背包，然后奔向恐龙王国，这是一个很受欢迎的社区景点。

在第一个学习中心，一名导游告诉儿童，最大的恐龙叫腕龙，它比 4 层楼还要高，它的鼻子就是头顶上的一个凸起。现在拉斯和伊娃要做的是像仍存活的几种大型动物那样移动。他们假装像一头巨大的蓝鲸那样潜入水中，蓝鲸的体重相当于 30 头大象，他们像河马那样在想象的水中戏水，像大猩猩那样捶打自己的胸膛。

在第二个学习中心，儿童观看了第二大恐龙——迷惑龙。这种恐龙有 24 米长，腿像树干那样粗。它曾经被称为雷龙，意思是雷电般的爬行动物。这两个儿童现在要行走并踩脚，让他们的脚步声听起来像在打雷。

"迷惑龙喜欢吃长在最高的树上的叶子，"导游说。"现在世界上也有站起来很高的动物。长颈鹿一天能吃掉 29.5 千克的树叶。""哇喔，这相当于我的体重，"伊娃说。谁能像我们在非洲稀树大草原上看到的 5 米高的长颈鹿那样飞奔、停下、向上伸直脖子来吃到一片想象中的金合欢树叶呢？

在第三个学习中心，儿童观看了一部关于剑龙的电影。剑龙的意思是"屋顶爬行动物"，这种 9 米长的生物在背部和尾部都有着巨大的骨板，它的尾巴末端有 4 个很尖的尖刺，用来攻击其他恐龙。导游提醒儿童想想豪猪。豪猪和小狗一样大，但如果你离它太近，它可能会用覆满尖刺的尾部攻击你。你能转过身背对攻击你的人，抖动你的尖刺，发出咕噜声，踩着脚来假装是一只豪猪吗？

在第四个学习中心，儿童知道一些恐龙会飞，但它们没有羽毛。其中一种叫作喙嘴龙。它的皮肤从前腿一直延伸到后爪。它拍打着这张皮肤在空中滑翔，并用它的长尾巴来帮助改变方向。拉斯跳起来说："我能像几种大鸟一样移动。"于是他像鹰那样翱翔，像褐鹈鹕在水面附近发现了一条鱼后那样俯冲到水中，他想象着自己可以伸直双臂，就像加州秃鹰长达 3 米的翅膀一样。

在第五个学习中心，儿童被戟龙雕像惊呆了。这种恐龙头上长着巨大的角，脖子上有 6 个尖刺构成的骨褶边。褶边很重，因此它只能用 4 条粗壮的腿慢慢地行走。今天的黑犀牛有两个很大的角，如果被狮子攻击，它会用角来反击。拉斯向人们展示如何在地面上奔跑，并像一头犀牛那样反击。

在第六个学习中心，导游给儿童看了一个巨大的浮龙毛绒模型并说道："这只恐龙看起来就像我们今天看到的海龟，只不过它有一辆车那么大！"在这个中心，要求儿童像他们今天看到的在陆地上生活以及在水中游泳的动物那样移动。拉斯用手臂像海象那样拖着身体在地板上行走。伊娃选择像海豹那样滑来滑去，海豹可在水下待上一个小时，然后浮到水面换气。

在第七个学习中心，儿童看到了一具假的霸王龙（雷克斯）骨架。导游说："这种恐龙是最大的食肉爬行动物。它用两条腿走路，能用胳膊举起 181 千克的物体。它是所有恐龙最害怕的敌人。它像丛林中的百兽之王狮子一样令人害怕。你知道雷克斯是一个拉丁文词语，意思是国王吗？所以狮子和霸王龙都在各自的世界中称王称霸。"拉斯假装像霸王龙那样跟踪猎物。"做得对，"导游说。

当导游说"这里有 350 多种恐龙，但是你可以明天再来，我们继续学习"时，这两个儿童开始觉得累了。拉斯和伊娃正要离开恐龙王国，这时伊娃发现了一个喷泉。"你想喝点提神的水吗，拉斯？"她问道。"不，谢谢，"两个儿童在回家的路上跳过小石子时，拉斯又接着说，"我想我还是喝牛奶吧。"

# 参考文献

Bandura, A. (1977). *Social learning theory*. Englewood Cliffs, NJ: Prentice Hall.

Beaty, J. J. (2014). *Observing development of the young child* (8th ed.). Boston: Pearson Education.

Bloom, B., Englehart, M. Furst, E., Hill, W., & Krathwohl, D. (1956). *Taxonomy of educational objectives: The classification of educational goals. Handbook I: Cognitive domain*. New York, NY: Longmans, Green & Co.

Clements, R. (2016). Physical education. In D. Couchenour & J. K. Chrisman (Eds.), *Encyclopedia of contemporary early childhood education* (pp. 998-1000). Thousand Oaks, CA: Sage Reference Publication.

Clements, R. (1998). "Integrating Physical Play Throughout the Prekindergarten Program." Illinois Resource Center Summer Institute, 1998.

Clements, R. (1988). A multi-case study of the implementation of movement education in selected schools. Ann Arbor: MI : UMI: Dissertation Service.

Copple, C. & Bredekamp, S. (Eds.) (2010). *Developmentally appropriate practice in early childhood programs serving children from birth through age 8* (3rd ed.). Washington, D.C.: National Association for the Education of Young Children.

Dewey, J. (1916). *Democracy and education: An introduction to the philosophy of education*. New York, NY: Macmillan.

Erikson, E., (1993). *Childhood and society*. New York, NY: Norton. (Original work published in 1963)

Froebel, F. W. A. (1887). *The education of man*. (W. N. Hailmann, Trans.) New York, NY: Appleton. (Original work published 1826)

Graham, G., Holt/Hale, S., & Parker, M. (2012). *Children moving: A reflective approach to teaching physical education with movement analysis wheel* (9th ed.). New York, NY: McGraw-Hill Education.

Mandigo, J., Francis, N., Lodewyk, K., & Lopez, R. (2012). Physical literacy for educators. *Physical Education and Health Journal*, 75(3): 27–30.

McAfee, O., Leong, D., & Bodrova, E. (2015). *Assessing and guiding young children's development and learning* (6th ed.). Boston: Pearson Education.

National Association for Sport and Physical Education, now known as SHAPE America - Society of Health and Physical Educators. (2009). *Active start: A statement of physical activity guidelines for children from birth to age 5* (2nd ed.). Reston, VA: Author.

Office of Head Start. (2015). *Head Start early learning outcomes framework: Ages birth to five*. Washington, DC: Office of Head Start.

Piaget, J. (1962). *Play, dreams, and imitation in childhood*. New York, NY: Norton.

Roetert, E. P., Jefferies, S.C. (2014). Embracing physical literacy. *Journal of Physical Education, Recreation and Dance*, 85(8) 38-40.

SHAPE America – Society of Health and Physical Educators. (2013). *National Standards for K-12 physical education*. Reston, VA: Author.

SHAPE America – Society of Health and Physical Educators. (2013). *Grade-level outcomes for K-12 physical education*. Reston, VA: Author.

SHAPE America – Society of Health and Physical Educators. (2014). *National Standards & Grade-Level Outcomes for K-12 physical education*. Champaign, IL: Human Kinetics.

Singer, J. L. (1973). *The child's world of make-believe. Experimental studies of imaginative play*. New York, NY: Academic Press.

Skinner, B. F. (1974). *About behaviorism*. New York, NY: Knopf.

Stanford Center for Assessment, Learning, & Equity (SCALE). (2016). *edTPA early childhood assessment handbook*. Stanford, CA: SCALE.

The National Association for the Education of Young Children (2003). *Early-childhood curriculum, assessment, and program evaluation: Building an effective accountable system in programs for children birth through age eight*. (Joint Position Statement of the National Association for the Education of Young Children and the National Association of Early-Childhood Specialists in State Departments of Education NAECS/SDE).Washington, DC: Author.

Van Horn, J., Nourot, P. M., Scales, B., & Alward, K. R. (2015). *Play at the center of the curriculum* (6th ed.). Boston, MA: Pearson Higher Education.

Warner, L., & Sower, J. (2005). *Educating young children from preschool through primary grades*. Boston, MA: Allyn & Bacon.

Whitehead, M. (2001). The concept of physical literacy. *European Journal of Physical Education*, 6, 127–138.

## 推荐给教师的资源

Casbergue, R. M., & Strickland, D. S. (2015). *Reading and writing in preschool*. New York, NY: Guilford Press.

Graves, M. F. (2016). *The vocabulary book: Learning and instruction*. (2nd ed.). New York, NY: Teachers College Press.

Hayes, L. & Flanigan, K. (2014). *Developing word recognition*. New York, NY: Guilford Press.

Helman, L. (Ed.) (2016). *Literacy development with English learners: Research-based instruction in grades K-4*. New York, NY: Guilford Press.

Hodgson, J. (2001). *Mastering movement: The life and work of Rudolf Laban*. New York, NY: Routledge and Kegan Paul Ltd.

James, A., & Manson, M. (2015). *Physical education: A literacy based approach*. Urbana, IL: Sagamore.

Koster, J. B. (2015). *Growing artists: Teaching the arts to young children* (6th ed.). Stamford, CT: Cengage Learning.

Lange, R. (Ed.). (1975). *Laban's principles of dance and movement notation*. London, England: MacDonald & Evans. (Original work published in 1956)

Lehn, B. (2002). *What is an artist?* Brookfield, CT: Millbrook Press.

Muybridge, E. (1957). *Animals in motion*. Mineola, NY: Dover.

# 关于作者

**朗达·L. 克莱门茨（教育学博士）**是位于纽约的曼哈顿维尔学院的教授，同时担任体育和运动教育学方面的教育学硕士（MAT）项目的主任。在曼哈顿维尔学院，她一直在收集有关幼儿游戏活动的数据，并教授体育和体育教育方面的历史与社会文化课程。

克莱门茨已出版关于运动、游戏和比赛的图书 10 余本。她是美国儿童游戏权利协会的前主席，该协会是一个联合国认可的协会，由来自 49 个国家的游戏、比赛和体育运动方面的专家组成。该协会的主要目的是保护、保留和促进世界各地的游戏与休闲活动。

克莱门茨撰写了大量与体育有关的文章，包括 20 篇关于体育运动及其影响因素的文章。她还是几家体育运动设备和玩具制造商的顾问，并就儿童的休闲体育权利问题接受过 300 多名记者的采访。她在 40 个国际或国家级会议和 60 多个州或地方会议上就通过游戏和体育运动了解文化这一主题发表过演讲。

**莎朗·L. 施耐德**是纽约长岛霍夫斯特拉大学的一名助理教授。在霍夫斯特拉大学，她教授本科生和研究生有关儿童运动、音乐、韵律和游戏的所有必修课，并为幼儿和小学教育工作者提供上述学术内容。此外，她还担任过主题演讲人、众多团体的顾问，以及威斯康星大学麦迪逊分校的访问学者。

施耐德曾担任 Head Start Body Start 及美国国家体育发展和户外运动中心的国家体育活动顾问，她还为 I Am Moving, I Am Learning 项目提供了帮助。她曾担任美国儿童游戏权利协会委员和执行董事会成员，并担任该协会在联合国儿童基金会及联合国幼儿保护和发展应急工作组的轮值代表。

# 关于译者

周宁，毕业于北京体育大学管理学院，长期从事体能训练、体能康复、运动机能评定以及儿童运动和综合能力发展等方面的工作，曾为多个国家队提供过科技保障服务，是小小运动馆（The Little Gym）北京长阳中心、北京荟聚中心投资人。

# 关于 SHAPE America

SHAPE America（美国健康和体育教育协会）致力于让所有儿童都有机会过上健康、积极的生活。作为美国最大的健康和体育教育专业人士的会员组织，SHAPE America 与其 50 个州的附属机构保持合作关系，是 Presidential Youth Fitness Program、Active Schools 和 Jump Rope For Heart and Hoops For Heart 项目在内的多个国家计划的创始参与者。

自 1885 年成立以来，该组织定义了什么是出色的体育教育，近几年则创建了美国国家 K-12 体育教育标准和年级水平学习成果（2014）、美国国家初级体育教师教育标准（2016）、美国国家健康教育教师教育标准（2017）和美国国家体育教练员标准（2006）。此外，SHAPE America 作为美国国家健康教育标准联合委员会的成员积极参加会议，该委员会发布了"美国国家健康教育标准（第 2 版）：实现卓越"（2007）。SHAPE America 的各种计划、产品和服务都提供了相关的实施、专业发展和宣传内容，供从学前教育到大学研究生项目的各层次的健康和体育教育工作者使用。

SHAPE America 的网站为健康和体育教育工作者、相应的体育教育教师、教师培训师和教练提供了大量免费资源，包括活动日程安排、课程资源、工具和模板、评估方法等。

每年春天，SHAPE America 都会举办全国大会和博览会，这是一项面向健康和体育教育工作者的全国性职业发展活动。

宣传是帮助我们完成使命的一个基本要素。通过为学校健康和体育教育行业大声疾呼，SHAPE America 致力于对国家的政策格局产生影响。

**我们的愿景**：让美国的所有儿童都能健康、积极地生活。

**我们的使命**：推动与健康及体育教育、体育活动、舞蹈及体育运动有关的专业实践，并促进相关的研究。

**我们的承诺**：到 2029 年让 5000 万人变得更强壮。

目前，美国的入学儿童（学龄前儿童到 12 年级）大约有 5000 万。SHAPE America 希望确保目前年龄最小的学生在 2029 年高中毕业时，所有美国年轻人都能通过有效的健康和体育教育计划过上健康与积极的生活。